수정판
보험계리사 1차시험 대비

보험계리사 일반수학
(미적분 및 확률통계)

이 수 각 편저

미래보험교육원

목 차

part 1
미적분

1. 집합과 명제 ··· 3
2. 실수체계/방정식과 부등식 ··· 14
3. 해석기하 ·· 26
4. 함수 ··· 32
5. 지수함수와 로그함수 ··· 42
6. 삼각함수와 복소수 ··· 50
7. 수열과 급수 ··· 55
8. 함수의 극한과 연속성 ··· 69
9. 미분법 ··· 82
10. 적분법 ··· 98
11. 중적분 ·· 115

part 2
미적분 모의고사

모의고사 #1 ·· 121
모의고사 #1 풀이 ··· 332
모의고사 #2 ·· 123
모의고사 #2 풀이 ··· 336
모의고사 #3 ·· 125
모의고사 #3 풀이 ··· 339
모의고사 #4 ·· 127
모의고사 #4 풀이 ··· 343

목 차

part 3
확률통계

1. 순열과 조합 ··· 131
2. 확률 ·· 137
3. 확률변수와 확률분포 ··· 150
4. 이산확률분포 ··· 171
5. 연속확률분포 ··· 178
6. 결합, 주변 및 조건부 분포 ·· 187
7. 구간 추정 ·· 197
8. 가설 검정 ·· 206

part 4
확률통계 모의고사

모의고사 #1 ·· 217
모의고사 #1 풀이 ··· 374
모의고사 #2 ·· 220
모의고사 #2 풀이 ··· 377
모의고사 #3 ·· 223
모의고사 #3 풀이 ··· 379
모의고사 #4 ·· 226
모의고사 #4 풀이 ··· 382

목 차

part 5
기초계산 연습

기초계산 연습 ·· 231

part 6
미적분 유제 및 모의고사 풀이

제1장 ·· 291
제2장 ·· 294
제3장 ·· 300
제4장 ·· 302
제5장 ·· 305
제6장 ·· 307
제7장 ·· 308
제8장 ·· 318
제9장 ·· 322
제10장 ·· 326
제11장 ·· 331

목 차

part 7
확률통계 유제 및 모의고사 풀이

제1장	349
제2장	351
제3장	357
제4장	362
제5장	365
제6장	369
제7장	372
제8장	373

보험계리사 일반수학
(미적분 및 확률통계)

part 1
미적분

MIRAE Insurance Education Service

핵심요약<집합의 표현 방법>
· 원소나열법 : 모든 원소를 {   }안에 나열하는 방법
· 조건제시법 : $\{x \mid x$는 x의 조건$\}$

필수예제1-2) 집합 $A = \{1, 2, 3\}$에 대하여 집합 $B = \{a^2 + b^2 \mid a \in A, b \in A\}$의 원소의 개수를 구하여라.

해설) 6개

$a \in A, b \in A$에 대하여 $a^2 + b^2$의 값을 구하면 오른쪽 표와 같으므로 $B = \{2, 5, 8, 10, 13, 18\}$
따라서 집합 B의 원소의 개수는 6개이다.

a\b	1	2	3
1	2	5	10
2	5	8	13
3	10	13	18

유제1-3) 두 집합 $X = \{x \mid x = 2^n, n$은 자연수$\}$, $Y = \{y \mid y = 3^m, m$은 자연수$\}$에 대하여 다음 중 집합 $Z = \{z \mid z = xy, x \in X, y \in Y\}$의 원소가 아닌 것은?

① 108   ② 126   ③ 144   ④ 162

유제1-4) 집합 $A = \{-1, 0, 2\}$일 때, 집합 $X = \{a + b \mid a \in A, b \in A\}$의 원소의 개수는 몇 개인가?

① 4   ② 5   ③ 6   ④ 7

6. 부분집합의 개수

집합 $A = \{a_1, a_2, a_3, \cdots, a_n\}$에 대하여

(1) 집합 A의 부분집합의 개수 : 2^n
(2) 집합 A의 진부분집합의 개수 : $2^n - 1$
(3) k개의 특정한 원소를 포함하는(포함하지 않는) 집합 A의 부분집합의 개수 :
2^{n-k}(단, $1 \leq k < n$)
(4) k개의 특정한 원소 중 적어도 한 개를 포함하는 집합 A의 부분집합의 개수 :
$2^n - 2^{n-k}$(단, $1 \leq k < n$)

7. 멱집합

집합 A의 부분집합 전체를 원소로 갖는 집합을 집합 A의 멱집합이라고 하고, $P(A)$로 나타낸다.

(1) 정의 : $2^A = \{X | X \subset A\}\}$
(2) 성질 : ① $2^A \neq \varnothing$, $A \in 2^A$
② $n(A) = m$ 일 때, 2^A의 원소의 개수는 2^m(개)

예) $A = \{1, 2, 3\}$일 때, 2^A의 부분집합의 개수는?   정답 : 256개

8. 집합의 종류

(1) 합집합 : $A \cup B = \{x | x \in A \text{ 또는 } x \in B\}$
(2) 교집합 : $A \cap B = \{x | x \in A \text{ 그리고 } x \in B\}$
(3) 차집합 : $A - B = \{x | x \in A \text{ 이고 } x \notin B\}$
(4) 여집합 : $A^C = \{x | x \in U \text{ 이고 } x \notin A\} = U - A$(단, U는 전체집합)
참고) 두 집합 A, B에 대하여 $A \cap B = \varnothing$ 이면 집합 A, B를 서로소라고 한다.

9. 집합의 연산법칙

(1) $A \cup B = B \cup A$, $A \cap B = B \cap A$ (교환법칙)
(2) $(A \cup B) \cup C = A \cup (B \cup C)$, $(A \cap B) \cap C = A \cap (B \cap C)$ (결합법칙)
(3) $A \cup (B \cap C) = (A \cup B) \cap (A \cup C)$, $A \cap (B \cup C) = (A \cap B) \cup (A \cap C)$ (분배법칙)
(4) $(A \cup B)^C = A^C \cap B^C$, $(A \cap B)^C = A^C \cup B^C$ (드모르간의 법칙)

10. 유한집합의 원소의 개수

두 유한집합 A, B, C 에 대하여

(1) $n(A \cup B) = n(A) + n(B) - n(A \cap B)$

단, 두 집합 A, B 가 서로소이면 $n(A \cap B) = 0$ 이므로 $n(A \cup B) = n(A) + n(B)$

(2) $n(A - B) = n(A) - n(A \cap B) = n(A \cup B) - n(B)$

(2) $n(A \cup B \cup C)$
$= n(A) + n(B) + n(C) - n(A \cap B) - n(B \cap C) - n(C \cap A) + n(A \cap B \cap C)$

예) $n(U) = 5, n(A) = 4, n(B) = 3$ 이고, $A, B \subset U$ 일 때, $n(A^c \cup B^c)$ 의 최댓값은?

정답 : 3개

핵심요약<부분집합의 개수>
· 집합 $A = \{a_1, a_2, \cdots, a_n\}$에 대하여, 집합 A의 부분집합의 개수 $\Rightarrow 2^n$

필수예제1-3) 집합 $A = \{x \mid x$는 10이하의 소수$\}$라고 할 때, 집합 A의 부분집합의 개수는?

① 1   ② 2   ③ 4   ④ 16

해설) ④

$A = \{x \mid x$는 10이하의 소수$\} = \{2, 3, 5, 7\}$이므로 집합 A의 부분집합의 개수는 $2^4 = 16$개

유제1-5) 집합 $A = \{x \mid x$는 10이하의 자연수$\}$의 부분집합 중에서 3의 배수는 모두 원소로 갖고 4의 배수는 하나도 원소로 갖지 않는 부분집합의 개수는?

① 30   ② 31   ③ 32   ④ 33

유제1-6) 집합 X가 집합 $\{1, 2, 3, 4, 5, 6, 7\}$의 부분집합일 때, $\{1, 2, 3, 4, 5\} \cap X = \{3, 4, 5\}$를 만족하는 집합 X의 개수는 몇 개인가?

① 3   ② 4   ③ 5   ④ 6

> **핵심요약<집합의 연산법칙>**
> ·분배법칙 : $(A \cup B) \cap (A \cup C) = A \cup (B \cap C)$
> $(A \cap B) \cup (A \cap C) = A \cap (B \cup C)$
> ·$A \cap A^C = \phi$, $A \cap \phi = \phi$
> ·드모르간의 법칙 : $(A \cap B)^C = A^C \cup B^C$, $(A \cup B)^C = A^C \cap B^C$
> ·차집합 : $A - B = A \cap B^C = (A \cup B) - B = A - (A \cap B)$

필수예제1-4) 세 집합 A, B, C 에 대하여 다음 중 $(A-B)-C$ 와 같은 집합은?
① $A-(B \cap C)$ ② $A-(B \cup C)$ ③ $(A \cap B) - C$ ④ $(A \cup B) - C$

해설) ②
$$\begin{aligned}(A-B)-C &= (A \cap B^C) \cap C^C \\ &= A \cap (B^C \cap C^C) \\ &= A \cap (B \cup C)^C = A - (B \cup C)\end{aligned}$$

유제1-7) 전체집합 U의 세 부분집합 A, B, C 에 대하여 다음 중 $(A-B)-(A-C)$ 와 같은 집합은?
① $(A \cap B) - C$ ② $(A \cup C) - B$ ③ $A - (B \cap C)$ ④ $(A \cap C) - B$

유제1-8) 전체집합 $U = \{1, 2, 3, \cdots, 9\}$ 의 두 부분집합 A, B가 각각 $A = \{1, 3, 5, 7\}$, $B = \{1, 4, 6, 7\}$일 때, $(A \cup B) \cup (A^C \cup B^C)^C$의 원소의 개수는?
① 2   ② 4   ③ 6   ④ 8

> **핵심요약<유한집합의 원소의 개수>**
> · $A \cap B \neq \varnothing$일 때, $n(A \cup B) = n(A) + n(B) - n(A \cap B)$
> · $n(A \cup B \cup C) = n(A) + n(B) + n(C)$
> $\quad\quad - n(A \cap B) - n(B \cap C) - n(C \cap A)$
> $\quad\quad + n(A \cap B \cap C)$

필수예제1-5) 1에서 300까지 자연수에서 3, 5 또는 7의 배수인 자연수의 개수는?
(KAA 02)

① 162 ② 154 ③ 170 ④ 176

해설) ①

[1, 300]구간에서 3의 배수의 집합을 A, 5의 배수의 집합을 B, 7의 배수의 집합을 C라고 하자. 각 집합의 개수를 계산하면
$n(A) = 100$, $n(B) = 60$, $n(C) = 42$, $n(A \cap B) = 20$, $n(B \cap C) = 8$,
$n(C \cap A) = 14$, $n(A \cap B \cap C) = 2$ 이다.
따라서 구하는 개수는 $100 + 60 + 42 - 20 - 8 - 14 + 2 = 162$이다.

유제1-9) 두 집합 A, B에 대하여 $n(A) = 20$, $n(B) = 10$, $n(A - B) = 15$ 일 때, $n(A \cup B)$의 값을 구하여라.

유제1-10) 40명의 주부를 대상으로 두 종류의 통조림 A, B를 구입해 본 경험을 조사하였더니 각각 23명, 27명이었다. 두 종류의 통조림을 모두 구입해 본 주부는 최소 몇 명인가?

① 3 ② 7 ③ 10 ④ 13

11. 명제와 조건

(1) 명제 : 참과 거짓을 판별할 수 있는 문장이나 식
(2) 조건 : 미지수를 포함하는 문장이나 식이 미지수의 값에 따라 참, 거짓이 결정될 때, 그 문장이나 식을 조건이라 하고 p, q, r, $\cdots$ 로 나타낸다.
(3) 진리집합 : 전체집합 U의 원소 중에서 조건 p를 참이 되게 하는 모든 원소들의 집합을 조건 p의 진리집합이라고 한다.

12. 명제 「$p \to q$」

(1) 조건 p, q에 대하여 「p이면 q이다.」인 명제를 $p \to q$와 같이 나타낸다.
　　⇒ 조건 p를 가정, 조건 q를 결론이라 한다.
(2) 조건 p, q의 진리집합을 각각 P, Q라 할 때,
　　명제 「$p \to q$」가 참이면 $P \subset Q$이고, $P \subset Q$이면 명제 「$p \to q$」는 참이다.
(3) 조건 p에 대하여 「p가 아니다.」를 p의 부정이라 하고 $\sim p$로 나타낸다.

13. 필요조건과 충분조건

(1) 명제 $p \to q$가 참일 때, $p \Rightarrow q$로 나타낸다.
　　q는 p이기 위한 필요조건, p는 q이기 위한 충분조건
(2) $p \Rightarrow q$이고 $q \Rightarrow p$일 때,
　　p는 q이기 위한 필요충분조건, q도 p이기 위한 필요충분조건이다.

예) a, b 가 실수 일 때, $a^2 - b^2 = 0$ 은 $a = b$이기 위한 (가)조건이고,
　　$a^2 + b^2 = 0$은 $a = b$ 이기 위한 (나)조건이다.　　정답 : (가)필요조건, (나)충분조건

> **핵심요약<필요조건, 충분조건, 필요충분조건과 진리집합>**
> · p 는 q 이기 위한 충분조건 $\Leftrightarrow P \subset Q$
> · p 는 q 이기 위한 필요조건 $\Leftrightarrow Q \subset P$
> · p 는 q 이기 위한 필요충분조건 $\Leftrightarrow P = Q$

필수예제1-6) 두 조건 p, q에 대하여 명제 "p이면 q이다"가 참일 때, 이것을 "$p \Rightarrow q$"로 나타낸다. 다음 중 맞는 것은?(KAA 04)

① q는 p의 충분조건이다.   ② q는 p의 필요조건이다.
③ p는 q의 필요충분조건이다.   ④ q는 p의 필요충분조건이다.

해설) ②

두 조건 p, q에 대하여 명제 "p이면 q이다"가 참일 때, 곧 "$p \Rightarrow q$"일 때, (1)p는 q의 충분조건, (2)q는 p의 필요조건이라고 한다.

유제1-11) 양의 정수 a, b에 대하여 명제 「ab가 짝수이면 a또는 b가 짝수이다.」의 역, 이, 대우 중 참인 명제를 모두 고른 것은?

① 역, 이, 대우   ② 역, 이   ③ 역, 대우   ④ 이, 대우

유제1-12) 다음 중 p가 q이기 위한 필요조건이지만 충분조건이 아닌 것은?
(단, x, y, z는 실수, $z > 0$)

① $p : x^2 + y^2 = 0$ $q : xy = 0$
② $p : x > y$ $q : xz > yz$
③ $p : xy = |xy|$ $q : x > 0$이고 $y > 0$
④ $p : x = 1$ $q : x^2 = x$

· 더 생각해보기

※ **명제의 역, 이, 대우**

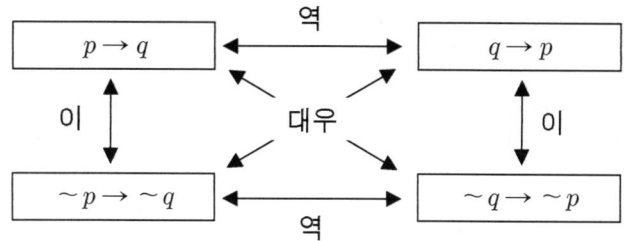

(1) 명제 $p \to q$가 참이더라도, 그 역 $q \to p$가 반드시 참이라고 할 수는 없다.
(2) 한 명제가 참이면 그 대우도 참이고, 한 명제의 대우가 참이면 원명제도 참이다.
(3) $p \to q$와 $q \to r$가 모두 참이면 $p \to r$도 참이다. ⇒ 삼단 논법

2. 실수체계/방정식과 부등식

1. 실수체계

$$\text{실수} \begin{cases} \text{유리수} \begin{cases} \text{정수} \begin{cases} \text{양의 정수} \\ 0 \\ \text{음의 정수} \end{cases} \\ \text{정수가 아닌 유리수} \begin{cases} \text{유한소수} \\ \text{순환소수} \end{cases} \end{cases} \\ \text{무리수(순환하지 않는 무한소수)} \end{cases}$$

2. 실수의 성질

(1) 실수의 연속성

   실수 전체의 집합은 수직선 위의 점 전체의 집합과 일대일 대응이다.

(2) 임의의 실수 a에 대하여 $a>0, a=0, a<0$ 중의 오직 하나만 성립한다.

(3) 임의의 실수 a, b에 대하여 $a^2 \geq 0$, $a^2+b^2=0 \Leftrightarrow a=0, b=0$

3. 실수의 연산의 성질

실수 전체의 집합 R의 임의의 원소 a, b, c에 대하여

(1) $a+b \in R$, $ab \in R$ (닫혀 있다)
(2) $a+b=b+a$, $ab=ba$ (교환 법칙)
(3) $(a+b)+c=a+(b+c)$, $(ab)c=a(bc)$ (결합 법칙)
(4) $a(b+c)=ab+ac$ (분배 법칙)
(5) $a+0=0+a=a$, $a \times 1 = 1 \times a = a$ (항등원)
(6) $a+(-a)=(-a)+a=0$, $a \times \frac{1}{a} = \frac{1}{a} \times a = 1$ $(a \neq 0)$ (역원)

4. 실수의 대소관계

임의의 세 실수 a, b, c에 대하여

(1) $a>b$, $b>c$이면 $a>c$이다.
(2) $a>b$이면 $a+c>b+c$이다.
(3) $a>b$, $c>0$이면 $ac>bc$이다.
(4) $a>b$, $c<0$이면 $ac<bc$이다.

5. 실수의 절댓값

임의의 실수 a에 대하여

(1) $a \geq 0$일 때 $|a| = a$ (2) $a < 0$일 때 $|a| = -a$

6. 일차방정식 $ax = b$의 풀이

(1) $a \neq 0$일 때, $x = \dfrac{b}{a}$ ⇒ 오직 하나의 근

(2) $a = 0$일 때, 곧 $0 \cdot x = b$

  ① $b = 0$이면 해가 무수히 많다. ⇒ 부정

  ② $b \neq 0$이면 해가 없다. ⇒ 불능

7. 이차방정식의 근의 공식

이차방정식 $ax^2 + bx + c = 0 (a \neq 0)$의 근은

$$x = \frac{-b \pm \sqrt{b^2 - 4ac}}{2a}$$

8. 이차방정식의 판별식

이차방정식 $ax^2 + bx + c = 0 (a \neq 0)$에서 $D = b^2 - 4ac$라 할 때,

(1) $D > 0$ ⇔ 서로 다른 두 실근

(2) $D = 0$ ⇔ 중근 (서로 같은 두 실근)

(3) $D < 0$ ⇔ 서로 다른 두 허근

예) x에 관한 이차방정식 $x^2 + (a+4)x + (a^2+5) = 0$이 서로 다른 두 실근을 가지도록 하는 정수 a의 개수는?   정답 : 1개

9. 이차방정식의 근과 계수와의 관계

이차방정식 $ax^2 + bx + c = 0$의 두 근을 α, β라 하면

$\alpha + \beta = -\dfrac{b}{a}$, $\alpha\beta = \dfrac{c}{a}$, $|\alpha - \beta| = \dfrac{\sqrt{b^2 - 4ac}}{|a|}$ 이 성립한다.

예) x에 대한 이차방정식 $x^2 - ax + b = 0$ 의 한 근이 $1+2i$ 일 때, 두 실수 a,b의 곱 ab의 값을 구하시오. 정답 : 10

10. 삼차방정식의 근과 계수와의 관계

삼차방정식 $ax^3 + bx^2 + cx + d = 0 \, (a \neq 0)$의 세 근을 α, β, γ라 하면, $\alpha + \beta + \gamma = -\dfrac{b}{a}$, $\alpha\beta + \beta\gamma + \gamma\alpha = \dfrac{c}{a}$, $\alpha\beta\gamma = -\dfrac{d}{a}$이 성립한다.

핵심요약<$ax = b$의 해>

· $a \neq 0$일 때, $x = \dfrac{b}{a}$

· $a = 0$일 때
(1) $b = 0$이면 $0 \cdot x = 0$에서 해는 무수히 많다.
(2) $b \neq 0$이면 $0 \cdot x = b$에서 해는 없다.

필수예제 2-1) 집합 $\{x \mid a^2x + 1 = x + a\} = \phi$일 때, 상수 a의 값은?
① -1 ② 0 ③ 1 ④ 2

해설) ①
$a^2x + 1 = x + a$에서 $(a^2 - 1)x = a - 1$
$(a+1)(a-1)x = a-1$
(i) $a = 1$이면 $0 \cdot x = 0$ 이므로 해가 무수히 많다.
(ii) $a = -1$이면 $0 \cdot x = -2$ 이므로 해가 존재하지 않는다.
(i), (ii)에서 해가 존재하지 않으려면 $a = -1$

유제2-1) 집합 $A = \{x \mid a^2 - (1+x)a + 2x - 2 = 0\}$이 무한집합일 때, x에 대한 방정식 $(x+5)a = x + a^2 + 6$의 해를 구하여라.
① -1 ② 0 ③ 1 ④ 2

핵심요약<이차방정식의 풀이법>
· 근의 공식에 의한 풀이
$$\Rightarrow x = \frac{-b \pm \sqrt{b^2-4ac}}{2a}$$
· 근과 계수와의 관계
$$\Rightarrow \alpha+\beta = -\frac{b}{a},\ \alpha\beta = \frac{c}{a},\ |\alpha-\beta| = \frac{\sqrt{b^2-4ac}}{|a|}$$

필수예제2-2) 이차방정식 $x^2-10x+1=0$의 두 근을 α, β라고 할 때, $\dfrac{1}{\sqrt{\alpha}}+\dfrac{1}{\sqrt{\beta}}$ 의 값은? ($KAA\ 05$)

① $2\sqrt{3}$ ② $2\sqrt{2}$ ③ $-2\sqrt{3}$ ④ $-2\sqrt{2}$

해설) ①

이차방정식 $x^2-10x+1=0$의 두 근을 α, β 라고 하자.
$\alpha+\beta=10,\ \alpha\beta=1$ (이차방정식의 근과 계수와의 관계)
$\sqrt{\alpha}+\sqrt{\beta}=\sqrt{12},\quad (\alpha+\beta=(\sqrt{\alpha}+\sqrt{\beta})^2-2\sqrt{\alpha\beta})$
$\dfrac{1}{\sqrt{\alpha}}+\dfrac{1}{\sqrt{\beta}}=\dfrac{\sqrt{\alpha}+\sqrt{\beta}}{\sqrt{\alpha\beta}}=\sqrt{12}=2\sqrt{3}$ 이다

유제2-2) 방정식 $x^2-|x|-2=\sqrt{(x-1)^2}$ 의 모든 근의 합은?
① $-1-\sqrt{2}$ ② $-1+\sqrt{2}$ ③ $-2+\sqrt{2}$ ④ $2-\sqrt{2}$

유제2-3) 이차방정식 $x^2-2kx+(k^2-2k+3)=0$의 두 근의 비가 1 : 3일 때 k의 값은? ($KAA\ 06$)
① 1, 3 ② -1, -3 ③ -2, -6 ④ 2, 6

> **핵심요약<이차방정식의 판별식>**
>
> 이차방정식 $ax^2+bx+c=0(a\neq 0,\ b,\ c$는 실수$)$에서 $D=b^2-4ac$라고 할 때
> · $D>0$이면 서로 다른 두 실근
> · $D=0$이면 중근(서로 같은 두 실근)
> · $D<0$이면 서로 다른 두 허근

필수예제2-3) 이차방정식 $x^2-3x+2-k=0$은 실근을 갖고, 이차방정식 $x^2-2x+3-k=0$이 허근을 갖도록 하는 실수 k의 값의 범위를 구하여라.

해설) $-\dfrac{1}{4} \leq k < 2$

$x^2-3x+2-k=0$의 판별식을 D_1이라고 하면 실근을 가지므로
$D_1=(-3)^2-4(2-k) \geq 0$이다.
$1+4k \geq 0 \qquad \therefore k \geq -\dfrac{1}{4} \qquad \cdots\cdots \,\text{㉠}$

또한 $x^2-2x+3-k=0$의 판별식을 D_2라고 하면 허근을 가지므로
$\dfrac{D_2}{4}=(-1)^2-(3-k)<0$
$-2+k<0 \qquad \therefore k<2 \qquad \cdots\cdots\,\text{㉡}$

식 ㉠, ㉡에서 $-\dfrac{1}{4} \leq k < 2$

유제2-4) x에 대한 이차방정식 $x^2-2(k-a)x+(k^2-6k+b)=0$이 k의 값에 관계 없이 중근을 가질 때, 두 실수 a, b의 합 $a+b$의 값을 구하여라.

유제2-5) x, y에 대한 이차식 $x^2+xy-6y^2-x+7y-k$가 두 일차식의 곱으로 인수 분해될 때, 실수 k의 값을 구하여라.
① 1 ② 2 ③ 3 ④ 4

핵심요약<삼차방정식의 근과 계수의 관계>

$ax^3 + bx^2 + cx + d = 0 (a \neq 0)$의 세 근을 α, β, γ 라고 하면

· $\alpha + \beta + \gamma = -\dfrac{b}{a}$

· $\alpha\beta + \beta\gamma + \gamma\alpha = \dfrac{c}{a}$

· $\alpha\beta\gamma = -\dfrac{d}{a}$

필수예제2-4) 방정식 $x^3 - 14x^2 + 35x - 22 = 0$의 세근을 α, β, γ라고 할 때, $\dfrac{1}{\alpha} + \dfrac{1}{\beta} + \dfrac{1}{\gamma}$의 값은?(KAA 09)

① $\dfrac{22}{35}$ ② $-\dfrac{22}{35}$ ③ $\dfrac{35}{22}$ ④ $-\dfrac{35}{22}$

해설) ③

삼차방정식 $x^3 - 14x^2 + 35x - 22 = 0$의 세 근을 α, β, γ 라고 하자.
$\alpha + \beta + \gamma = -(-14)$, $\alpha\beta + \beta\gamma + \gamma\alpha = 35$, $\alpha\beta\gamma = -(-22)$이므로,
$\dfrac{1}{\alpha} + \dfrac{1}{\beta} + \dfrac{1}{\gamma} = \dfrac{\alpha\beta + \beta\gamma + \gamma\alpha}{\alpha\beta\gamma} = \dfrac{35}{22}$이다.

유제2-6) $x^3 + 3x^2 + 4x - 8 = 0$의 세 근을 α, β, γ라고 할 때, $(\alpha-1)(\beta-1)(\gamma-1)$의 값은?

① -1 ② 0 ③ 1 ④ 2

유제2-7) 계수가 유리수인 삼차방정식 $ax^3 + bx^2 + cx - 1 = 0$의 두 근이 1, $2 + \sqrt{3}$ 일 때, abc의 값을 구하여라.

핵심요약<분수방정식의 풀이>
(i) 분모의 최소공배수를 양변에 곱하여 다항방정식으로 고친다.
(ii) (i)의 방정식을 푼다.
(iii) (ii)에서 얻은 근 중 무연근을 제외한 나머지를 분수방정식의 근으로 한다.

필수예제2-5) 다음 분수방정식의 근을 α라 할 때, 2α의 값을 구하시오.(KAA19)

$$\frac{2}{x+1} - \frac{3}{x^2-x+1} = \frac{2x+8}{x^3+1}$$

① 5   ② 9   ③ 13   ④ 17

해설) ②

주어진 식의 좌변을 통분하면

$\frac{2x^2-2x+2-3x-3}{(x+1)(x^2-x+1)} = \frac{2x+8}{x^3+1}$, $2x^2-5x-1 = 2x+8$, $2x^2-7x-9=0$ 이므로

$x = \frac{9}{2}$ 또는 $x = -1$ 이다. 여기서 -1은 무연근이다. $\therefore x = \frac{9}{2}$

$\alpha = \frac{9}{2}$ 이므로 $2\alpha = 9$.

유제2-8) x에 대한 아래의 분수방정식은 어떤 근을 갖는가?(KAA 02)

$$\frac{2}{x-a} + \frac{2}{x-b} + \frac{2}{x-c} = 0 \text{ (단, } a > b > c\text{)}$$

① 서로 다른 두 실근   ② 중근
③ 하나의 실근과 하나의 허근   ④ 서로 다른 두 허근

유제2-9) 분수방정식 $\frac{2x+6}{x+5} + \frac{x-1}{x+3} = \frac{x-3}{x+1} + \frac{2x+10}{x+7}$ 의 근을 α라 할 때, α^2의 값을 구하여라.

핵심요약<무리방정식의 풀이>
(i) 식을 적당히 변형한 다음 양변을 제곱하여 다항방정식으로 만든다.
(ii) 다항방정식을 푼다.
(iii) (ii)에서 얻은 근 중 무연근을 제외한 나머지를 무리방정식의 근으로 한다.

필수예제2-6) 무리방정식 $x-\sqrt{x+2}=-2$의 두 근을 α, β라 할 때, $\alpha^2+\beta^2$의 값은?(KAA 03)
① 5   ② 10   ③ 15   ④ 20

해설) ①
$x-\sqrt{x+2}=-2 \Rightarrow x+2=\sqrt{x+2} \Rightarrow x^2+4x+4=x+2$
$\Rightarrow x^2+3x+2=0 \Rightarrow (x+1)(x+2)=0$ 그러므로 $x=-1$ 또는 -2이다.
따라서 $(-1)^2+(-2)^2=5$이다.

유제2-10) 함수 $f(x)=x-1+2\sqrt{5-x}$일 때, 방정식 $(f \circ f)(x)=5$의 모든 실근의 합은?
① 4   ② 6   ③ 8   ④ 10

유제2-11) 무리방정식 $\sqrt{x+2+2\sqrt{x+1}}=1+\sqrt{2-x}$의 근을 α라 할 때, $8\alpha^2-2\alpha$의 값을 구하여라.

11. 부등식 $ax > b$의 해법

(1) $a > 0$일 때 : $x > \dfrac{b}{a}$

(2) $a < 0$일 때 : $x < \dfrac{b}{a}$

(3) $a = 0$일 때 : ① $b \geq 0$이면 해는 없다.
　　　　　　　　② $b < 0$이면 x는 모든 실수

12. 부등식의 성질

(1) $a > b \Leftrightarrow \dfrac{1}{a} < \dfrac{1}{b}$ (단, a, b는 같은 부호이다.)

(2) $a > b \Leftrightarrow a^2 > b^2$ (단, $a > 0$, $b > 0$이다.)

(3) $a > b \Leftrightarrow a^3 > b^3$ (a, b의 부호에 상관없다.)

(4) $|x| < a \ (a > 0) \Leftrightarrow -a < x < a$

(5) $|x| \geq a \ (a > 0) \Leftrightarrow x \leq -a$ 또는 $x \geq a$

13. 이차부등식의 해법 (단, $\alpha < \beta$)

(1) $(x-\alpha)(x-\beta) > 0$의 해 : $x < \alpha$ 또는 $x > \beta$

(2) $(x-\alpha)(x-\beta) < 0$의 해 : $\alpha < x < \beta$

예) 부등식 $0 < x^2 - 3x - 4 < 5x - 16$ 의 해는?　　　　답 : $4 < x < 6$

핵심요약<부등식의 풀이>
(i) 최고차항의 계수를 양수가 되도록 하여
 $f(x) > 0,\ f(x) < 0,\ f(x) \geq 0,\ f(x) \leq 0$ 의 꼴로 정리한다.
(ii) $f(x)$를 인수분해한다.
(iii) 수직선을 그려서 $\begin{cases} f(x) > 0 \text{이면 } x\text{축 위쪽 범위} \\ f(x) < 0 \text{이면 } x\text{축 아래쪽 범위} \end{cases}$

필수예제2-7) 부등식 $\dfrac{5+x}{x-3} < 2$가 성립하는 x의 해 집합은? $(KAA\ 08)$
① $(-\infty, 3)$ ② $(11, \infty)$ ③ $(3, 11)$ ④ $(-\infty, 3) \cup (11, \infty)$

해설) ④
 $x - 3 > 0$ 일 때, $5 + x < 2(x - 3)$으로부터 $x > 11$,
 $x - 3 < 0$ 일 때, $5 + x > 2(x - 3)$으로부터 $x < 11$이므로 $x < 3$이다.

유제2-12) 연립부등식 $\begin{cases} x^3 - 3x^2 - x + 3 < 0 \\ x^4 - 3x^2 - 4 \geq 0 \end{cases}$ 을 만족하는 자연수 x의 개수는?
① 1   ② 2   ③ 4   ④ 6

유제2-13) 분수부등식 $\dfrac{2}{x} + \dfrac{2}{x+1} > 3$의 해가 $\alpha < x < \beta$ 또는 $\gamma < x < \delta$일 때, $\alpha + \beta + \gamma + \delta$의 값은?
① -3 ② $-\dfrac{3}{2}$ ③ -1 ④ $-\dfrac{2}{3}$

• 더 생각해보기

※ 절대부등식

(1) 절대부등식 : 주어진 집합의 모든 원소에 대하여 항상 성립하는 부등식

(2) 여러 가지 절대부등식 (a, b, c는 실수)

① $a^2 - ab + b^2 \geq 0$ (단, 등호는 $a = b = 0$일 때 성립)

② $a^2 + b^2 + c^2 \geq ab + bc + ca$ (단, 등호는 $a = b = c$일 때 성립)

(3) 코시-슈바르츠(Cauchy-schwarz)의 부등식 (a, b, c, x, y, z는 실수)

① $(a^2 + b^2)(x^2 + y^2) \geq (ax + by)^2$ (단, 등호는 $\dfrac{a}{x} = \dfrac{b}{y}$일 때 성립)

② $(a^2 + b^2 + c^2)(x^2 + y^2 + z^2) \geq (ax + by + cz)^2$

(단, 등호는 $\dfrac{a}{x} = \dfrac{b}{y} = \dfrac{c}{z}$일 때 성립)

(4) 산술평균, 기하평균, 조화평균의 관계 (단, $a > 0$, $b > 0$)

$\dfrac{a+b}{2} \geq \sqrt{ab} \geq \dfrac{2ab}{a+b}$ (단, 등호는 $a = b$일 때 성립)

(5) 삼각부등식

$|a| + |b| \geq |a+b|$ (단, 등호는 $ab \geq 0$일 때 성립)

※ 미지수가 두 개인 연립일차방정식의 해법

$\begin{cases} ax + by + c = 0 \\ a'x + b'y + c' = 0 \end{cases}$ 에서

(1) $\dfrac{a'}{a} \neq \dfrac{b'}{b}$일 때 : 한 쌍의 근이 존재한다.

(2) $\dfrac{a'}{a} = \dfrac{b'}{b} = \dfrac{c'}{c}$일 때 : 해가 무수히 많다. ⇒ 부정

(3) $\dfrac{a'}{a} = \dfrac{b'}{b} \neq \dfrac{c'}{c}$일 때 : 해가 없다. ⇒ 불능

※ 이차부등식이 항상 성립할 조건

(1) 모든 실수 x에 대하여, $ax^2 + bx + c > 0 \Leftrightarrow a > 0$, $D = b^2 - 4ac < 0$

(2) 모든 실수 x에 대하여, $ax^2 + bx + c < 0 \Leftrightarrow a < 0$, $D = b^2 - 4ac < 0$

3. 해석기하

1. 두 점 사이의 거리

(1) 수직선 위의 두 점 $A(x_1)$, $B(x_2)$ 사이의 거리
$\overline{AB} = |x_2 - x_1|$

(2) 좌표평면 위의 두 점 $A(x_1, y_1)$, $B(x_2, y_2)$ 사이의 거리
$\overline{AB} = \sqrt{(x_2 - x_1)^2 + (y_2 - y_1)^2}$

(3) 공간좌표 위의 두 점 $A(x_1, y_1, z_1)$, $B(x_2, y_2, z_2)$ 사이의 거리
$\overline{AB} = \sqrt{(x_2 - x_1)^2 + (y_2 - y_1)^2 + (z_2 - z_1)^2}$

2. 직선의 방정식

(1) 한 점 (x_1, y_1)을 지나고 기울기가 m인 직선의 방정식
$y - y_1 = m(x - x_1)$

(2) 두 점 (x_1, y_1), (x_2, y_2)를 지나는 직선의 방정식
$y - y_1 = \dfrac{y_2 - y_1}{x_2 - x_1}(x - x_1)$ (단, $x_1 \neq x_2$)

(3) x절편이 a, y절편이 b인 직선의 방정식 $\dfrac{x}{a} + \dfrac{y}{b} = 1$ (단, $ab \neq 0$)

3. 두 직선의 위치관계

(1) 두 직선 $y = mx + n$, $y = m'x + n'$에서
① 한 점에서 만나는 조건 : $m \neq m'$ ② 평행 조건 : $m = m'$, $n \neq n'$
③ 일치 조건 : $m = m'$, $n = n'$ ④ 수직 조건 : $mm' = -1$

(2) 두 직선 $ax + by + c = 0$, $a'x + b'y + c' = 0$에서
① 한 점에서 만나는 조건 : $\dfrac{a'}{a} \neq \dfrac{b'}{b}$ ② 평행 조건 : $\dfrac{a'}{a} = \dfrac{b'}{b} \neq \dfrac{c'}{c}$
③ 일치 조건 : $\dfrac{a'}{a} = \dfrac{b'}{b} = \dfrac{c'}{c}$ ④ 수직 조건 : $aa' + bb' = 0$

예) 두 직선 $ax - 2y + (2a - 3) = 0$, $3x + (a - 3)y + (4 - a) = 0$이 서로 수직일 때, 상수 a의 값을 구하시오. 정답 : -6

4. 점과 직선 사이의 거리

점 (x_1, y_1)에서 직선 $ax+by+c=0$에 이르는 거리 d는

$$d = \frac{|ax_1+by_1+c|}{\sqrt{a^2+b^2}}$$

예) 평행한 두 직선 $ax+y+1=0$, $ax+y-3=0$ 사이의 거리가 2일 때, a^2의 값을 구하시오. 정답 : 3

5. 원의 방정식

(1) 점 (a, b)가 중심이고, 반지름의 길이가 r인 경우
$$(x-a)^2 + (y-b)^2 = r^2$$

(2) 원점이 중심이고, 반지름의 길이가 r인 경우
$$x^2 + y^2 = r^2$$

(3) $x^2 + y^2 + Ax + By + C = 0$ (단, $A^2 + B^2 - 4C > 0$)

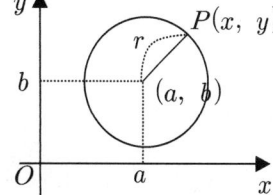

핵심요약<직선의 방정식>
· 기울기가 m이고 점 (x_1, y_1)을 지나는 직선의 방정식
$$y - y_1 = m(x - x_1)$$
· 두 점 (x_1, y_1), (x_2, y_2)를 지나는 직선의 방정식
$x_1 \neq x_2$이면 $y - y_1 = \dfrac{y_2 - y_1}{x_2 - x_1}(x - x_1)$

필수예제3-1) 점 $(\sqrt{3}, -1)$을 지나고 x축의 양의 방향과 이루는 각의 크기가 $30°$인 직선의 방정식은?

① $y = \sqrt{3}x - 4$ ② $y = \sqrt{3}x - 1$ ③ $y = x - \sqrt{3}$ ④ $y = \dfrac{1}{\sqrt{3}}x - 2$

해설) ④

(기울기) $= \tan 30° = \dfrac{1}{\sqrt{3}}$이고 점 $(\sqrt{3}, -1)$을 지나므로

$y + 1 = \dfrac{1}{\sqrt{3}}(x - \sqrt{3})$

$\therefore y = \dfrac{1}{\sqrt{3}}x - 2$

유제3-1) 두 점 $A(6, -4)$, $B(1, 1)$에 대하여 $\overline{AB}$를 $2 : 3$으로 내분하는 점 P와 점 $(-1, 3)$을 지나는 직선의 y절편은?
① -4 ② -2 ③ 2 ④ 3

유제3-2) 세 점 $A(k, 5), B(-1, 3), C(-k, -1)$이 한 직선 위에 있을 때, 실수 k의 값은?
① -1 ② -2 ③ -3 ④ -4

핵심요약 <원의 방정식>
· 중심이 $(0,0)$ 이고 반지름의 길이가 r 일 때
  $\Rightarrow x^2 + y^2 = r^2$
· 중심이 (a,b) 이고 반지름의 길이가 r 일 때
  $\Rightarrow (x-a)^2 + (y-b)^2 = r^2$

필수예제3-2) 직교좌표 상에 점$(0,0)$을 원점으로 하여 점$(4,2)$를 지나는 원을 그렸을 경우 점$(2,4)$에서 원에 접하는 직선의 기울기는?(KAA 08)
① -0.3   ② -0.4   ③ -0.5   ④ -0.6

해설) ③

$(0,0)$을 원점으로 $(4,2)$를 지나는 원의 반지름의 길이는
$\sqrt{(4-0)^2 + (2-0)^2} = \sqrt{20}$ 이므로 원의 방정식은 $x^2 + y^2 = 20$ 이다.
원점과 점 $(2,4)$을 지나는 직선과 접선은 직교하므로 기울기의 곱은 -1이다.
원에 접하는 직선의 기울기를 m이라 하자. $\dfrac{4-0}{2-0} \times m = -1$ 에서 $m = -0.5$ 이다.

유제3-3) 원 $x^2 + y^2 - 6x + 8y + 5 = 0$과 직선 $x - 2y + a = 0$에 대하여 다음 물음에 답하여라.
(1) 직선이 원에 접할 때, 상수 a의 값을 구하여라.
(2) 직선과 원이 서로 다른 두 점에서 만날 때, 상수 a의 값을 구하여라.

유제3-4) 점 $(1, 2)$에서 원 $(x+2)^2 + (y-1)^2 = 1$에 그은 접선의 방정식의 모든 기울기의 합은?
① $-\dfrac{3}{2}$ ② $-\dfrac{3}{4}$ ③ $\dfrac{3}{4}$ ④ 1

· 더 생각해보기

※ 평행이동

좌표평면 위의 점 (x, y)를 x축의 방향으로 a만큼, y축의 방향으로 b만큼 평행이동한 점의 좌표를 (x', y')라 하면 $x' = x+a$, $y' = y+b$의 관계가 있다.
이 때, 점 (x, y)를 점 $(x+a, y+b)$에 대응시키는 변환

$$f : (x, y) \to (x+a, y+b)$$를 평행이동이라 한다.

또한, 도형 $F(x, y) = 0$이 평행이동 f에 의해서 이동된 도형의 방정식은

$$F(x, y) = 0 \xleftrightarrow{f} F(x-a, y-b) = 0$$

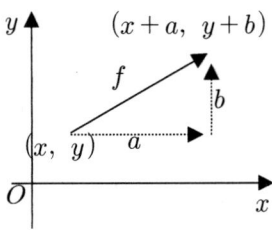

예) 직선 $3x+y-5=0$을 x축 방향으로 1만큼, y축 방향으로 n만큼 평행이동하면 직선 $3x+y-1=0$이 된다. 이 때, n의 값을 구하시오.   정답: $n=-7$

※ 대칭이동

(1) 점의 대칭이동
  ① x축에 대칭 : $(x, y) \to (x, -y)$
  ② y축에 대칭 : $(x, y) \to (-x, y)$
  ③ 원점에 대칭 : $(x, y) \to (-x, -y)$
  ④ $y=x$에 대칭 : $(x, y) \to (y, x)$

(2) 도형의 대칭이동
  방정식 $f(x, y) = 0$을
  ① x축에 대칭 : $f(x, -y) = 0$
  ② y축에 대칭 : $f(-x, y) = 0$
  ③ 원점에 대칭 : $f(-x, -y) = 0$
  ④ $y=x$에 대칭 : $f(y, x) = 0$

예) 점 $P\left(\dfrac{9}{5}, \dfrac{8}{5}\right)$을 직선 $y=2x-1$에 대하여 대칭이동 시킬 때, 대칭점 Q의 좌표를 (a, b)라 한다. 이 때, $a+b$의 값을 구하면?   정답: $a+b=3$

※ 선분의 내분점, 외분점

(1) 좌표평면 위의 두 점 $A(x_1, y_1), B(x_2, y_2)$를 잇는 선분 AB를 $m : n$으로 내분하는 점을 P, 외분하는 점을 Q라 하면

$P(\dfrac{mx_2 + nx_1}{m+n}, \dfrac{my_2 + ny_1}{m+n})$

$Q(\dfrac{mx_2 - nx_1}{m-n}, \dfrac{my_2 - ny_1}{m-n})$ (단, 외분점 Q에서 $m \neq n$)

(2) 공간좌표 위의 두 점 $A(x_1, y_1, z_1), B(x_2, y_2, z_2)$를 잇는 선분 AB를 $m : n$으로 내분하는 점을 P, 외분하는 점을 Q라 하면

$P(\dfrac{mx_2 + nx_1}{m+n}, \dfrac{my_2 + ny_1}{m+n}, \dfrac{mz_2 + nz_1}{m+n})$

$Q(\dfrac{mx_2 - nx_1}{m-n}, \dfrac{my_2 - ny_1}{m-n}, \dfrac{mz_2 - nz_1}{m-n})$ (단, 외분점 Q에서 $m \neq n$)

예) 평면 위의 세 점 $A(a, 3)$, $B(-1, 4)$, $C(6, b)$로 이루어진 삼각형 ABC의 무게중심이 $G(2, 1)$일 때, $a+b$ 의 값을 구하시오.   정답 : -3

4. 함수

1. 함수

두 집합 X, Y에 대하여 X의 각 원소에 Y의 원소가 오직 하나씩 대응하는 관계를 X에서 Y로의 함수라 하고, 기호로 다음과 같이 나타낸다.

$$f : X \to Y \text{ 또는 } X \xrightarrow{f} Y$$

(1) 함수 $f : X \to Y$에서 집합 X, Y를 각각 f의 정의역, 공역이라 하고, X의 원소에 대응하는 함숫값 $f(x)$의 전체의 집합을 함수 f의 치역이라 한다.

(2) 함수 $f : X \to Y$에서 치역과 공역이 일치하고 X의 임의의 원소 x_1, x_2에 대하여 $x_1 \neq x_2$이면 $f(x_1) \neq f(x_2)$이 성립할 때 일대일 대응이라 한다.

(3) 함수 $f : X \to X$에서 X의 임의의 원소 x에 대하여 $f(x) = x$이면 f를 항등함수라고 한다.

(4) 함수 $f : X \to Y$에서 집합 X의 모든 원소가 집합 Y의 원소 오직 하나에만 대응할 때, 함수 f를 상수함수라고 한다.

예) 함수 $f(x) = \sqrt{x^3 - x}$의 정의역을 구하여라. 정답 : $[-1, 0] \cup [1, \infty)$

2. 합성함수

두 함수 $f : X \to Y$, $g : Y \to Z$가 주어졌을 때 X의 임의의 원소 x에 Z의 원소 $g(f(x))$를 대응시키는 새로운 함수를 f와 g의 합성함수라 하고 $g \circ f$로 나타낸다. 함수 $g \circ f$는 X의 원소 x에 Z의 원소 $g(f(x))$를 대응시키므로 $(g \circ f)(x) = g(f(x))$가 성립한다.

예) 두 함수 $f(x) = 3x - 1$, $g(x) = -2x - a$에 대하여 $f \circ g = g \circ f$를 만족시키는 상수 a의 값을 구하시오. 정답 : $-\dfrac{3}{2}$

3. 합성함수의 성질

합성이 가능한 세 함수 f, g, h에 대하여
(1) $g \circ f \neq f \circ g$이다. 즉, 교환법칙이 성립되지 않는다.
(2) $(h \circ g) \circ f = h \circ (g \circ f)$이다. 즉, 결합법칙은 성립한다.
(3) $f \circ I = I \circ f = f$(단, I는 항등함수)

4. 역함수

함수 $f : X \to Y$가 일대일 대응이면 Y의 각 원소 y에 대하여 $f(x) = y$인 X의 원소 x는 단 하나 존재한다. 따라서 Y의 각 원소 y에 대하여 $f(x) = y$인 X의 원소 x를 대응시키는 대응관계는 Y에서 X로의 함수이다. 이러한 함수를 f의 역함수라 하고, 기호로
$$f^{-1} : Y \to X$$
와 같이 나타낸다.

(1) 역함수 구하는 방법
① 함수 $y = f(x)$가 일대일 대응인가를 확인한다.
② $y = f(x)$에서 x, y를 바꾸어 $x = f(y)$형태로 고친다.
③ $x = f(y)$를 정리하여 $y = g(x)$형태로 고친다.

예) 함수 $y = x^2 + 1 \; (x \geq 0)$의 역함수를 구하여라.   정답 : $y = \sqrt{x-1}$

(2) 역함수의 성질
① $f(a) = b \Leftrightarrow f^{-1}(b) = a$
② $(f^{-1})^{-1} = f$
③ $f^{-1} \circ f = f \circ f^{-1} = I$ (단, I는 항등함수)
④ $(g \circ f)^{-1} = f^{-1} \circ g^{-1}$

예) 함수 $f(x) = x^2 - 2x \; (x \geq 1)$일 때, $f^{-1}(3)$의 값을 구하시오.   정답 : 3

핵심요약<함수의 정의>
· 집합 X의 각 원소에 대하여 집합 Y의 원소가 오직 하나씩인 대응할 때, 이 대응을 X에서 Y로의 함수라고 한다.
· y축에 평행한 직선 $x=a$(a는 임의의 실수)를 그었을 때, 그래프의 한 점에서 만나면 함수의 그래프이다.

필수예제4-1) 함수($f:X\to Y$)에 관한 다음 설명 중 틀린 것은?(KAA 04)
① 함수구성의 3요소는 정의역(domain), 공역(codomain) 및 대응(f)이다.
② f는 정의역의 모든 원소 하나하나를 공역의 원소에 유일하게 대응시키는 규칙이다.
③ X를 정의역(domain)이라고 한다.
④ Y를 공역(codomain)이라고 하며 $Y=\{f(x)\,|\,x\in X\}$이다.

해설) ④
Y를 공역(codomain)이라고 하며 $Y\supset\{f(x)\,|\,x\in X\}$이다.
$\{f(x)\,|\,x\in X\}$는 치역이라고 한다.

예제4-1) 다음 중 함수의 그래프인 것은?

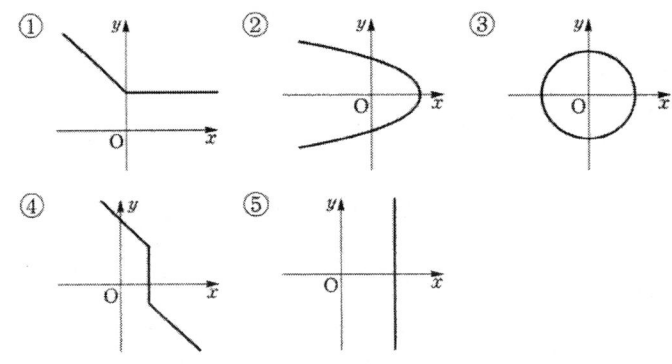

예제4-2) 집합 $X=\{-1,\ 0,\ 1\},\ Y=\{-1,0,\ 1,\ 2,\ 3\}$에 대하여 다음 중 X에서 Y로의 함수가 아닌 것은?
① $f(x)=\pm\sqrt{1-x^2}$ ② $f(x)=2|x|+1$
③ $f(x)=x^3$ ④ $f(x)=x^2+1$
⑤ $f(x)=(x+1)^2-1$

핵심요약<함숫값 구하기>
· 함수 $f : X \to Y$ 에 대하여 X의 원소 a에 대응되는 Y의 원소를 $f(a)$로 나타낼 때, $f(a)$를 함수 f에 의한 a의 함숫값이라고 한다.

필수예제4-3) 음이 아닌 정수 전체의 집합에서 정의된 함수 $f(x)$가
$$f(x) = \begin{cases} x-1 & (0 \le x \le 3) \\ f(x-3) & (x > 3) \end{cases}$$
로 정의할 때, $f(2) + f(18)$의 값은?

① 2 ② 3 ③ 5 ④ 6

해설) ②
$f(2) = 2 - 1 = 1$
$f(18) = f(18-3) = f(15-3) = f(12-3) = f(9-3) = f(6-3) = f(3) = 3 - 1 = 2$
∴ $f(2) + f(18) = 1 + 2 = 3$

유제4-3) $f(x) = x^n - 2x^{n-1} + x - 7$ 이고 $g(x) = \dfrac{x^3 + 3}{x+1}$ 일 때 $f\left\{\dfrac{2}{g\left(\dfrac{1}{2}\right) - \dfrac{1}{12}}\right\}$는?

(KAA 05)

① -7 ② 0 ③ 1 ④ 7

유제4-4) 집합 $A = \{0, 1, 2, 3, 4, \cdots\}$에 대하여 함수 $f : A \to A$를 $f(x) = ($x^2$을 4로 나누었을 때의 나머지)로 정의할 때, 함수 f의 치역은?

① $\{0\}$ ② $\{1\}$ ③ $\{0, 1\}$ ④ $\{0, 1, 2\}$

핵심요약<합성함수>
세 함수 f, g, h에 대하여
- $(f \circ g)(x) = f(g(x))$
- $(g \circ f)(x) = g(f(x))$
- $(h \circ g \circ f)(x) = h(g(f(x)))$

필수예제4-4) 두 함수 $f(x)$와 $g(x)$가 다음과 같이 정의된다.

(가) $f(x) = \dfrac{1}{2x+3}$

(나) $g(x) = 2\sin\left(x - \dfrac{\pi}{6}\right)$

$0 \leq x \leq \pi$에서 합성함수 $(f \circ g)(x)$의 최솟값을 구하시오. (KAA 19)

① $\dfrac{1}{3}$ ② $\dfrac{1}{5}$ ③ $\dfrac{1}{7}$ ④ $\dfrac{1}{9}$

해설) ③

$(f \circ g)(x) = \dfrac{1}{4\sin\left(x - \dfrac{\pi}{6}\right) + 3}$ 이다. 이 합성함수의 최솟값은 분모의 삼각함수의 값이 최대일 때이다.

$0 \leq x \leq \pi$에서 $4\sin\left(x - \dfrac{\pi}{6}\right) + 3$의 최댓값은 $4 + 3 = 7$ ($a\sin(bx+c) + d$에서 최댓값은 $|a| + d$)이므로 합성함수 $(f \circ g)(x)$의 최솟값은 $\dfrac{1}{7}$이다.

유제4-5) 두 함수 $f(x) = \begin{cases} 2x - 4 & (x \geq 1) \\ 3 & (x < 1) \end{cases}$, $g(x) = x^2 - 2$에 대하여 $(f \circ g)(2) + (g \circ f)(0)$의 값은?

① -1 ② -2 ③ 2 ④ 7

유제4-6) 함수 f, g, h에 대하여 $(h \circ g)(x) = 2x + 1$, $(h \circ (g \circ f))(x) = x - 5$일 때, 함수 $f(x)$를 구하여라.

> **핵심요약<역함수>**
> · 함수 f의 역함수가 f^{-1}일 때
> $\Rightarrow f^{-1}(a) = b$이면 $f(b) = a$이다.
> · 역함수가 존재할 조건
>   ① 일대일 대응이다.
>   ② 증가함수 또는 감소함수이어야 한다.

필수예제4-5) 집합 $X = \{x \mid -1 \leq x \leq 1\}$, $Y = \{y \mid -1 \leq y \leq 3\}$에 대하여 X에서 Y로의 함수 $f(x) = ax + b$의 역함수가 존재할 때, $a^2 + b^2$의 값을 구하여라.

(단, $a > 0$, a, b는 상수이다.)

해설) 5

함수 f의 역함수가 존재하므로 f는 일대일 대응이다.
$y = f(x)$의 기울기가 양수이므로
$f(-1) = -1$, $f(1) = 3$
$f(-1) = -a + b = -1$ ····· ㉠
$f(1) = a + b = 3$ ····· ㉡
㉠, ㉡에서 $a = 2$, $b = 1$

유제4-7) 일차함수 $f(x) = ax + b$에 대하여 $f(1) = 7$, $f^{-1}(10) = 4$일 때, 상수 a, b의 합 $a + b$의 값을 구하여라.

유제4-8) 두 함수 $f(x) = -2x + 6$, $g(x) = x - 8$에 대하여 $(g \circ f)^{-1}(1)$의 값을 구하여라.

5. 일차함수의 그래프

(1) 일차함수
    $y = ax + b \ (a \neq 0)$ 기울기가 a이고, y절편이 b인 직선

(2) 일차함수 $y - y_1 = a(x - x_1)(a \neq 0)$
    기울기가 a이고 점 (x_1, y_1)을 지나는 직선

6. 이차함수의 그래프

(1) $y = ax^2 (a \neq 0)$

(2) $y = a(x - m)^2 + n \ (a \neq 0)$의 그래프
    ① $y = ax^2$의 그래프를 x축, y축 방향으로 각각 m, n만큼 평행이동 한 것이다.
    ② 대칭축 : $x = m$ ③ 꼭짓점 : (m, n)

(3) 일반형 $y = ax^2 + bx + c \ (a \neq 0)$

예) 이차함수 $f(x) = x^2 - 4x + 3$ 의 대칭축과 꼭짓점의 좌표를 구하시오
    정답 : 대칭축 : $x = 2$, 꼭짓점 : $(2, -1)$

7. 유리함수

(1) 유리함수 : 함수 $y = f(x)$에서 $f(x)$가 x에 대한 유리식인 함수

(2) $y = \dfrac{k}{x}(k \neq 0)$의 그래프

① 원점에 대하여 대칭인 직각쌍곡선이다.
② 점근선은 x축과 y축이다.
③ $k > 0$일 때는 제 1, 3사분면에 그래프가 존재하고,
   $k < 0$일 때는 제 2, 4사분면에 그래프가 존재한다.

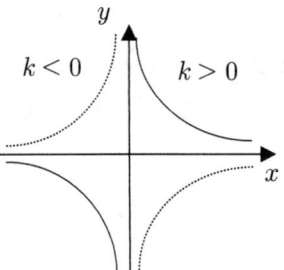

(3) $y = \dfrac{k}{x - m} + n \ (k \neq 0)$의 그래프

① $y = \dfrac{k}{x}$의 그래프를 x축, y축 방향으로 각각 m, n만큼 평행이동 한 것이다.
② 점 (m, n)에 대하여 대칭인 직각쌍곡선이다.
③ 점근선은 두 직선 $x = m$, $y = n$이다.

(4) 일반형 $y = \dfrac{px+q}{rx+s} \Rightarrow y = \dfrac{k}{x-a} + b \ (k \neq 0)$ 형태로 변형

예) 함수 $y = \dfrac{ax+b}{x-1}$ 의 그래프가 점 $(1,2)$에 대하여 대칭이고 점 $(-1,3)$을 지날 때, $a^2 + b^2$의 값을 구하시오. 정답 : 20

8. 무리함수

(1) 무리함수 : 함수 $y = f(x)$에서 $f(x)$가 x에 대한 무리식인 함수

(2) $y = \sqrt{ax} \ (a \neq 0)$의 그래프

    $a > 0$이면 제 1사분면, $a < 0$이면 제 2사분면에 그래프가 존재한다.

(3) $y = -\sqrt{ax} \ (a \neq 0)$의 그래프

    $a > 0$이면 제 4사분면, $a < 0$이면 제 3사분면에 그래프가 존재한다.

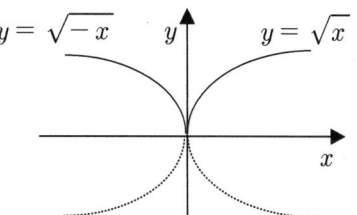

(4) $y = \sqrt{a(x-m)} + n$의 그래프

    $y = \sqrt{ax}$ 의 그래프를 x축, y축 방향으로 각각 m, n만큼 평행이동한 것이다.

예) $-4 \leq x \leq -1$ 에서 함수 $y = a\sqrt{-x} + b$의 최댓값과 최솟값이 각각 $7, 5$일 때 $a^2 + b^2$의 값을 구하시오 (단, $a > 0$) 정답 : 13

※ 함수의 형태

함수	기본형	표준형	일반형
이차함수	$y = ax^2 \ (a \neq 0)$	$y = a(x-m)^2 + n \ (a \neq 0)$	$y = ax^2 + bx + c \ (a \neq 0)$
유리함수	$y = \dfrac{k}{x}(k \neq 0)$	$y = \dfrac{k}{x-m} + n \ (k \neq 0)$	$y = \dfrac{px+q}{rx+s}$
무리함수	$y = \sqrt{ax} \ (a \neq 0)$	$y = \sqrt{a(x-m)} + n$	$y = \sqrt{ax+b} + c$
	$y = -\sqrt{ax} \ (a \neq 0)$	$y = -\sqrt{a(x-m)} + n$	$y = -\sqrt{ax+b} + c$

핵심요약 <분수함수와 무리함수>

분수함수 $y = \dfrac{k}{x-p} + q \ (k \neq 0)$의 그래프

· $y = \dfrac{k}{x}$의 그래프를 x축의 방향으로 p만큼, y축의 방향으로 q만큼 평행이동한 것이다.
· 정의역은 $\{x | x \neq p$인 실수$\}$, 치역은 $\{y | y \neq q$인 실수$\}$이다.
· 점근선의 방정식은 $x = p, \ y = q$이다.

필수예제4-6) 함수 $y = \dfrac{2}{x-m} + 3$의 역함수가 본래의 함수와 일치하도록 상수 m의 값을 정하시오. $(KAA\ 02)$

① 0   ② 1   ③ 2   ④ 3

해설) ④

$$x = \frac{2}{y-m} + 3 \Rightarrow x - 3 = \frac{2}{y-m} \Rightarrow y = \frac{2}{x-3} + m$$

$\therefore m = 3$

유제4-9) 함수 $y = \dfrac{2x-1}{x-1}$의 정의역이 $\{x | 0 \leq x < 1$ 또는 $1 < x \leq 3\}$일 때, 치역은?

① $\left\{ y \ \middle|\ y \leq 1 \text{ 또는 } y \geq \dfrac{5}{2} \right\}$ ② $\left\{ y \ \middle|\ 1 \leq y \leq \dfrac{5}{2} \right\}$

③ $\left\{ y \ \middle|\ y < 1 \text{ 또는 } y > \dfrac{5}{2} \right\}$ ④ $\left\{ y \ \middle|\ 1 < y < \dfrac{5}{2} \right\}$

유제4-10) 무리함수 $y = \sqrt{x-1} + 1$의 역함수가 $y = x^2 + ax + b \ (x \geq c)$일 때, 상수 a, b, c의 합 $a+b+c$의 값을 구하여라.

① -5 ② -3 ③ -1 ④ 1

· 더 생각해보기

※ 이차함수와 이차부등식

이차방정식 $f(x) = ax^2 + bx + c = 0 \, (a > 0)$ 에서
$f(x) = 0$의 두 근을 $\alpha, \, \beta \, (\alpha \leq \beta)$, 판별식 D를 $D = b^2 - 4ac$라 할 때

판별식	$D > 0$	$D = 0$	$D < 0$
$y = ax^2 + bx + c$ 그래프			
$ax^2 + bx + c = 0$의 해	2개	1개	없다
$ax^2 + bx + c > 0$의 해	$x < \alpha, \, x > \beta$	$x \neq \alpha$인 모든 실수	모든 실수
$ax^2 + bx + c < 0$의 해	$\alpha < x < \beta$	없다.	없다.

예) 임의의 실수 x에 대하여 부등식 $x^2 > mx - 2$가 성립할 때, 상수 m의 값의 범위를 구하시오. 정답 : $-2\sqrt{2} < m < 2\sqrt{2}$

5. 지수함수와 로그함수

1. 지수법칙

$a > 0$, $b > 0$이고 m, n이 유리수일 때

(1) $a^m a^n = a^{m+n}$　　　　　　　(2) $a^m \div a^n = a^{m-n}$

(3) $(a^m)^n = a^{mn}$　　　　　　　　(4) $(ab)^n = a^n b^n$

(5) $\left(\dfrac{a}{b}\right)^n = \dfrac{a^n}{b^n}$

2. 거듭제곱근의 성질

$a > 0$, $b > 0$이고 m, n은 2이상의 정수일 때 (단, p는 양의 정수)

(1) $\sqrt[n]{a}\,\sqrt[n]{b} = \sqrt[n]{ab}$　　　　$\Rightarrow$　　　$a^{\frac{1}{n}} b^{\frac{1}{n}} = (ab)^{\frac{1}{n}}$

(2) $\sqrt[n]{a^m} = (\sqrt[n]{a})^m$　　　　$\Rightarrow$　　　$(a^m)^{\frac{1}{n}} = a^{\frac{m}{n}} = \left(a^{\frac{1}{n}}\right)^m$

(3) $\dfrac{\sqrt[n]{a}}{\sqrt[n]{b}} = \sqrt[n]{\dfrac{a}{b}}$　　　　$\Rightarrow$　　　$\dfrac{a^{\frac{1}{n}}}{b^{\frac{1}{n}}} = \left(\dfrac{a}{b}\right)^{\frac{1}{n}}$

(4) $\sqrt[m]{\sqrt[n]{a}} = \sqrt[mn]{a}$　　　　$\Rightarrow$　　　$\left(a^{\frac{1}{n}}\right)^{\frac{1}{m}} = a^{\frac{1}{mn}}$

3. 지수함수 $y = a^x$ $(a > 0,\ a \neq 1)$의 성질

(1) 정의역은 실수 전체의 집합 R이고, 치역은 양의 실수 전체의 집합이다.

(2) 점 $(0, 1)$을 지나고 x축을 점근선으로 한다.

(3) $a > 1$이면 증가함수, $0 < a < 1$일 때 감소함수이다.

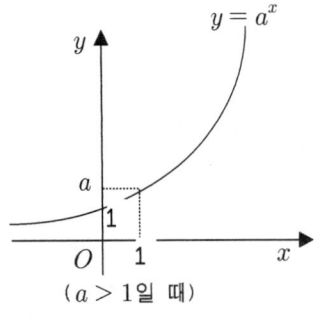
($a > 1$일 때)

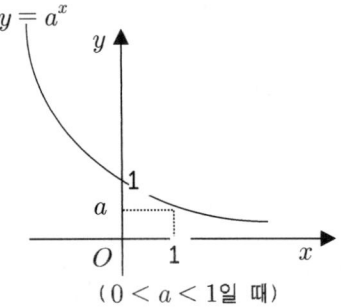
($0 < a < 1$일 때)

4. 지수방정식

(1) $a^{f(x)} = a^{g(x)}$ $(a > 0)$ 이면 $f(x) = g(x)$ 또는 $a = 1$ 이다.

(2) $a^{f(x)} = b^{f(x)}$ 이면 $a = b$ 또는 $f(x) = 0$ 이다.

(3) $f(a^x) = 0$ 이면 $a^x = t$ 로 놓고 $f(t) = 0$ 의 해 중 $t > 0$ 인 것을 구한 후 $a^x = t$ 에서 x 를 구한다.

(4) $a^{f(x)} = b^{g(x)}$ 일 때, 양변에 로그를 취한다.

예) 지수방정식 $4^x - 2^{x+2} - 32 = 0$ 의 해를 구하시오.   정답: $x = 3$

예) 지수방정식 $(2+\sqrt{3})^x + (2-\sqrt{3})^x = 4$ 의 해를 구하시오.   정답: $x = \pm 1$

5. 로그

(1) 로그의 정의

$a > 0$, $a \neq 1$, $b > 0$ 일 때 $a^x = b \Leftrightarrow x = \log_a b$

이때 b 를 $\log_a b$ 의 진수라 한다.

(2) 로그의 성질

$a > 0$, $a \neq 1$, $x > 0$, $y > 0$ 일 때

① $\log_a 1 = 0$, $\log_a a = 1$ ② $\log_a xy = \log_a x + \log_a y$

③ $\log_a \dfrac{x}{y} = \log_a x - \log_a y$ ④ $\log_a x^n = n \log_a x$ (n은 실수)

(3) 로그의 중요공식

$a > 0$, $a \neq 1$, $b > 0$, $b \neq 1$, $c > 0$, $c \neq 1$ 일 때

① $\log_a b = \dfrac{\log_c b}{\log_c a} = \dfrac{\ln b}{\ln a}$

② $\log_{a^m} b^n = \dfrac{n}{m} \log_a b$

③ $a^{\log_b c} = c^{\log_b a}$

6. 로그함수

(1) 로그함수의 정의

① $y = \log_a x \ (a > 0, \ a \neq 1)$를 로그함수라 한다.

② 지수함수 $y = a^x \ (a > 0, \ a \neq 1)$의 역함수이다.

(2) 로그함수의 그래프

$y = \log_a x \ (a > 0, \ a \neq 1)$는 $y = a^x$의 역함수이므로 두 그래프는 $y = x$에 대하여 대칭이다.

① $a > 1$일 때

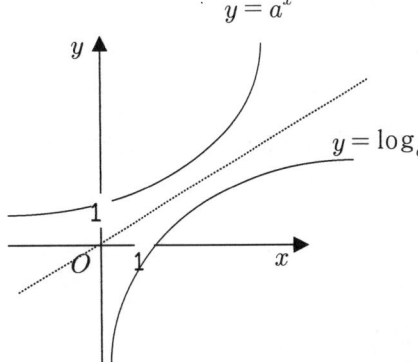

② $0 < a < 1$일 때

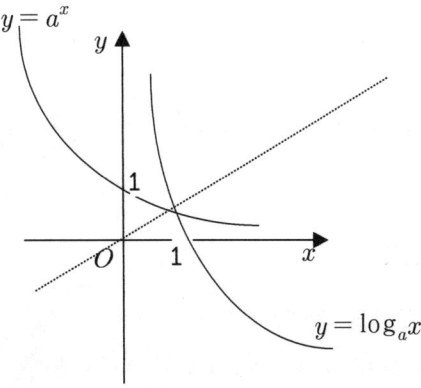

(3) 로그함수 $y = \log_a x \ (a > 0, \ a \neq 1)$의 성질

① 정의역은 양의 실수 전체의 집합, 치역은 실수 전체의 집합이다.

② 그래프는 점 $(1, 0)$을 지나고 y축을 점근선으로 한다.

③ $a > 1$일 때 증가함수이고, $0 < a < 1$일 때 감소함수이다.

7. 로그방정식

(1) $\log_a f(x) = \log_a g(x)$ 또는 $\log_a f(x) = b$의 꼴로 정리한 후

$\log_a f(x) = \log_a g(x) \Leftrightarrow f(x) = g(x) > 0$

$\log_a f(x) = b \Leftrightarrow f(x) = a^b, \ f(x) > 0$을 이용한다.

(2) $\log_a f(x) = t$로 치환하여 푼다.

(3) 지수에 로그가 포함되어 있을 때에는 양변에 로그를 취하여 푼다.

예) 로그방정식 $3\log_x 10 + \log_{10} x = 4$의 해를 구하시오.   정답 : $x = 10, 1000$

핵심요약<지수방정식>

· 밑을 같게 할 수 있는 지수방정식
$a^{f(x)} = a^{g(x)} \Rightarrow f(x) = g(x) \ (a > 0, a \neq 1)$

· 지수방정식 : 연립방정식
주어진 식이 a^x, b^x에 관한 연립방정식인 경우
$a^x = X, b^y = Y$로 놓고 푼다.

필수예제5-1) 지수방정식 $9^x - 8 \cdot 3^{x-1} + 1 = 0$의 모든 근의 합을 구하면?
① -2 ② -1 ③ 0 ④ 1

해설) ③

$9^x - 8 \cdot 3^{x-1} + 1 = 0$에서 $3^x = t$로 치환하면

주어진 지수방정식은 이차방정식 $t^2 - \frac{8}{3}t + 1 = 0$으로 정리된다.

지수방정식의 두 근을 α, β라 하고, 이차방정식의 두 근을 p, q라 하면

$pq = 3^{\alpha + \beta}$이므로 이차방정식의 근과 계수와의 관계를 이용하면

$pq = 3^{\alpha + \beta} = 1$이다.

따라서 $\alpha + \beta = 0$이다.

유제5-1) 방정식 $(3 + 2\sqrt{2})^x + (3 - 2\sqrt{2})^x = 6$의 근의 합을 구하시오. (KAA 01)
① -4 ② -1 ③ 0 ④ 4

유제5-2) $67^m = 27$, $603^n = 81$일 때, $\frac{3}{m} - \frac{4}{n}$의 값을 구하면?
① 1 ② -2 ③ 3 ④ -4

유제5-3) 연립방정식 $\begin{cases} 2^{x+1} + 2^{y+1} = 24 \\ 2^{x+y-2} = 8 \end{cases}$의 해가 $x = \alpha$, $x = \beta$일 때, $\alpha^2 + \beta^2$의 값을 구하여라.

핵심요약<로그의 성질>

· 로그의 정의 : $\log_a b$이 정의되려면
  (1) 밑의 조건 : $a > 0, a \neq 1$
  (2) 진수의 조건 : $b > 0$

· 로그의 성질
  (1) $\log_a 1 = 0$ (2) $\log_a a = 1$
  (3) $\log_a x + \log_a y = \log_a xy$ (4) $\log_a x - \log_a y = \log_a \dfrac{x}{y}$
  (5) $\log_a x^k = k \log_a x$ (6) $\log_{a^m} x^n = \dfrac{n}{m} \log_a x$ (단, x, m, n은 실수)

필수예제5-2) x에 대한 2차 방정식 $x^2 - 8x + 8 = 0$의 두 근을 α, β이고, $c = \alpha + \beta$라 할 때 $\log_c \alpha + \log_c \beta$의 값을 구하여라. ($KAA$ 16)

① 1 ② -1 ③ 0 ④ 8

해설) ①

이차방정식의 근과 계수의 관계에 의해서 $\alpha + \beta = 8, \alpha\beta = 8$이다.
구해야 하는 식은 로그성질에 의해 $\log_c \alpha + \log_c \beta = \log_c \alpha\beta$으로 변형하면,
∴ $\log_c \alpha\beta = \log_8 8 = 1$

유제5-4) $a_1 = \sqrt{3}, a_2 = \sqrt{3\sqrt{3}}, a_3 = \sqrt{3\sqrt{3\sqrt{3}}}, \cdots\cdots$ 일 때,
$\log_{10}(a_1) + \log_{10}(a_2) + \cdots + \log_{10}(a_{10})$의 값은? ($KAA$ 09)

① $\left\{10 + \left(\dfrac{1}{2}\right)^5\right\} \log_{10} 3$ ② $\left\{9 + \left(\dfrac{1}{2}\right)^5\right\} \log_{10} 3$

③ $\left\{9 + \left(\dfrac{1}{2}\right)^{10}\right\} \log_{10} 3$ ④ $\left\{10 + \left(\dfrac{1}{2}\right)^{10}\right\} \log_{10} 3$

유제5-5) $\log_a y + \log_{a^2} y + \log_{a^4} y + \cdots = 2$ 일 때 y의 값을 구하시오.
(단, $a, a^2, a^4, \cdots$ 등은 log함수의 밑수임) (KAA 01)

① a ② $a + 1$ ③ a^2 ④ 2

핵심요약<로그방정식>

· 로그방정식
  (1) 밑이 같을 때 : 진수가 같아야 한다.
  (2) 밑이 같지 않을 때 : 밑의 변환 공식을 이용하여 밑을 통일시킨다.
  (3) 진수가 같을 때 : 밑이 같거나 진수가 1이어야 한다.

· 로그방정식 : 연립방정식
  $\log_a x, \log_b y$에 대한 연립방정식인 경우 : $\log_a x = X, \log_b y = Y$로 치환

필수예제5-3) x에 대한 방정식 $\log_x 4 - \log_2 x = 1$의 두 실근을 α, β라 할 때, $\alpha + \beta$의 값은?(KAA 04)

① 2 ② $\frac{9}{4}$ ③ 3 ④ $\frac{10}{3}$

해설) ②

$\log_x 4 - \log_2 x = 1$에서 $\log_2 x = t$로 치환하면 주어진 로그방정식은

$\frac{2}{t} - t = 1$이다. 정리하면 $t^2 + t - 2 = 0$ 따라서 $t = -2$ 또는 1이다.

환원하여 $\log_2 x = -2$ 또는 $\log_2 x = 1$에서 근을 구하면 $x = \frac{1}{4}$ 또는 $x = 2$이다.

그러므로 $\alpha = 2, \beta = \frac{1}{4}$, $\alpha + \beta = 2 + \frac{1}{4} = \frac{9}{4}$이다.

유제5-6) $27^x = 25^y = 15^z$ 일 때, $\frac{(3xz + 2yz)}{xy}$의 값을 구하시오.(KAA 01)

① 6 ② 8 ③ 10 ④ 12

유제5-7) 어떤 자동차 보험회사는 피보험자가 사고를 한 번씩 낼 때마다 일정한 비율로 보험료를 인상한다고 한다. 어떤 사람이 처음에 보험료를 낸 후 6번의 사고를 내고 보험료를 처음 보험료의 400%를 냈다고 할 때, 사고건별 보험료 인상률은 몇 %인지 구하시오. (단, $\log 2 = 0.30, \log 1.26 = 0.10$으로 상용로그 값이 주어짐)

(KAA 04)

① 24% ② 25% ③ 26% ④ 27%

핵심요약<지수함수와 로그함수의 그래프>
· **지수함수** $y = a^x$ $(a > 0, a \neq 1)$**의 그래프**
  (1) 정의역은 실수 전체의 집합이고, 치역은 양의 실수 전체의 집합이다.
  (2) 점 $(0,1)$을 항상 지나고, x축을 점근선으로 한다.
  (3) $a > 1$ 일 때는 증가함수, $0 < a < 1$ 일 때는 감소함수
· **로그함수** $y = \log_a x$ $(a > 0, a \neq 1)$**의 그래프**
  (1) 정의역 : $\{x | x > 0\}$, 치역 : 실수 전체의 집합
  (2) 점 $(1,0)$, $(a,1)$을 지나고 y축 $(x = 0)$을 점근선으로 한다.
  (3) $y = a^x$의 그래프와 직선 $y = x$에 대하여 대칭이다.

필수예제5-4) 지수함수 $y = 2^{-x}$에 대한 설명 중 옳지 않은 것은?
① 정의역은 실수 전체의 집합이고 치역은 양의 실수 전체의 집합이다.
② 그래프는 점 $(0, 1)$을 지난다.
③ 그래프는 점근선은 x축이다.
④ x의 값이 증가하면 y의 값도 증가한다.

해설) ④

④ $y = 2^{-x} = \left(\dfrac{1}{2}\right)^x$에서 $0 < \dfrac{1}{2} < 1$이므로 x의 값이 증가하면 y의 값은 감소한다.

유제5-8) 로그함수 $y = \log_a x$에 대한 다음 설명 중 옳지 않은 것은?
① 정의역은 $\{x | x > 0\}$이다.
② 그래프는 점 $(1, 0)$을 지나고, y축을 점근선으로 한다.
③ $0 < a < 1$일 때, x의 값이 증가하면 y의 값은 감소한다.
④ 그래프가 $y = \log_{1/a} x$의 그래프와 y축에 대하여 대칭이다.

· 더 생각해보기

※ 지수부등식

1이 아닌 양수 a, b에 대하여

(1) $a^{f(x)} > a^{g(x)}$일 때 $a > 1$이면 $f(x) > g(x)$, $0 < a < 1$이면 $f(x) < g(x)$를 푼다.

(2) $f(a^x) > 0$이면 $a^x = t$로 놓고 $f(t) > 0$을 푼다. 이 때, $t > 0$이다.

(3) $a^{f(x)} > b^{g(x)}$일 때, 양변에 로그를 취한다.

※ 로그부등식

(1) $a > 1$일 때

$\log_a f(x) > \log_a g(x) \Leftrightarrow f(x) > g(x) > 0$

$\log_a f(x) > b \Leftrightarrow f(x) > a^b$

(1) $0 < a < 1$일 때

$\log_a f(x) > \log_a g(x) \Leftrightarrow 0 < f(x) < g(x)$

$\log_a f(x) > b \Leftrightarrow 0 < f(x) < a^b$

예) 다음 부등식을 풀어라
(1) $2^{2x} - 2^x - 2 > 0$ (2) $\log_2 x + \log_2 (x-1) < 1$

정답 : $(1) x > 1$ $(2) 1 < x < 2$

6. 삼각함수와 복소수

1. 호도법과 일반각

(1) 각의 크기

반직선 OX를 점 O의 둘레로 회전시켜 얻은 반직선 OP가 있을 때, 반직선 OX를 시초선, 반직선 OP를 동경이라고 한다. 시초선 $\overrightarrow{OX}$를 점 O를 중심으로 회전시킨 양을 $\angle XOP$의 크기라 한다.

(2) 호도법

반지름의 길이와 같은 길이의 원호에 대한 중심각의 크기를 1호도 또는 1라디안이라고 한다.

$$2\pi r : 360° = r : 1rad \quad \therefore \ 1rad = \frac{180°}{\pi} ≒ 57° \ 17' 45''$$

$60° = [\quad\quad]$ $45° = [\quad\quad]$ $30° = [\quad\quad]$

$\dfrac{1}{2}\pi = [\quad\quad]$ $\dfrac{2}{3}\pi = [\quad\quad]$ $\dfrac{5}{4}\pi = [\quad\quad]$

(3) 부채꼴의 호의 길이와 넓이

$$\text{호의 길이} \ l = r\theta, \quad\quad \text{넓이} \ S = \frac{1}{2}r^2\theta = \frac{1}{2}rl$$

예) 반지름의 길이가 6cm이고 중심각의 크기가 θ 인 부채꼴의 넓이가 18일 때 부채꼴의 호의길이를 구하여라.   답 : 6

2. 일반각의 삼각함수

일반각의 삼각함수와 삼각함수의 부호

$$\sin\theta = \frac{y}{r}, \ \cos\theta = \frac{x}{r}, \ \tan\theta = \frac{y}{x} \quad \leftarrow r = \sqrt{x^2+y^2}$$

사분면	I	II	III	IV
$\sin\theta$	+	+	−	−
$\cos\theta$	+	−	−	+
$\tan\theta$	+	−	+	−

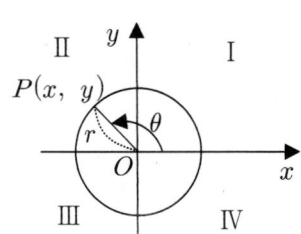

3. 삼각함수의 성질

(1) 삼각함수의 상호 관계

$$\operatorname{cosec}\theta = \frac{1}{\sin\theta}, \ \sec\theta = \frac{1}{\cos\theta}, \ \cot\theta = \frac{1}{\tan\theta}$$

$$\sin^2\theta + \cos^2\theta = 1, \ 1+\tan^2\theta = \sec^2\theta, \ 1+\cot^2\theta = \operatorname{cosec}^2\theta$$

(2) 삼각함수의 성질 (복부호동순)

① $\sin(-\theta) = -\sin\theta, \ \cos(-\theta) = \cos\theta, \ \tan(-\theta) = -\tan\theta$

② $\sin(\frac{\pi}{2}-\theta) = \cos\theta, \ \cos(\frac{\pi}{2}-\theta) = \sin\theta, \ \tan(\frac{\pi}{2}-\theta) = \cot\theta$

③ $\sin(2n\pi \pm \theta) = \pm \sin\theta, \ \cos(2n\pi \pm \theta) = \cos\theta, \ \tan(2n\pi \pm \theta) = \pm \tan\theta$

예) 다음 식을 간단히 하여라.

$(1-\sin^2\theta)(1-\cos^2\theta)(1+\tan^2\theta)(1+\cot^2\theta)$ 답 : 1

(3) 삼각함수의 배각공식

$\sin 2\alpha = 2\sin\alpha\cos\alpha$,

$\cos 2\alpha = \cos^2\alpha - \sin^2\alpha = 2\cos^2 - 1 = 1 - 2\sin^2\alpha$

$\tan 2\alpha = \dfrac{2\tan\alpha}{1-\tan^2\alpha}$

(4) 삼각함수의 반각공식

$\sin^2\dfrac{\alpha}{2} = \dfrac{1-\cos\alpha}{2}, \ \cos^2\dfrac{\alpha}{2} = \dfrac{1+\cos\alpha}{2}, \ \tan^2\dfrac{\alpha}{2} = \dfrac{1-\cos\alpha}{1+\cos\alpha}$

예) $0 < \alpha < \dfrac{\pi}{2}$ 이고 $\sin\alpha = \dfrac{3}{5}$ 일 때, 다음을 구하여라.

(1) $\sin 2\alpha$ (2) $\cos 2\alpha$

정답 : (1) $\dfrac{24}{25}$ (2) $\dfrac{7}{25}$

예) $\tan 45° = 1$을 이용하여 $\tan 22.5°$ 의 값을 구하여라.

정답 : $\sqrt{2} - 1$

4. 삼각함수의 그래프

(1) $y = f(x) = \sin x$
정의역 : 실수 전체, 치역 : $\{y | -1 \leq y \leq 1\}$
$f(-x) = -f(x)$: 기함수, 주기 : 2π

(2) $y = f(x) = \cos x$
정의역 : 실수 전체, 치역 : $\{y | -1 \leq y \leq 1\}$
$f(-x) = f(x)$: 우함수, 주기 : 2π

(3) $y = f(x) = \tan x$
정의역 : $\left\{x | x \neq n\pi + \dfrac{\pi}{2} \text{인 실수}, n \text{은 정수}\right\}$, 치역 : 실수 전체
$f(-x) = -f(x)$: 기함수, 주기 : π

예) 다음 삼각함수의 주기와 최댓값을 구하여라.
$y = 2\sin(3x - \pi) - 2$ 정답 : 주기 $\dfrac{2}{3}\pi$, 최댓값 0

5. 삼각형의 넓이

(1) 두 변의 길이와 그 사이에 끼인각을 알 때, $\triangle ABC$의 넓이 S
$$S = \frac{1}{2}bc\sin A = \frac{1}{2}ca\sin B = \frac{1}{2}ab\sin C$$

(2) 세 변의 길이를 알 때, $\triangle ABC$의 넓이 S (헤론의 공식)
$$S = \sqrt{s(s-a)(s-b)(s-c)} \ (\text{단}, s = \frac{a+b+c}{2})$$

· 더 생각해보기

※ 삼각함수의 덧셈정리와 합성

(1) 삼각함수의 덧셈정리

$\sin(\alpha \pm \beta) = \sin\alpha\cos\beta \pm \cos\alpha\sin\beta$ (복부호 동순)

$\cos(\alpha \pm \beta) = \cos\alpha\cos\beta \mp \sin\alpha\sin\beta$ (복부호 동순)

$\tan(\alpha \pm \beta) = \dfrac{\tan\alpha \pm \tan\beta}{1 \mp \tan\alpha\tan\beta}$ (복부호 동순)

(2) 삼각함수의 합성

$P(a,b)$ 라 하면 α는 $\overline{OP}$가 x축의 양의 방향과 이루는 각이면,

$a\sin\theta + b\cos\theta = \sqrt{a^2+b^2}\sin(\theta+\alpha)$

(단, $\sin\alpha = \dfrac{b}{\sqrt{a^2+b^2}}$, $\cos\alpha = \dfrac{a}{\sqrt{a^2+b^2}}$)

예) $\sin\theta + \cos\theta$를 $r\sin(\theta+\alpha)$의 꼴로 나타내어라.

답: $\sqrt{2}\sin\left(\theta+\dfrac{\pi}{4}\right)$

※ 복소평면

(1) 복소수 $z = a+bi$ (a, b는 실수)를 좌표평면 위의 점 $P(a,b)$에 대응시킬 때, 이 평면을 복소평면이라고 한다.

(2) 복소수의 극형식

복소수 $z = a+bi$ 에서

① 절댓값 : $|z| = \sqrt{a^2+b^2} = r$

② 편각 : $\theta = \arg(z)$

③ 극형식 : $z = r(\cos\theta + i\sin\theta)$ (단, $r \geq 0$, $\tan\theta = \dfrac{b}{a}$)

예) $\dfrac{-1+\sqrt{3}i}{2}$ 의 복소수를 극형식으로 나타내어라.

정답: $\cos\dfrac{2}{3}\pi + i\sin\dfrac{2}{3}\pi$

핵심요약 <삼각함수의 성질>

- $\csc\theta = \dfrac{1}{\sin\theta}$, $\sec\theta = \dfrac{1}{\cos\theta}$, $\cot\theta = \dfrac{1}{\tan\theta}$
- $\sin^2\theta + \cos^2\theta = 1$, $1 + \tan^2\theta = \sec^2\theta$, $1 + \cot^2\theta = \csc^2\theta$

필수예제6-1) 둘레의 길이가 $40cm$인 부채꼴의 최대 면적은? ($KAA\ 02$)

① $70cm^2$ ② $80cm^2$ ③ $90cm^2$ ④ $100cm^2$

해설) ④

각도가 θ인 부채꼴의 면적은 $A = \dfrac{1}{2}r^2\theta$이고, 호의 길이는 $l = r\theta$이다.

둘레의 길이가 40이므로 호의 길이는 $40 - 2r = r\theta$. 따라서 $\dfrac{40 - 2r}{r} = \theta$이고,

이를 면적에 대입하면 $A = \dfrac{1}{2}r^2\left(\dfrac{40 - 2r}{r}\right) = r(20 - r)$이 된다.

따라서 $r = 10$일 때 넓이 A는 최댓값 100을 갖는다.

유제6-1) 이차방정식 $x^2 - x + k = 0$의 두 근이 $\sin\theta, \cos\theta$일 때, k의 값은?

① 1 ② 2 ③ 3 ④ 0

유제6-2) $a = 13$, $b = 14$, $c = 15$인 $\triangle ABC$의 넓이를 구하여라.

① 76 ② 80 ③ 84 ④ 88

유제6-3) 점 $2 + i$를 원점을 중심으로 $60°$만큼 회전시킨 점을 나타내는 복소수를 구하여라.

7. 수열과 급수

1. 등차수열과 등비수열

(1) 등차수열의 일반항 : 첫째항이 a, 공차가 d 인 등차수열의 일반항 a_n 은 다음과 같다.
$$a_n = a + (n-1)d$$

(2) 첫째항이 a, 공차가 d 인 등차수열의 첫째항부터 제 n 항까지의 합 S_n 은 다음과 같다.
$$S_n = \frac{n\{2a + (n-1)d\}}{2} = \frac{n(a+l)}{2} \quad (단,\ l \text{은 제 } n \text{ 항})$$

예) 등차수열 $\{a_n\}$에서 $a_8 + a_{18} = 9$일 때, $a_7 + a_{11} + a_{15} + a_{19}$의 값을 구하여라.
정답 : 18

(3) 등비수열의 일반항 : 첫째항이 a, 공비가 r 인 등비수열의 일반항 a_n 은 다음과 같다.
$$a_n = ar^{n-1}$$

(4) 첫째항이 a, 공비가 r 인 등비수열의 첫째항부터 제 n 항까지의 합 S_n 은 다음과 같다.
$$r \neq 1 \text{일 때},\ S_n = \frac{a(1-r^n)}{1-r}$$
$$r = 1 \text{일 때},\ S_n = na$$

예) 첫째항부터 제 n 항까지의 합 S_n 이 $S_n = 3^n - 1$인 수열 $\{a_n\}$은 어떤 수열인지 말하여라.
정답 : a_n 은 첫째항이 2, 공비가 3인 등비수열

2. 수열의 합

(1) $\sum$ 의 정의

수열 $a_1, a_2, a_3, \ldots, a_n, \ldots$ 에서 제 n 항까지의 합을 다음과 같이 나타낸다.

$$a_1 + a_2 + a_3 + \ldots + a_n = \sum_{k=1}^{n} a_k$$

끝항의 번호 ← 제 k 항
시작하는 항의 번호

(2) $\sum$의 기본성질

① $\sum_{k=1}^{n} a_k \pm b_k = \sum_{k=1}^{n} a_k \pm \sum_{k=1}^{n} b_k$ ② $\sum_{k=1}^{n} c\, a_k = c \sum_{k=1}^{n} a_k$ ③ $\sum_{k=1}^{n} c = cn$

(3) 자연수의 거듭제곱의 합

① $\sum_{k=1}^{n} k = \dfrac{n(n+1)}{2}$ ② $\sum_{k=1}^{n} k^2 = \dfrac{n(n+1)(2n+1)}{6}$

③ $\sum_{k=1}^{n} k^3 = \left\{\dfrac{n(n+1)}{2}\right\}^2 = \left\{\sum_{k=1}^{n} k\right\}^2$ ④ $\sum_{k=1}^{n} k^4 = \dfrac{n(n+1)(2n+1)(3n^2+3n-1)}{30}$

예) $\sum_{k=1}^{n} k(k+1)$의 값은? 정답 : $\dfrac{1}{3}n(n+1)(n+2)$

2. 수열의 귀납적 정의

수열 $\{a_n\}$을 첫째항 a_1과 서로 이웃하는 항 a_n, a_{n+1}의 관계식 ($n \geq 1$)으로 정의하는 것을 수열의 귀납적 정의라고 하며, 서로 이웃하는 항 사이의 관계식을 점화식이라고 한다.

예) 다음과 같이 귀납적으로 정의된 수열 $\{a_n\}$의 일반항을 구하여라.

$$a_1 = 3, \quad a_{n+1} = \dfrac{a_n}{a_n + 1} \quad (n = 1,\ 2,\ 3,\ \cdots)$$

정답 : $a_n = \dfrac{3}{3n-2}$

3. 무한수열과 무한급수

(1) 무한수열의 수렴, 발산

① 수렴 : 수열 $\{a_n\}$에 대하여 n이 한없이 커짐에 따라 a_n의 값이 일정한 값 α에 한없이 가까워질 경우 수열 $\{a_n\}$은 α에 수렴한다고 하고, $\lim\limits_{n \to \infty} a_n = \alpha$로 나타낸다.

② 발산 : 수렴하지 않을 때를 발산한다고 한다.

(2) 극한값의 성질

두 수열 $\{a_n\}, \{b_n\}$의 극한값이 $\lim\limits_{n\to\infty} a_n = \alpha, \lim\limits_{n\to\infty} b_n = \beta$일 때

① $\lim\limits_{n\to\infty} ka_n = k\alpha$ ② $\lim\limits_{n\to\infty}(a_n \pm b_n) = \alpha \pm \beta$

③ $\lim\limits_{n\to\infty} a_n b_n = \alpha\beta$ ④ $\lim\limits_{n\to\infty} \dfrac{a_n}{b_n} = \dfrac{\alpha}{\beta} (\beta \neq 0)$

➡ 특히 $a_n < b_n$일 때, $\lim\limits_{n\to\infty} a_n \leq \lim\limits_{n\to\infty} b_n$임을 주의한다.

예) 다음 수열의 극한을 구하여라.

(1) $\lim\limits_{n\to\infty} \dfrac{2n^2 - 3n}{3n^2 + 2n - 1}$ (2) $\lim\limits_{n\to\infty} \dfrac{2n^2 + 100}{2n - 1}$

(3) $\lim\limits_{n\to\infty} \dfrac{-7n + 4}{2n^2 - 1}$ (4) $\lim\limits_{n\to\infty} (\sqrt{n^2 + n} - n)$

정답 : (1) $\dfrac{2}{3}$ (2) ∞ (3) 0 (4) $\dfrac{1}{2}$

(3) 무한등비수열 $\{ar^{n-1}\}$의 수렴, 발산

무한등비수열 $\{ar^{n-1}\}$의 수렴 조건은 $-1 < r \leq 1$이다. 이 때, 무한등비수열의 극한값은 0 또는 a이다.

(4) 무한등비급수의 수렴, 발산

무한등비급수 $\sum\limits_{n=1}^{\infty} ar^{n-1}$의 수렴조건은 $a = 0$ 또는 $-1 < r < 1$이다.

이 때, 무한등비급수의 극한값은 $S = \dfrac{a}{1-r}$이다.

예) 다음 수열의 극한값을 구하여라.

(1) $\lim\limits_{n\to\infty} \dfrac{\sqrt{3^n} + 2^n}{2^n}$ (2) $\lim\limits_{n\to\infty} \dfrac{4^n + 2^n}{5^n}$

정답 : (1) 1 (2) 0

예) 다음 무한급수의 합을 구하여라.

(1) $\sum_{n=1}^{\infty} \dfrac{1}{\sqrt{n+1}+\sqrt{n}}$ (2) $\dfrac{1}{1\cdot 2}+\dfrac{1}{2\cdot 3}+\dfrac{1}{3\cdot 4}+\cdots$

(3) $\sum_{n=1}^{\infty} \dfrac{1}{n(n+2)}$ (4) $\sum_{n=1}^{\infty} 3^{n-1}\left(\dfrac{1}{2}\right)^{2n}$

정답 : (1) ∞ (2) 1   (3) $\dfrac{3}{4}$ (4) 1

4. 테일러(Taylor) 급수

함수 $f(x)$가 $x=a$를 포함하는 구간에서 도함수 $f'(x), f''(x), \cdots, f^{(n)}(x) \cdots$가 존재하고, $f(x)$의 $x=a$에서의 Taylor 전개식의 $\lim_{n\to\infty} R_n = 0$이면, $f(x)$는 다음과 같은 무한급수로 표시된다.

$$f(x) = \sum_{k=0}^{\infty} f^{(k)}(a) \dfrac{(x-a)^k}{k!}$$
$$= f(a) + \dfrac{f'(a)}{1!}(x-a) + \dfrac{f''(a)}{2!}(x-a)^2 + \cdots$$

위 급수를 Taylor 급수(Taylor series)라 한다.

특히 $a=0$ 일 때의 급수는 다음과 같다.

$$f(x) = \sum_{k=0}^{\infty} f^{(k)}(a) \dfrac{(x-a)^k}{k!}$$
$$= f(0) + \dfrac{f'(0)}{1!}x + \dfrac{f''(0)}{2!}x^2 + \cdots$$

위 급수를 맥클로린 급수(Maclaurin series)라 한다.

예) $\sin x$과 $\ln(x+1)$의 Maclaurin의 급수를 구하라.

정답 : $\sin x = \sum_{n=0}^{\infty} (-1)^n \dfrac{x^{2n+1}}{(2n+1)!} = x - \dfrac{x^3}{3!} + \dfrac{x^5}{5!} - \dfrac{x^7}{7!} + \cdots$

$\ln(1+x) = \sum_{n=0}^{\infty} (-1)^{n+1} \dfrac{x^n}{n} = x - \dfrac{x^2}{2} + \dfrac{x^3}{3} - \dfrac{x^4}{4} + \cdots$

핵심요약<$a_{n+1} = \dfrac{pa_n}{qa_n + r}$ 꼴의 점화식>

· 양변의 역수를 취하여 $\dfrac{1}{a_n} = b_n$으로 놓고 b_n을 구한 다음 a_n을 구한다.

필수예제7-1) 수열 $\{a_n\}$에서 $a_1 = \dfrac{1}{2}$, $a_{n+1} = \dfrac{2a_n}{1+a_n}$ $(n = 1, 2, 3 \cdots)$을 만족할 때, a_n의 일반항을 구하시오. $(KAA\ 02)$

① $\dfrac{2^{n-1}}{2^{n-1}+1}$ ② $\dfrac{1}{2^{n-1}+1}$ ③ $\dfrac{1}{4^{n-1}+1}$ ④ $\dfrac{4^{n-1}}{4^{n-1}+1}$

해설) ①

$a_{n+1} = \dfrac{2a_n}{1+a_n}$ 를 변형하면 $\dfrac{1}{a_{n+1}} = \dfrac{1+a_n}{2a_n} = \dfrac{1}{2} + \dfrac{1}{2}\left(\dfrac{1}{a_n}\right)$

$\dfrac{1}{a_n} = b_n$으로 치환하면 $b_{n+1} = \dfrac{1}{2} + \dfrac{1}{2}b_n$ 이다. ($b_1 = \dfrac{1}{a_1} = 2$)

이를 변형하면 $b_{n+1} - 1 = \dfrac{1}{2}(b_n - 1)$ 이다.

따라서 $(b_n - 1) = (b_1 - 1)\left(\dfrac{1}{2}\right)^{n-1}$ 이고, $b_n = \left(\dfrac{1}{2}\right)^{n-1} + 1$ 이다.

그러므로 $a_n = \dfrac{1}{\left(\dfrac{1}{2}\right)^{n-1} + 1} = \dfrac{2^{n-1}}{2^{n-1}+1}$ 이다.

유제7-1) 수열 $\{a_n\}$ 이 $a_1 = 1$, $a_{n+1} = \dfrac{a_n}{2a_n + 1}$ $(n = 1, 2, 3, \cdots)$ 을 만족시킬 때, 제100 항은?

① $\dfrac{1}{197}$ ② $\dfrac{1}{199}$ ③ $\dfrac{1}{201}$ ④ $\dfrac{1}{203}$

유제7-2) 수열 $\{a_n\}$ 이 $a_1 = 1$, $\dfrac{1}{a_{n+1}} = \dfrac{1-3a_n}{a_n}$ $(n = 1, 2, 3, \cdots)$ 으로 정의될 때, 일반항 a_n 은?

① $a_n = 4 - 3n$ ② $a_n = \dfrac{1}{4-3n}$ ③ $a_n = \dfrac{1}{3n-2}$ ④ $a_n = 3^{n-1}$

핵심요약 <$a_{n+1} = a_n + f(n)$꼴의 점화식>

· $a_{n+1} = a_n + f(n)$ 꼴의 점화식에서 일반항 a_n을 구할 때

(1) n대신 $1, 2, 3, \cdots, n-1$을 대입하여 변변 더한다.

(2) 공식을 이용한다. $a_n = a_1 + \sum_{k=1}^{n-1} f(k)$

필수예제7-2) $a_1 = -3$, $a_{n+1} = a_n + 4n - 3$ $(n = 1, 2, 3, \cdots)$으로 정의된 수열 $\{a_n\}$에 대하여 $\sum_{k=1}^{10} a_k$의 값은?

해설) 495

a_n이 계차수열이고, 계차를 b_n이라고 두면 $b_k = 4k - 3$이다. 계차수열의 일반항을 구하는 공식 $a_n = a_1 + \sum_{k=1}^{n-1} b_k$

$$= -3 + \sum_{k=1}^{n-1} (4k - 3)$$
$$= -3 + 4 \times \frac{(n-1)n}{2} - 3(n-1)$$
$$= -3 + 2(n-1)n - 3n + 3$$
$$= 2n^2 - 5n$$

따라서 $\sum_{k=1}^{10} (2n^2 - 5n) = 2 \times \frac{10 \times 11 \times 21}{6} - 5 \times \frac{10 \times 11}{2} = 495$

유제7-3) 수열 $\{a_n\}$을 $a_1 = 3$, $a_{n+1} = a_n + \frac{1}{\sqrt{n+1} + \sqrt{n}}$ $(n = 1, 2, 3, \cdots)$ 로 정의할 때, a_{100} 의 값을 구하여라.

유제7-4) 수열 $a_1, a_2, a_3, \cdots, a_n, \cdots$에서 $a_1 = a$, $na_{n+1} - (n+1)a_n = 1$ $(n \geq 1)$ 일 때, 이 수열의 일반항 a_n은?(KAA 05)

① $a_n = (a+1)n - 1$ ② $a_n = (a+1)n + 1$
③ $a_n = (a-1)n - 1$ ④ $a_n = (a-1)n + 1$

핵심요약<$a_{n+1} = a_n f(n)$ 꼴의 점화식>

(1) $f(n)$이 상수이면
   수열 $\{a_n\}$은 공비가 $f(n)$인 등비수열이다.
(2) $f(n)$이 변수이면
   1) n대신 $1, 2, 3, \cdots, n-1$을 대입하여 변변 곱한다.
   2) 공식을 이용한다.
   $$a_n = a_1 f(1) f(2) f(3) \cdots f(n-1)$$

필수예제7-3) $a_1 = 1$, $a_{n+1} = \dfrac{n+3}{n+1} a_n$ $(n = 1, 2, 3, \cdots)$ 을 만족하는 수열 $\{a_n\}$ 의 제 20 항은?

① 71   ② 73   ③ 75   ④ 77

해설) ④

$a_{n+1} = \dfrac{n+3}{n+1} a_n$ 의 양변에 n 대신 $1, 2, 3, \cdots n-1$ 을 차례로 대입하여 변변 곱하면

$$a_n = \frac{4}{2} \cdot \frac{5}{3} \cdot \frac{6}{4} \cdots \frac{n+1}{n-1} \cdot \frac{n+2}{n} \cdot a_1$$

$$= \frac{(n+1)(n+2)}{2 \cdot 3} \cdot 1$$

$$= \frac{(n+1)(n+2)}{6}$$

$$a_{20} = \frac{21 \cdot 22}{6} = 77$$

유제7-5) 수열 $\{a_n\}$ 에서 $a_1 = 1$, $a_{n+1} = n a_n$ $(단, n = 1, 2, 3, \cdots)$ 일 때, $a_1 + a_2 + a_3 + \cdots + a_{2010}$ 을 120 으로 나눈 나머지는?

① 30   ② 31   ③ 33   ④ 34

유제7-6) 수열 $\{a_n\}$ 이 $a_1 = 1$, $\sqrt{n+2}\, a_{n+1} = \sqrt{n}\, a_n$ $(n = 1, 2, 3, \cdots)$ 을 만족할 때, a_{49} 의 값을 구하여라.

핵심요약<$a_{n+1} = pa_n + q$ 꼴의 점화식>

(1) $a_{n+1} - \alpha = p(a_n - \alpha)$ $\left(\alpha = \dfrac{q}{1-p}\right)$ 로 변형한다.

$a_n = \alpha + (a_1 - \alpha)p^{n-1}$

(2) $a_{n+1} - a_n = p(a_n - a_{n-1})$ 로 변형한다.

$a_n = a_1 + \displaystyle\sum_{k=1}^{n-1}(a_2 - a_1)p^{k-1}$

필수예제7-4) 수열 $\{a_n\}$ 을 $a_1 = 1$, $a_{n+1} = -3a_n + 2$ $(n = 1, 2, 3, \cdots)$ 로 정의할 때, a_7 의 값은?

① 305   ② 325   ③ 345   ④ 365

해설) ④

$a_{n+1} = -3a_n + 2$ 에서 $a_{n+1} - \dfrac{1}{2} = -3\left(a_n - \dfrac{1}{2}\right)$

$a_n - \dfrac{1}{2} = b_n$ 으로 놓으면 $b_{n+1} = -3b_n$ 따라서 $\{b_n\}$ 은 공비가 -3 인 등비수열이고, $b_1 = a_1 - \dfrac{1}{2} = 1 - \dfrac{1}{2} = \dfrac{1}{2}$

$b_n = \dfrac{1}{2} \cdot (-3)^{n-1}$

$\therefore a_n = b_n + \dfrac{1}{2} = \dfrac{1}{2} \cdot (-3)^{n-1} + \dfrac{1}{2}$

$a_7 = \dfrac{1}{2} \cdot (-3)^6 + \dfrac{1}{2} = 365$

유제7-7) 수열 $\{a_n\}$ 에 대하여 $a_1 = -2$, $a_{n+1} = 2a_n + 5$ $(n = 1, 2, 3, \cdots)$ 가 성립할 때, $a_{k+1} - a_k \geq 300$ 을 만족시키는 자연수 k 의 최솟값을 구하여라.

유제7-8) 수열 $\{a_n\}$ 의 첫째항부터 제n항까지의 합을 S_n 이라하면 $a_1 = 1, a_2 = 5$ 이고 $(S_{n+1} - S_{n-1})^2 = 4a_n a_{n+1} + 16$ 일 때 a_{30} 의 값은?
(단, $a_1 < a_2 < a_3 < \cdots < a_n < \cdots$)(KAA 08)

① 116   ② 117   ③ 118   ④ 119

핵심요약<$pa_{n+2} + qa_{n+1} + ra_n = 0$ 꼴의 점화식>

· $pa_{n+2} + qa_{n+1} + ra_n = 0$ $(p+q+r=0)$ 꼴의 점화식에서 일반항을 구할 때,

(1) $a_{n+1} - a_{n+1} = \dfrac{r}{p}(a_{n+1} - a_n)$으로 변형한다.

⇒ 계차가 등비수열

필수예제7-5) 수열 $\{a_n\}$이 $a_2 = 3a_1$, $a_{n+2} - 3a_{n+1} + 2a_n = 0$ $(n=1, 2, 3, \cdots)$을 만족시키고 $a_8 = 85$ 일 때, a_{10}의 값을 구하여라.

해설) 341

$a_{n+2} - 3a_{n+1} + 2a_n = 0$ 에서 $a_{n+2} - a_{n+1} = 2(a_{n+1} - a_n)$

$a_{n+1} - a_n = b_n$ 으로 놓으면 $b_{n+1} = 2b_n$, $b_1 = a_2 - a_1 = 2a_1$

따라서 수열 $\{a_n\}$의 계차수열 $\{b_n\}$은 첫째항이 $2a_1$, 공비가 2 인 등비수열이므로

$b_n = 2a_1 \cdot 2^{n-1} = a_1 \cdot 2^n$

$\therefore a_n = a_1 + \sum_{k=1}^{n-1} b_k = a_1 + \sum_{k=1}^{n-1} a_1 \cdot 2^k = a_1 + a_1 \cdot \dfrac{2 \cdot (2^{n-1} - 1)}{2-1}$

$= (2^n - 1)a_1$

이 때 $a_8 = 85$ 이므로

$(2^8 - 1)a_1 = 85$, $255a_1 = 85$ $\therefore a_1 = \dfrac{1}{3}$

따라서 $a_n = \dfrac{1}{3}(2^n - 1)$ 이므로 $a_{10} = \dfrac{1}{3}(2^{10} - 1) = 341$

유제7-9) $a_1 = 2$, $a_2 = 5$, $4a_{n+1} = a_{n+2} + 3a_n$ $(n=1, 2, 3, \cdots)$인 수열 $\{a_n\}$에서 처음으로 100 이상이 되는 항은 제 몇 항인가?

① 4   ② 5   ③ 6   ④ 7

유제7-10) $a_1 = 1$, $a_2 = 2$, $3a_{n+2} - 4a_{n+1} + a_n = 0$ $(n=1, 2, 3, \cdots)$으로 정의되는 수열 $\{a_n\}$에 대하여 $\log_3(5 - 2a_{12})$의 값을 구하여라.

핵심요약 <$a_{n+1} = qa_n^p$ 꼴의 점화식>

(1) 양변에 q를 밑으로 하는 로그를 취한다.
(2) $\log_q a_n = b_n$으로 놓고 b_n을 구한다.
(3) a_n을 구한다.

필수예제7-6) $a_1 = 10$, $a_{n+1} = \sqrt[n]{a_n}$ 인 수열 $\{a_n : n = 1, 2, 3, \ldots\}$이 있다.
$b_n = \log a_n$이라 할 때 b_n은? (단, 여기서 로그는 상용로그임)(KAA 05)

① $\dfrac{1}{n!}$ ② $\dfrac{2}{n!}$ ③ $\dfrac{1}{(n-1)!}$ ④ $\dfrac{2}{(n-1)!}$

해설) ③

$a_{n+1} = \sqrt[n]{a_n}$에서 양변에 상용로그를 취하면 다음과 같다.
$\log a_{n+1} = \log \sqrt[n]{a_n}$ (단 $b_1 = \log a_1 = 1$)
$\Leftrightarrow \log a_{n+1} = \dfrac{1}{n} \log a_n \Leftrightarrow b_{n+1} = \dfrac{1}{n} b_n$

따라서 $b_n = \dfrac{1}{n-1} b_{n-1} = \dfrac{1}{n-1} \cdot \dfrac{1}{n-2} b_{n-2}$
$\cdots = \dfrac{1}{n-1} \cdot \dfrac{1}{n-2} \cdots \dfrac{1}{1} b_1$
$= \dfrac{1}{(n-1)!}$

유제7-11) $a_1 = 1$, $a_{n+1} = 3 a_n^2$ $(n = 1, 2, 3, \cdots)$으로 정의된 수열 $\{a_n\}$에 대하여 $a_k = 3^{31}$을 만족시키는 자연수 k의 값을 구하여라.

유제7-12) 수열 $\{a_n\}$을 $a_1 = 1$, $a_{n+1} = \sqrt{10 a_n}$ $(n = 1, 2, 3, \cdots)$으로 정의할 때, $\log(a_1 a_2 a_3 \cdots a_{10})$의 값은?

① $4 + \left(\dfrac{1}{2}\right)^9$ ② $8 + \left(\dfrac{1}{2}\right)^9$ ③ $4 + \left(\dfrac{1}{2}\right)^{10}$ ④ $8 + \left(\dfrac{1}{2}\right)^{10}$

핵심요약<부분분수형 점화식>

· $a_n = \dfrac{1}{n(n+k)} = \dfrac{1}{k}\left(\dfrac{1}{n} - \dfrac{1}{n+k}\right)$ 로 변형 후, 앞 뒤 항에서 같은 값을 지우면서 구한다.

필수예제7-7) 수열 $a_n = \dfrac{1}{n^2-1}$, $S_n = \sum_{k=2}^{n} a_k$ 일 때, $\lim_{n\to\infty} S_n$ 값을 구하면? (KAA 02)

① 0 ② $\dfrac{1}{2}$ ③ $\dfrac{3}{4}$ ④ $\dfrac{3}{2}$

해설) ③

$$a_n = \frac{1}{n^2-1} = \frac{1}{(n+1)(n-1)} = \frac{1}{2}\left(\frac{1}{n-1} - \frac{1}{n+1}\right) \text{이므로}$$

$$\lim_{n\to\infty} S_n = \lim_{n\to\infty}(a_2 + a_3 + a_4 + \cdots a_n)$$

$$= \lim_{n\to\infty} \frac{1}{2}\left[\left(\frac{1}{1} - \frac{1}{3}\right) + \left(\frac{1}{2} - \frac{1}{4}\right) + \cdots + \left(\frac{1}{n-1} - \frac{1}{n+1}\right)\right]$$

$$= \lim_{n\to\infty} \frac{1}{2}\left[1 + \frac{1}{2} - \frac{1}{n} - \frac{1}{n+1}\right]$$

$$= \frac{1}{2}\left[1 + \frac{1}{2}\right] = \frac{3}{4}$$

유제7-13) 2차 방정식 $x^2 - nx + (n+1)^2 = 0$ 의 두 근을 a_n, b_n 이라 할 때, $\sum_{n=1}^{\infty} \dfrac{1}{(a_n+1)(b_n+1)}$ 의 값은? (KAA 01)

① 1 ② $\dfrac{1}{2}$ ③ $\dfrac{2}{3}$ ④ $\dfrac{3}{4}$

유제7-14) $\dfrac{1}{1\cdot 2} + \dfrac{1}{2\cdot 3} + \dfrac{1}{3\cdot 4} + \cdots + \dfrac{1}{n(n+1)} + \cdots$ 의 값은? (KAA 05)

① 0 ② 2 ③ 3 ④ 1

유제7-15) $\sum_{n=1}^{\infty} \dfrac{1}{(2n-1)(2n+1)}$ 의 값은? (KAA 04)

① $\dfrac{1}{2}$ ② 1 ③ 2 ④ ∞

> **핵심요약<수열의 극한 : $\frac{\infty}{\infty}$ 꼴의 극한값의 계산>**
>
> (1) (분모의 차수) > (분자의 차수) 이면 극한값은 0이다.
> (2) (분모의 차수) = (분자의 차수) 이면 극한값은 $\frac{(분자의 최고차항의 계수)}{(분모의 최고차항의 계수)}$ 이다.
> (3) (분모의 차수) < (분자의 차수) 이면 ∞ 또는 $-\infty$이다.
> (4) $\sqrt{\ }$ 기호가 나오면 분자 또는 분모를 유리화하여 푼다.

필수예제7-8) 수열 $\{a_k\}$가 자연수 n에 대해 $\sum_{k=1}^{n}(-1)^k a_k = n^4$을 만족시킬 때, $\lim_{n\to\infty}\frac{a_{2n}}{n^3}$의 값을 구하시오. (KAA 19)

① 30 ② 32 ③ 34 ④ 36

해설) ②

$$S_n = \sum_{k=1}^{n}(-1)^k a_k = n^4, \ S_{n-1} = \sum_{k=1}^{n-1}(-1)^k a_k = (n-1)^4$$

수열의 합과 일반항의 관계 $a_n = S_n - S_{n-1}$에서 $(-1)^n a_n = n^4 - (n-1)^4$이다.

$$a_n = \frac{n^4 - (n-1)^4}{(-1)^n} = (-1)^n [\{n^2 - (n-1)^2\}\{n^2 + (n-1)^2\}]$$
$$= (-1)^n (2n-1)(2n^2 - 2n + 1)$$

그러므로 $a_{2n} = (-1)^{2n}(4n-1)(8n^2 - 4n + 1)$임을 알 수 있다.

$$\therefore \lim_{n\to\infty}\frac{a_{2n}}{n^3} = \lim_{n\to\infty}\frac{(-1)^{2n}(4n-1)(8n^2-4n+1)}{n^3} = 32$$

유제7-16) n이 자연수일 때, $\sqrt{9n^2+1}$의 소수부분을 $f(n)$이라하자. 이때 $\lim_{n\to\infty} 2nf(n)$의 값은? (KAA 04)

① $\frac{1}{2}$ ② $\frac{1}{3}$ ③ $\frac{1}{4}$ ④ $\frac{1}{5}$

유제 7-17) $\lim_{n\to\infty}\frac{1}{\sqrt{4n^2+an}-2n+a} = \frac{1}{5}$ 일 때, 상수 a의 값을 구하여라.

핵심요약<테일러 전개>

· $f(x)$의 $x=a$에서의 Taylor 전개식

$$f(x) = \sum_{k=0}^{\infty} f^{(k)}(a)\frac{(x-a)^k}{k!}$$
$$= f(a) + \frac{f'(a)}{1!}(x-a) + \frac{f''(a)}{2!}(x-a)^2 + \cdots$$

위 급수를 Taylor 급수(Taylor series)라 한다.

필수예제7-9) 함수 $f(x) = x^4$에 대해, $x=1$에서 전개한 테일러 2차 근사다항식은
$g(x) = a(x-1)^2 + b(x-1) + c$이다. 이 때 $a+b+c$의 값을 구하시오.
(KAA 19)

① 10   ② 11   ③ 12   ④ 13

해설) ②

$f'(x) = 4x^3$이므로 $f'(1) = 4$이고 $f''(x) = 12x^2$이므로 $f''(1) = 12$이다.

$f(x) \simeq f(1) + f'(1)(x-1) + \frac{1}{2!}f''(1)(x-1)^2 + O(x) = 6(x-1)^2 + 4(x-1) + 1$

이다.

주어진 식에서 $a=6, b=4, c=1$이므로 $a+b+c=11$.

유제7-18) $x=1$에서 $f(x) = \sqrt{x}$의 2차 테일러 함수를 구하시오.(KAA 03)

① $1 + \frac{1}{2}(x-1) - \frac{1}{4}(x-1)^2$ ② $1 + \frac{1}{2}(x-1) + \frac{1}{8}(x-1)^2$

③ $1 - \frac{1}{2}(x-1) - \frac{1}{4}(x-1)^2$ ④ $1 + \frac{1}{2}(x-1) - \frac{1}{8}(x-1)^2$

유제7-19) $\log(1+x)$의 근삿값을 올바로 표현한 것은?(KAA 00)

① $x + \frac{x^2}{2} + \frac{x^3}{3} + \frac{x^4}{4} + \cdots$ ② $x - \frac{x^2}{2} + \frac{x^3}{3} - \frac{x^4}{4} + \cdots$

③ $x + \frac{x^2}{2!} + \frac{x^3}{3!} + \frac{x^4}{4!} + \cdots$ ④ $x - \frac{x^2}{2!} + \frac{x^3}{3!} - \frac{x^4}{4!} + \cdots$

· **함수의 맥클로린 전개식**

함수	급수	수렴반경	수렴구간
e^x	$\sum_{n=0}^{\infty} \dfrac{x^n}{n!} = 1 + x + \dfrac{x^2}{2} + \dfrac{x^3}{6} + \dfrac{x^4}{24} \cdots$	∞	$(-\infty, \infty)$
$\cos x$	$\sum_{n=0}^{\infty} (-1)^n \dfrac{x^{2n}}{(2n)!} = 1 - \dfrac{x^2}{2} + \dfrac{x^4}{24} - \dfrac{x^6}{720} + \ldots$	∞	$(-\infty, \infty)$
$\sin x$	$\sum_{n=0}^{\infty} (-1)^n \dfrac{x^{2n+1}}{(2n+1)!} = x - \dfrac{x^3}{3!} + \dfrac{x^5}{5!} - \dfrac{x^7}{7!} + \ldots$	∞	$(-\infty, \infty)$
$\dfrac{1}{1-x}$	$\sum_{n=0}^{\infty} x^n = 1 + x + x^2 + x^3 + x^4 + \ldots$	1	$(-1, 1)$
$\dfrac{1}{1+x}$	$\sum_{n=0}^{\infty} (-1)^n x^n = 1 - x + x^2 - x^3 + x^4 - \ldots$	1	$(-1, 1)$
$\ln x$	$\sum_{n=0}^{\infty} (-1)^{n+1} \dfrac{(x-1)^n}{n}$ $= (x-1) - \dfrac{(x-1)^2}{2} + \dfrac{(x-1)^3}{3} - \dfrac{(x-1)^4}{4} + \ldots$	1	$(0, 2]$
$\ln(1+x)$	$\sum_{n=0}^{\infty} (-1)^{n+1} \dfrac{x^n}{n} = x - \dfrac{x^2}{2} + \dfrac{x^3}{3} - \dfrac{x^4}{4} + \ldots$	1	$(-1, 1]$
$\tan^{-1} x$	$\sum_{n=0}^{\infty} (-1)^n \dfrac{1}{2n+1} x^{2n+1} = x - \dfrac{x^3}{3} + \dfrac{x^5}{5} - \dfrac{x^7}{7} + \ldots$	1	$[-1, 1]$
$\cosh x$	$\sum_{n=0}^{\infty} \dfrac{x^{2n}}{(2n)!} = 1 + \dfrac{x^2}{2} + \dfrac{x^4}{24} + \dfrac{x^6}{720} + \ldots$	∞	$(-\infty, \infty)$
$\sinh x$	$\sum_{n=0}^{\infty} \dfrac{x^{2n+1}}{(2n+1)!} = x + \dfrac{x^3}{6} + \dfrac{x^5}{120} + \dfrac{x^7}{5040} + \ldots$	∞	$(-\infty, \infty)$
$(1-x)^r$ (r은 실수)	$\sum_{n=0}^{\infty} \binom{r}{n} x^n$, $\binom{r}{n} = \dfrac{r(r-1) \ldots (r-n+1)}{n!}$	1	$(-1, 1)$

8. 함수의 극한과 연속성

1. 함수의 극한

함수 $f(x)$에서 $x \neq a$ 이면서 x가 a에 한없이 가까워 질 때, $f(x)$가 일정한 값 α에 한없이 가까워지면 "함수 $f(x)$는 α에 수렴한다." 고 하고, α를 $f(x)$의 극한값 또는 극한이라고 한다. 기호로는 다음과 같이 나타낸다.

$$x \to a \text{일 때}, f(x) \to \alpha \text{ 또는 } \lim_{x \to a} f(x) = \alpha$$

예) 함수 $f(x) = \dfrac{x^2 - 1}{x - 1}$에서 x가 1로 한없이 가까워지면, $f(x)$은 어디로 가까워지는가?   정답 : 2

2. 함수의 극한의 성질

$\lim\limits_{x \to a} f(x) = \alpha$, $\lim\limits_{x \to a} g(x) = \beta$일 때,

(1) $\lim\limits_{x \to a} kf(x) = k\alpha$ (단, k는 상수)   (2) $\lim\limits_{x \to a} \{f(x) \pm g(x)\} = \alpha \pm \beta$

(3) $\lim\limits_{x \to a} f(x) \cdot g(x) = \alpha \cdot \beta$ (4) $\lim\limits_{x \to a} \dfrac{f(x)}{g(x)} = \dfrac{\alpha}{\beta}$ (단, $\beta \neq 0$)

(5) $f(x) < g(x)$ 이면, $\lim\limits_{x \to a} f(x) \leq \lim\limits_{x \to a} g(x)$ 즉, $\alpha \leq \beta$이다.

예) 극한값 $\lim\limits_{x \to 0} x \sin \dfrac{1}{x}$를 구하시오.   정답 : 0

3. 함수의 극한값 구하는 방법

(1) 다항함수의 극한값

  $f(x)$가 다항함수일 때, $\lim\limits_{x \to a} f(x) = f(a)$

(2) 부정형의 극한값

  함수를 $\lim\limits_{x \to a} \dfrac{f(x)}{g(x)}$ 형태로 정리한다. $\dfrac{f(a)}{g(a)} = \dfrac{0}{0}, \dfrac{\infty}{\infty}$ 꼴을 부정형이라고 한다.
  부정형의 극한값은 그대로는 구할 수 없으므로 부정이 아닌 꼴로 변형하여 계산한다.

(3) 변형방법

   (가) $\dfrac{0}{0}$ 꼴

   ① 분수식 : 분모, 분자를 인수분해 하여 약분한다.

   ② 무리식 : $\sqrt{}$ 가 있는 것을 유리화 한다.

   (만약, 분모, 분자 모두에 $\sqrt{}$ 가 있으면 모두 유리화 한다.)

   (나) $\dfrac{\infty}{\infty}$ 꼴

   분모의 최고차항으로 분모, 분자를 나눈다.

예) 다음 극한값을 구하시오.

(1) $\lim\limits_{x\to -2}\dfrac{x^2+3x+2}{x^3-3x+2}$ (2) $\lim\limits_{x\to 0}\dfrac{\sqrt{4+x}-2}{x}$

(3) $\lim\limits_{x\to 2}\dfrac{x-\sqrt{3x-2}}{\sqrt{x+2}-2}$ (4) $\lim\limits_{x\to \infty}\dfrac{4x^2+3x+2}{3x^2-3x+2}$

정답 : (1) $-\dfrac{1}{9}$ (2) $\dfrac{1}{4}$ (3) 1 (4) $\dfrac{4}{3}$

4. 함수의 발산

(1) 함수 $f(x)$ 에서 x 가 a 에 한없이 가까워질 때,

$f(x)$ 의 값이 한없이 커지면 $f(x)$ 는 양의 무한대로 발산한다고 한다.

이것을 기호로 $x \to a$ 일 때, $f(x) \to \infty$ 또는 $\lim\limits_{x\to a} f(x) = \infty$ 로 나타낸다.

(2) 함수 $f(x)$ 에서 x 가 a 에 한없이 가까워질 때,

$f(x)$ 의 값이 한없이 작아지면 $f(x)$ 는 음의 무한대로 발산한다고 한다.

이것을 기호로 $x \to a$ 일 때, $f(x) \to -\infty$ 또는 $\lim\limits_{x\to a} f(x) = -\infty$ 로 나타낸다.

5. 우극한과 좌극한

(1) 우극한

x 가 a 보다 큰 값을 가지면서, 한없이 가까워질 때, $f(x)$ 가 일정한 값 α 에 가까워지는 것을 $\lim\limits_{x\to a+} f(x) = \alpha$ 로 나타내고, α 를 $f(x)$의 우극한(값) 이라고 한다.

(2) 좌극한

x 가 a 보다 작은 값을 가지면서, 한없이 가까워질 때, $f(x)$ 가 일정한 값 α 에 가까워지는 것을 $\lim\limits_{x \to a-} f(x) = \alpha$ 로 나타내고, α 를 $f(x)$ 의 좌극한(값) 이라고 한다.

예) 다음 극한값을 구하시오.

(1) $\lim\limits_{x \to 1+} [x]$ 　　　　　(2) $\lim\limits_{x \to 1-} [x]$

(3) $\lim\limits_{x \to 0+} \dfrac{x}{|x|}$ 　　　　(4) $\lim\limits_{x \to 0-} \dfrac{x}{|x|}$

정답 : (1) 1　(2) 0　(3) 1　(4) -1

(3) 우극한과 좌극한이 일치할 때만 극한값 $\lim\limits_{x \to a} f(x)$ 가 존재한다고 한다.

따라서, $\lim\limits_{x \to a+} f(x) = \lim\limits_{x \to a-} f(x)$ 　: 극한값이 존재

$\lim\limits_{x \to a+} f(x) \neq \lim\limits_{x \to a-} f(x)$ 　: 극한값이 존재하지 않는다.

예) $f(x) = \dfrac{x}{|x|}$ 는 $\lim\limits_{x \to +0} f(x) \neq \lim\limits_{x \to -0} f(x)$ 이므로 $\lim\limits_{x \to 0} \dfrac{x}{|x|}$ 는 극한값이 존재하지 않는다.

6. 무리수 e의 정의와 자연로그

(1) 무리수 e의 정의

$$\lim_{x \to 0}(1+x)^{\frac{1}{x}} = e,\ \lim_{x \to \infty}\left(1+\frac{1}{x}\right)^x = e\ (단,\ e = 2.71827\cdots 이고,\ e 는 무리수)$$

(2) 자연로그

무리수 e를 밑으로 하는 로그함수를 자연로그라 하고, $\log_e x$ 를 $\ln x$ 로 나타낸다. 이때 지수함수 $y = e^x$ 과 로그함수 $y = \ln x$ 는 서로 역함수이고, 직선 $y = x$ 에 대하여 대칭이다.

7. 무리수 e의 정의를 이용한 지수함수와 로그함수의 극한

(1) $\lim\limits_{x \to 0} \dfrac{\ln(1+x)}{x} = 1$ 　　　　(2) $\lim\limits_{x \to 0} \dfrac{e^x - 1}{x} = 1$

핵심요약<함수의 극한>

- x의 값이 a에 한없이 가까워질 때, $f(x)$의 값이 일정한 값 α에 가까워지면 $\lim_{x \to a} f(x) = \alpha$ 또는 $x \to a$일 때 $f(x) \to \alpha$
- 함수 $f(x)$가 다항함수 일 때, $\lim_{x \to a} f(x) = f(a)$

필수예제8-1) $\sqrt{5\sqrt{5\sqrt{5\cdots}}}$ 의 값은?(KAA 10)

① 5　　　② $5\sqrt{5}$　　　③ 25　　　④ $25\sqrt{5}$

해설) 5

$$\sqrt{5\sqrt{5\sqrt{5\cdots}}} = 5^{\frac{1}{2}} \times 5^{\frac{1}{2} \times \frac{1}{2}} \times 5^{\frac{1}{2} \times \frac{1}{2} \times \frac{1}{2}} \times \cdots$$
$$= 5^{\frac{1}{2} + \frac{1}{2} \times \frac{1}{2} + \frac{1}{2} \times \frac{1}{2} \times \frac{1}{2} + \cdots} = 5^{\sum_{k=1}^{\infty} \left(\frac{1}{2}\right)^k}$$
$$= 5^{\frac{1/2}{1 - 1/2}} = 5$$

유제8-1) $\lim_{x \to 3} (x-1)(2x^2 - 3x - 1)$을 구하여라.

① 15　　　② 16　　　③ 17　　　④ 18

유제8-2) $\lim_{x \to -2} \dfrac{x^2 + x - 2}{x^2 + 5x + 6}$을 구하여라.

① -3　　　② 3　　　③ -4　　　④ 4

> **핵심요약<좌극한과 우극한>**
> · 우극한·좌극한을 따로 구해야 하는 경우
>   ⇨ 분수함수, 절댓값을 포함하는 함수, 가우스 함수 등
> · $\lim\limits_{x\to a}f(x)=\alpha \Leftrightarrow \lim\limits_{x\to a-}f(x)=\lim\limits_{x\to a+}f(x)=\alpha$

필수예제8-2) 함수 $f(x)=\dfrac{|x|}{x}$ 에 대하여 $\lim\limits_{x\to 0-}f(x)-\lim\limits_{x\to 0+}f(x)$ 의 값은?

① -2   ② -1   ③ 0   ④ 1

해설) ①

$f(x)=\begin{cases}-1\ (x<0)\\ 1\ \ \ (x>0)\end{cases}$, $x\to 0-$일 때, $f(x)\to -1$이므로 $\lim\limits_{x\to 0-}f(x)=-1$이고

$x\to 0+$일 때, $f(x)\to 1$이므로 $\lim\limits_{x\to 0-}f(x)=1$이다.

따라서 $\lim\limits_{x\to 0-}f(x)-\lim\limits_{x\to 0+}f(x)=-1-1=-2$

유제8-3) 함수 $f(x)=\dfrac{1}{|x|}$ 에 대하여 함수 $y=x^a f(x)$가 $x=0$에서 극한값을 갖기 위한 자연수 a의 최솟값은?

① 1   ② 2   ③ 3   ④ 4

유제8-4) 함수 $f(x)=\begin{cases}x\ \ \ \ \ \ \ \ \ \ (x<1)\\ -x+k\ (x\geq 1)\end{cases}$ 에 대하여 $\lim\limits_{x\to 1}f(x)$의 값이 존재할 때, 상수 k의 값은?

① -2   ② 0   ③ 1   ④ 2

핵심요약<$\frac{0}{0}$꼴의 극한>

· 분자, 분모가 모두 다항식이면 ⇨ 분자, 분모를 인수분해하여 약분한다.
· 분자, 분모 중 무리식이 있으면 ⇨ 근호가 있는 쪽을 유리화한다.

필수예제8-3) 함수 $f(x)$가 다음 조건을 만족할 때 $\lim_{x \to 2}\dfrac{f(f(x))}{3x^2-5x-2}$의 값을 구하시오.($KAA$ 19)

> (가) $\lim_{x \to 2}\dfrac{x-2}{f(x)}=2$
>
> (나) $\lim_{x \to 0}\dfrac{x}{f(x)}=\dfrac{1}{7}$

① $\dfrac{1}{2}$ ② $\dfrac{1}{3}$ ③ $\dfrac{1}{4}$ ④ $\dfrac{1}{5}$

해설) ①

조건 (가)에서 분자의 극한값이 0이므로 분모의 극한값도 0이다.
즉, $\lim_{x \to 2}f(x)=f(2)=0$. 그러므로,

$\lim_{x \to 2}\dfrac{x-2}{f(x)}=\lim_{x \to 2}\dfrac{x-2}{f(x)-f(2)}=\lim_{x \to 2}\dfrac{1}{\frac{f(x)-f(2)}{x-2}}=\dfrac{1}{f'(2)}=2, f'(2)=\dfrac{1}{2}$ 이다.

조건 (나)에서 $f(0)=0$이므로

$\lim_{x \to 0}\dfrac{x}{f(x)}=\lim_{x \to 0}\dfrac{x-0}{f(x)-f(0)}=\lim_{x \to 0}\dfrac{1}{\frac{f(x)-f(0)}{x-0}}=\dfrac{1}{f'(0)}=\dfrac{1}{7}, f'(0)=7$ 이다.

$\therefore \lim_{x \to 2}\dfrac{f(f(x))}{3x^2-5x-2}=\lim_{x \to 2}\dfrac{f'(f(x))f'(x)}{6x-5}=\dfrac{f'(f(2))f'(2)}{12-5}=\dfrac{f'(0) \times \frac{1}{2}}{7}=\dfrac{1}{2}$.

유제8-5) $\lim_{x \to 1} \dfrac{\sqrt{\dfrac{x^2+x+1}{3}}-1}{x-1}$ 의 값은?(KAA 03)

① 1　　　　② $\dfrac{1}{2}$　　　　③ $\dfrac{1}{3}$　　　　④ -1

유제8-6) $\lim_{x \to 3} \dfrac{a\sqrt{2x+3}+b}{x-3} = 2$ 일 때, $a+b$의 값은?(KAA 09)

① -16　　　　② -12　　　　③ -8　　　　④ -4

유제8-7) $\lim_{x \to 0} \dfrac{\sqrt{x+a}-1}{x} = b$를 만족하는 상수 a, b에 대하여 $a+b$의 값을 구하시오.(KAA 04)

① $\dfrac{3}{2}$　　　　② $\dfrac{1}{2}$　　　　③ 1　　　　④ 2

핵심요약<삼각함수, 지수함수와 로그함수의 극한>

· 삼각함수의 극한

$$\lim_{x \to 0} \frac{\sin x}{x} = 1, \lim_{x \to 0} \frac{\tan x}{x} = 1 \text{꼴의 극한}$$

· 무리수 e

$$\lim_{x \to 0} (1+x)^{\frac{1}{x}} = e, \lim_{x \to \infty} (1+\frac{1}{x})^x = e \text{꼴의 극한}$$

필수예제8-4) $\lim_{x \to 0} \dfrac{2\cos^2 x + \cos x - 3}{x^2}$ 의 값은?

① $-\dfrac{5}{2}$ ② $-\dfrac{3}{2}$ ③ -1 ④ $\dfrac{3}{2}$

해설) ①

$$\lim_{x \to 0} \frac{2\cos^2 x + \cos x - 3}{x^2} = \lim_{x \to 0} \frac{(\cos x - 1)(2\cos x + 3)}{x^2}$$

$$= \lim_{x \to 0} \frac{(\cos x - 1)(\cos x + 1)}{x^2(\cos x + 1)} \times (2\cos x + 3) = \lim_{x \to 0} \frac{-\sin^2 x}{x^2(\cos x + 1)} \times (2\cos x + 3)$$

$$= \lim_{x \to 0} (-1) \times \left(\frac{\sin x}{x}\right)^2 \times \frac{1}{\cos x + 1} \times (2\cos x + 3) = -1 \times 1^2 \times \frac{1}{2} \times 5 = -\frac{5}{2}$$

필수예제8-5) $\lim_{x \to 0} \dfrac{2^x - 1}{2x}$ 의 값은?

해설) $\lim_{x \to 0} \dfrac{2^x - 1}{2x} = \lim_{x \to 0} \dfrac{2^x - 1}{x} \times \dfrac{1}{2} = \dfrac{1}{2} \ln 2 = \ln \sqrt{2}$

유제8-8) 극한값 $\lim_{x \to 0} \dfrac{\cos^{-1}x}{2x}$ 를 구하면? $(KAA\ 00)$

① -1 ② $-\dfrac{1}{2}$ ③ $\dfrac{1}{2}$ ④ ∞

유제8-9) $\lim_{x \to 0} \dfrac{2\sin x - \sin 2x}{\sin^2 x}$ 의 값은?

① -2 ② -1 ③ 0 ④ 1

핵심요약<로피탈의 정리>

- $f(a) = g(a) = 0$일 때, $\lim\limits_{x \to a} \dfrac{f(x)}{g(x)} = \lim\limits_{x \to a} \dfrac{f'(x)}{g'(x)}$ 가 성립한다.

필수예제8-6) $\lim\limits_{x \to 0} \dfrac{2^x + 2^{2x} + 2^{3x} + \cdots + 2^{10x} - 10}{x}$ 의 값은?(KAA 07)

① 10 ② 55 ③ 10ln2 ④ 55ln2

해설) ④

로피탈의 정리에 의해,
$$\lim_{x \to 0} \frac{2^x + 2^{2x} + 2^{3x} + \cdots + 2^{10x} - 10}{x}$$
$$= \lim_{x \to 0} \frac{2^0 \ln 2 + 2^{2 \times 0} \ln 2^2 + 2^{3 \times 0} \ln 2^3 + \cdots + 2^{10 \times 0} \ln 2^{10}}{1}$$
$$= \ln 2 + 2\ln 2 + 3\ln 2 + \cdots + 10\ln 2 = (1 + 2 + 3 + \cdots + 10)\ln 2 = 55\ln 2$$

유제8-10) $\lim\limits_{x \to 0} \dfrac{\cos x - 1}{x}$ 의 값은 다음 중 어느 것인가?(KAA 99)

① 1 ② 2 ③ 0 ④ ∞

유제8-11) $\lim\limits_{x \to 0} \left\{ \dfrac{1}{x} - \dfrac{1}{e^x - 1} \right\}$ 의 값은?(KAA 01)

① -1 ② 0 ③ $\dfrac{1}{2}$ ④ 1

8. 함수의 연속

(1) 두 실수 a, b $(a < b)$에 대하여

$a \leq x \leq b, a \leq x < b, a < x \leq b, a < x < b$ 를 만족시키는 x의 집합을 구간이라고 하고, 이것을 각각 기호로 다음과 같이 나타낸다.

$$[a,b] \ , \ [a,b) \ , \ (a,b] \ , \ (a,b)$$

(2) 함수의 연속

함수 $f(x)$가 다음 세 가지 조건을 모두 만족하면, 함수 $f(x)$는 $x = a$에서 연속이라고 한다.

① $x = a$에서 함수값 $f(a)$가 존재
② 극한값 $\lim\limits_{x \to a} f(x)$가 존재
③ $\lim\limits_{x \to a} f(x) = f(a)$

예) $x = 0$에서 함수의 연속성을 조사하여라.

(1) $f(x) = \dfrac{|x|}{x}$ (2) $f(x) = [x]$ (3) $f(x) = \begin{cases} \dfrac{x^2}{x} & (x \neq 0) \\ 1 & (x = 0) \end{cases}$

정답 : (1) 불연속 (2) 불연속 (3) 불연속

핵심요약<함수의 연속>
(ⅰ) 함숫값 $f(a)$가 존재하고
(ⅱ) $\lim_{x \to a} f(x) = f(a)$
일 때, 함수 $f(x)$는 $x = a$에서 연속이다.

필수예제8-7) 다음에서 연속인 함수는?(KAA 02)
① $f(x) = 1$ (x는 유리수), $f(x) = 0$ (x는 무리수)
② $f(x) = \dfrac{x}{|x|}$ ($x \neq 0$), $f(0) = 0$
③ $f(x) = \dfrac{x^2 - 1}{x - 1}$ ($x \neq 1$), $f(1) = 2$
④ $f(x) = \sin \dfrac{1}{x}$ ($x \neq 0$), $f(0) = 0$

해설) ③

③ $\lim_{x \to 1} f(x) = \lim_{x \to 1} \dfrac{x^2 - 1}{x - 1} = \lim_{x \to 1} x + 1 = 2 = f(1)$ 따라서 $f(x)$는 모든 실수 범위에서 연속이다.
① 모든 범위에서 불연속인 아주 특이한 함수이다.
② $x = 0$에서의 좌극한값, 우극한값이 서로 다르다.
④ $x = 0$에서 불연속이다.

유제8-12) 함수 $f(x) = \begin{cases} \dfrac{\sin(x-1)\pi}{x-1} & (x \neq 1) \\ a & (x = 1) \end{cases}$ 가 $x = 1$에서 연속일 때, 상수 a의 값을 구하여라.

유제8-13) 모든 실수 x에 대하여 연속인 함수 $f(x)$가 $(x+1)f(x) = x^5 + 1$을 만족시킬 때, $f(-1)$의 값은?
① -5 ② -3 ③ -1 ④ 5

· 더 생각해보기

※ 연속함수의 성질
한 구간에서 $f(x)$, $g(x)$ 가 연속이면 그 구간에서 다음 함수도 연속이다.
(1) $kf(x)$ (k : 상수)
(2) $f(x) \pm g(x)$
(3) $f(x)g(x)$
(4) $\dfrac{f(x)}{g(x)}$ (단, $g(x) \neq 0$)
(5) $(f \circ g)(x)$ (단, $g(x)$ 의 치역이 $f(x)$의 정의역에 포함될 때)

※ 최대, 최솟값의 정리
닫힌구간 $[a,b]$ 에서 $f(x)$가 연속이면 $f(x)$ 는 이 구간에서 반드시 최댓값과 최솟값을 갖는다.

※ 중간값의 정리
함수 $f(x)$ 가 닫힌구간 $[a,b]$ 에서 연속이고 $f(a) \neq f(b)$ 일 때, $f(a)$ 와 $f(b)$ 사이에 임의의 값을 k라 하면, $f(c) = k$ 인 c 가 열린구간 (a,b) 안에 적어도 하나 존재한다.

⇒ 중간값의 정리의 활용 : 함수 $f(x)$가 닫힌구간 $[a,b]$에서 연속이고, $f(a)$와 $f(b)$가 서로 다른 부호를 가질 때, 즉 $f(a)f(b) < 0$일 때, 방정식 $f(x) = 0$은 열린구간 (a,b)에서 적어도 하나의 실근을 갖는다.

※ 여러 함수들의 연속
(1) 다항함수 : $y = a_n x^n + \cdots + a_0$ $(-\infty, \infty)$에서 연속
(2) 분수함수 : $y = \dfrac{f(x)}{g(x)}$ $\qquad f(x) = 0$인 점에서 불연속이다.
(3) 무리함수 : $y = \sqrt{f(x)}$ $\qquad f(x) \geq 0$인 범위에서 연속
(4) 로그함수 : $y = \log_a x$ $\qquad x > 0$ 인 범위에서 연속
(5) 지수함수 : $y = a^n$ $\qquad (-\infty, \infty)$에서 연속
(6) 가우스함수 : $y = [x]$ $\qquad x = n$ 에서 불연속

9. 미분법

1. 미분계수

(1) 평균변화율

함수 $y=f(x)$에서 x의 값이 a에서 b까지 변할 때, 함숫값 y는 $f(a)$에서 $f(b)$까지 변한다. 이때 x의 값의 변화량 $b-a$를 x의 증분, y의 값의 변화량 $f(b)-f(a)$를 y의 증분이라 하고, 기호로 각각 $\Delta x, \Delta y$와 같이 나타낸다. 평균변화율은 x의 증분 Δx에 대한 y의 증분 Δy의 비율로 다음과 같다.

$$\frac{\Delta y}{\Delta x} = \frac{f(b)-f(a)}{b-a} = \frac{f(a+\Delta x)-f(a)}{\Delta x}$$

(2) 미분계수

평균변화율에서 $h \to 0$ 일 때의 극한값을 의미한다. $\lim_{h \to 0}\frac{f(a+h)-f(a)}{h}$ 을 $y=f(x)$의 $x=a$ 에서의 미분계수 또는 순간변화율이라 하고, 이것을 기호로, $f'(a)$와 같이 나타낸다. $f'(a)$가 존재할 때, 함수 $y=f(x)$는 $x=a$에서 미분가능하다고 한다.

(3) 기하학적 의의

$f'(a)$은 곡선 $y=f(x)$ 위의 점$(a, f(a))$에서의 접선의 기울기를 의미한다.
따라서 접선PT 가 x 축의 양의 방향과 이루는 각의 크기를 θ라 하면,
$$f'(a) = \tan\theta$$
$x=a$ 에서의 미분계수는 다음과 같이 여러 가지로 표현가능하다.
$$f'(a) = \lim_{h \to 0}\frac{f(a+h)-f(a)}{h} = \lim_{x \to a}\frac{f(x)-f(a)}{x-a}$$

2. 미분계수의 응용공식

(1) 미분계수의 응용공식 1

① $\lim_{h \to 0}\dfrac{f(a+h)-f(a)}{h} = f'(a)$ ② $\lim_{h \to 0}\dfrac{f(a+ph)-f(a)}{h} = p \cdot f'(a)$

③ $\lim_{h \to 0}\dfrac{f(a+ph)-f(a-qh)}{h} = (p+q) \cdot f'(a)$

예) $f'(a) = -1$일 때, $\lim_{h \to 0}\dfrac{f(a+2h)-f(a)}{h}$ 의 값은?   정답 : -2

(2) 미분계수의 응용공식 2

① $\lim\limits_{x \to a} \dfrac{f(x)-f(a)}{x-a} = f'(a)$ ② $\lim\limits_{x \to a} \dfrac{af(x)-xf(a)}{x-a} = af'(a) - f(a)$

③ $\lim\limits_{x \to a} \dfrac{x^2 f(a) - a^2 f(x)}{x-a} = 2af(a) - a^2 f'(a)$

주의) $\lim\limits_{\blacksquare \to \blacktriangle} \dfrac{f(\blacksquare) - f(\blacktriangle)}{\blacksquare - \blacktriangle} = f'(\blacktriangle)$ 인 꼴로 표현되어야만 한다.

예) $f(a) = 1$, $f'(a) = 1$ 인 함수 $f(x)$에 대하여 극한값 $\lim\limits_{x \to a} \dfrac{af(x)-xf(a)}{x-a}$ 을 구하시오.
정답 : $a-1$

3. 도함수

(1) 함수 $y = f(x)$에서 다음을 x에 관한 y의 도함수라 한다.
$$f'(x) = \lim\limits_{h \to 0} \dfrac{f(x+h) - f(x)}{h}$$
그리고 y', $f'(x)$, $\dfrac{dy}{dx}$, $\dfrac{df(x)}{dx}$ 과 같이 나타낸다.

(2) $f(x)$의 도함수를 구하는 것을 $f(x)$를 x에 관하여 미분한다고 한다.

(3) 도함수의 기하학적인 의의
도함수 $f'(x)$는 $y = f(x)$의 그래프위의 임의의 점 $(x, f(x))$ 에서의 접선의 기울기를 의미한다.

4. 미분법의 공식

(1) $y = c$ (c는 상수) $\Rightarrow$ $y' = 0$

(2) $y = x^n$ ($n \in N$) $\Rightarrow$ $y' = n \cdot x^{n-1}$

(3) $y = cf(x)$ (c는 상수) $\Rightarrow$ $y' = cf'(x)$

(4) $y = f(x) \pm g(x)$ $\Rightarrow$ $y' = f'(x) \pm g'(x)$

(5) $y = f(x)g(x)$ $\Rightarrow$ $y' = f'(x)g(x) + f(x)g'(x)$

(6) $y = \dfrac{f(x)}{g(x)}$ ($g(x) \neq 0$) $\Rightarrow$ $y' = \dfrac{f'(x)g(x) - f(x)g'(x)}{\{g(x)\}^2}$

예) 다음 각 함수를 미분하여라.

(1) $y = 5$ (2) $y = x$

(3) $y = 2x^4 + 3x^2 - 6x$ (4) $y = \dfrac{1}{x^3}$

(5) $y = \dfrac{x^4 - 2x^2 + 1}{x^4 + 1}$

정답:

(1) $y' = 0$ (2) $y' = 1$ (3) $y' = 8x^3 + 6x - 6$ (4) $y' = -\dfrac{3}{x^4}$ (5) $y' = \dfrac{4x(x^2-1)(x^2+1)}{(x^4+1)^2}$

5. 합성함수의 미분법

(1) 합성함수의 미분법

$y = f(u)$, $u = g(x)$가 각각 u와 x에 대하여 미분 가능할 때,

$y = (f \circ g)(x)$에 대하여 $\dfrac{dy}{dx} = \dfrac{dy}{du} \cdot \dfrac{du}{dx}$ 또는 $y' = f'(g(x))g'(x)$

보충) $y = f(ax+b) \Rightarrow y' = af'(ax+b)$, $y = \{f(x)\}^n \Rightarrow y' = n\{f(x)\}^{n-1}f'(x)$

(2) 음함수의 미분법

음함수 $f(x,y) = 0$의 각 항을 x에 대하여 미분하고, 합성함수의 미분법을 이용하여 $\dfrac{dy}{dx}$를 구한다.

보충) $\dfrac{d}{dx}(x^2) = 2x$, $\dfrac{d}{dx}(y^2) = 2y \cdot \dfrac{dy}{dx} = 2y \cdot y'$

$\dfrac{d}{dx}(xy) = \dfrac{dx}{dx}y + x\dfrac{dy}{dx} = y + xy'$

예) 각 함수에서 $\dfrac{dy}{dx}$를 구하여라.

(1) $y = (2x+1)^5$ (2) $x^2 + y^2 = 1$

(3) $y = \sqrt[3]{x^2 + 1}$ (4) $\sqrt{x} + \sqrt{y} = \sqrt{a}$

정답 : (1) $\dfrac{dy}{dx} = 10(2x+1)^4$, (2) $\dfrac{dy}{dx} = -\dfrac{x}{y}$, (3) $\dfrac{dy}{dx} = \dfrac{2x}{3\sqrt[3]{(x^2+1)^2}}$, (4) $\dfrac{dy}{dx} = -\dfrac{\sqrt{y}}{\sqrt{x}}$

6. 역함수의 미분법

함수 $y=f(x)$와 그 역함수를 g라 하면 $x=g(y)$가 성립한다. 그러면 다음 관계가 성립한다.

$$\frac{dy}{dx}=\frac{1}{\frac{dx}{dy}},\ \frac{dx}{dy}=\frac{1}{\frac{dy}{dx}}$$

보충) 함수 $f(x)$의 역함수를 $g(x)$라고 하면 $g \circ f$, $f \circ g$는 모두 항등함수이다.

따라서 $g(f(x))=x$에서 $g'(f(x))f'(x)=1$이고 $g'(y)=\dfrac{1}{f'(x)}$ 이다.

같은 방법으로 $f(g(x))=x$에서 $f'(g(x))g'(x)=1$이고 $g'(x)=\dfrac{1}{f'(y)}$ 이다.

이를 이용해도 좋다.

예)

(1) 함수 $f(x)=x^2+2x\ (x \geq -1)$의 $\dfrac{dx}{dy}$를 구하고, y에 관해 정리하시오.

(2) 함수 $f(x)=x^2+2x\ (x \geq -1)$의 역함수를 $y=g(x)$라 하자. $g'(x)$를 구하시오.

정답 : (1) $\dfrac{dx}{dy}=\dfrac{1}{2x+2}=\dfrac{1}{2\sqrt{y+1}}$ (2) $g'(x)=\dfrac{1}{2\sqrt{x+1}}$

핵심요약<미분계수의 정의>

(1) $\lim_{\blacksquare \to 0} \dfrac{f(a+\blacksquare)-f(a)}{\blacksquare} = f'(a)$

(2) $\lim_{\blacksquare \to \blacktriangle} \dfrac{f(\blacksquare)-f(\blacktriangle)}{\blacksquare - \blacktriangle} = f'(\blacktriangle)$

필수예제9-1) 함수 $f(x)$의 $x=a$에서의 미분계수가 3일 경우
$$\lim_{h \to 0} \dfrac{f(a+3h)-f(a-2h)}{h}$$ 의 값은?(KAA 03)

① 9　　　② 15　　　③ 18　　　④ -6

해설) ②

$\lim_{h \to 0} \dfrac{f(a+3h)-f(a-2h)}{h} = \lim_{h \to 0} \left(\dfrac{f(a+3h)-f(a)}{h} \right) + \left(\dfrac{f(a)-f(a-2h)}{h} \right)$

$= \lim_{h \to 0} 3 \left(\dfrac{f(a+3h)-f(a)}{3h} \right) - \lim_{h \to 0} (-2) \left(\dfrac{f(a-2h)-f(a)}{-2h} \right)$

$= 3f'(a) - (-2)f'(a) = 5f'(a) = 5 \times 3 = 15$

유제9-1) 다항함수 $f(x)$, $g(x)$가 $\lim_{x \to 3} \dfrac{f(x)-2}{x-3} = 1$, $\lim_{x \to 3} \dfrac{g(x)-1}{x-3} = 2$를 만족할 때, 함수 $y = f(x) \cdot g(x)$의 $x = 3$에서의 미분계수는?(KAA 03)

① 5　　　② 6　　　③ 7　　　④ 8

유제9-2) $x = 0$에서 미분 가능한 함수 $f(x)$가 $x\{f(x)-f(0)\} = \ln(1+3x^2)$을 만족할 때, $f'(0)$의 값은?(KAA 07)

① 1　　　② 3　　　③ e　　　④ e^3

핵심요약<미분의 정의를 이용한 미분계수 구하기>

$$f'(a) = \lim_{h \to 0} \frac{f(a+h) - f(x)}{h}$$

필수예제9-2) 함수 $f(x)$가 임의의 실수 x, y에 대해 다음식이 성립할 때, 미분계수 $f'(2)$의 값은?(KAA 00)

$$f(x+y) = f(x) + f(y) + 3xy, \ f'(0) = 1$$

① 5　　　　　② 6　　　　　③ 7　　　　　④ 8

해설) ③

모든 x, y에 대하여 $f(x+y) = f(x) + f(y) + 3xy$을 만족하므로 x, y에 0을 대입하면 $f(0) = f(0) + f(0) + 0$이다. 따라서 $f(0) = 0$이다.

한편 $f'(0) = 1$이므로 $f'(0) = \lim_{h \to 0} \frac{f(0+h) - f(0)}{h} = \lim_{h \to 0} \frac{f(h)}{h} = 1$ 이다.

$$f'(2) = \lim_{h \to 0} \frac{f(2+h) - f(2)}{h} = \lim_{h \to 0} \frac{f(2) + f(h) + 3 \times 2 \times h - f(2)}{h}$$

$$= \lim_{h \to 0} \frac{f(h) + 6h}{h} = \lim_{h \to 0} \frac{f(h)}{h} + 6 = 7$$

유제9-3) 함수 $f(x)$는 미분가능하며 $f(x+h) - f(x) = 3x^2 h + 3xh^2 + h^3 + 2h$ 이고 $f(0) = 1$ 이다. $g(x) = e^{-x} f(x)$일 때 $g'(3)$의 값은?　　　(KAA 05)

① $-5e^{-3}$　　　② $-7e^{-3}$　　　③ $-9e^{-3}$　　　④ $-11e^{-3}$

유제9-4) 미분가능함수 $f(x)$가 임의의 실수 x, y에 대하여 $f(x+y) = f(x) + f(y)$, $f'(0) = 3$을 만족할 때, $f(2)$의 값을 구하면?(KAA 03)

① -6　　　　② -3　　　　③ 3　　　　④ 6

핵심요약<합성함수의 미분법>

$y = (f \circ g)(x)$ 에 대하여, $\dfrac{dy}{dx} = \dfrac{dy}{du} \cdot \dfrac{du}{dx}$ 또는 $y' = f'(g(x))g'(x)$ 이다.

필수예제9-3) 함수 $f(x) = (2x^2 + 3x - 4)^3$일 때, $f'(1)$의 값은?

① 21 ② 24 ③ 27 ④ 29

해설) ①

$$f'(x) = 3(2x^2 + 3x - 4)^2 (2x^2 + 3x - 4)'$$
$$= 3(2x^2 + 3x - 4)^2 (4x + 3)$$
$$\therefore f'(1) = 3 \times 1 \times 7 = 21$$

유제9-5) 모든 실수에 대하여 미분 가능한 함수 $f(x)$와 $g(x) = \dfrac{\ln x}{x}$에 대하여, 합성함수 $h(x) = (f \circ g)(x)$이고 $h'(1) = 2$일 때, $f'(0)$의 값은?(KAA 04)

① 4 ② 3 ③ 2 ④ -2

유제9-6) 곡선 $y = (4x-3)^2(x^2+2)$ 위의 $x = 0$인 점에서의 접선의 기울기를 구하여라.

7. 삼각함수의 미분법

(1) $y = \sin x \Rightarrow y' = \cos x$ (2) $y = \operatorname{cosec} x \Rightarrow y' = -\operatorname{cosec} x \cot x$

$y = \cos x \Rightarrow y' = -\sin x$ $y = \sec x \Rightarrow y' = \sec x \tan x$

$y = \tan x \Rightarrow y' = \sec^2 x$ $y = \cot x \Rightarrow y' = -\operatorname{cosec}^2 x$

예) 다음 함수의 도함수를 구하시오.

(1) $y = (\sin x + \cos x)^2$ (2) $y = \sin(\cos x)$

(3) $y = \dfrac{\cos x}{1 + \sin x}$ (4) $y = \sin 2x$

정답 : (1) $\dfrac{dy}{dx} = 2(\sin x + \cos x)(\cos x - \sin x)$

(2) $\dfrac{dy}{dx} = -\sin x \cos(\cos x)$ (3) $\dfrac{dy}{dx} = -\dfrac{1}{1+\sin x}$ (4) $\dfrac{dy}{dx} = 2\cos 2x$

8. 지수함수와 로그함수의 도함수

(1) 지수함수의 도함수

$a > 0, a \neq 1$일 때

① $y = e^x \Rightarrow y' = e^x$ ② $y = a^x \Rightarrow y' = a^x \ln a$

③ $y = e^{f(x)} \Rightarrow y' = e^{f(x)} f'(x)$ ④ $y = a^{f(x)} \Rightarrow y' = a^{f(x)} f'(x) \ln a$

(2) 로그함수의 도함수

$a > 0, a \neq 1, x > 0$이고, 함수 $f(x)$가 미분가능하며 $f(x) \neq 0$일 때

① $y = \ln x \Rightarrow y' = \dfrac{1}{x}$ ② $y = \log_a x \Rightarrow y' = \dfrac{1}{x} \times \dfrac{1}{\ln a}$

③ $y = \ln|x| \Rightarrow y' = \dfrac{1}{x}$ ④ $y = \log_a |x| \Rightarrow y' = \dfrac{1}{x} \times \dfrac{1}{\ln a}$

⑤ $y = \ln|f(x)| \Rightarrow y' = \dfrac{f'(x)}{f(x)}$ ⑥ $y = \log_a |f(x)| \Rightarrow y' = \dfrac{f'(x)}{f(x)} \times \dfrac{1}{\ln a}$

예) 다음 함수의 도함수를 구하시오.

(1) $y = \ln(-x)$ (2) $y = \ln(\cos x)$ (3) $y = e^{3x-1}$

정답 : (1) $\dfrac{dy}{dx} = \dfrac{1}{x}$ (2) $\dfrac{dy}{dx} = -\tan x$ (3) $\dfrac{dy}{dx} = 3e^{3x-1}$

9. 함수의 극대와 극소

$x = a,\ x = b$ 에서 연속인 함수 $f(x)$가 있을 때,

(1) $x = a$에서 함수 $f(x)$가 증가상태에서 감소상태로 변하면

$f(x)$는 $x = a$ 에서 극대라 하고, $f(a)$를 극댓값이라고 한다.

(2) $x = b$에서 함수 $f(x)$가 감소상태에서 증가상태로 변하면,

$f(x)$는 $x = b$ 에서 극소라 하고, $f(b)$를 극솟값이라고 한다.

(3) 극댓값과 극솟값을 통틀어 극값이라고 한다.

10. 함수의 최대와 최소

(1) 최대·최소의 정리

함수 $f(x)$가 닫힌구간 $[a,b]$에서 연속이면 이 구간에서 $f(x)$는 반드시 최댓값과 최솟값을 갖는다.

(2) 함수의 최댓값과 최솟값

함수 $f(x)$가 닫힌구간 $[a,b]$에서 극값을 가질 때, 극댓값, 극솟값, $f(a), f(b)$ 중에서 가장 큰 값과 가장 작은 값이 각각 함수 $f(x)$의 최댓값과 최솟값이다.

예) $y = \dfrac{x^2 + x - 1}{x^2 - x + 1}$ 의 최솟값과 최댓값을 구하시오.

정답 : 최댓값 $\dfrac{5}{3}$, 최솟값 -1

11. 로피탈($L'Hospital$)의 정리

함수 $f(x)$와 $g(x)$가 $x = a$에서 미분가능하고, $f(a) = 0,\ g(a) = 0,\ g'(a) \neq 0$ 일 때, 다음이 성립한다. ($f(a) = \infty,\ g(a) = \infty,\ g'(a) \neq 0$인 경우도 가능)

$$\lim_{x \to a} \dfrac{f(x)}{g(x)} = \lim_{x \to a} \dfrac{f'(x)}{g'(x)} = \dfrac{f'(a)}{g'(a)}$$

예) 다음 극한값을 구하시오.

(1) $\lim_{x \to 2} \dfrac{3^{\frac{x}{2}} - 3}{3^x - 9}$ (2) $\lim_{x \to \infty} \dfrac{\ln x}{x^\alpha}$ (단, $\alpha > 1$)   (3) $\lim_{n \to \infty} \sqrt{(1 + \dfrac{1}{2n})^n}$

정답 : (1) $\dfrac{1}{6}$ (2) 0 (3) $e^{\frac{1}{4}}$

12. 편미분

함수 $f(x,y)$가 x와 y의 이변수함수 일 때 $f(x,y)$의 편도함수 f_x와 f_y는 다음과 같다.

$$\dfrac{\partial f}{\partial x} = \lim_{h \to 0} \dfrac{f(x+h, y) - f(x, y)}{h} = f_x(x, y)$$

$$\dfrac{\partial f}{\partial y} = \lim_{h \to 0} \dfrac{f(x, y+h) - f(x, y)}{h} = f_y(x, y)$$

예) $f(x,y) = \dfrac{xy}{\sqrt{x+y}}$ $(x+y > 0)$ 일 때, $\dfrac{\partial f}{\partial x}$를 구하시오.

정답 : $\dfrac{\partial f}{\partial x} = \dfrac{xy + 2y^2}{2(x+y)^{\frac{3}{2}}}$

핵심요약<삼각함수의 미분법>

$y = \sin x \Rightarrow y' = \cos x \qquad y = \csc x \Rightarrow y' = -\csc x \cot x$

$y = \cos x \Rightarrow y' = -\sin x \qquad y = \sec x \Rightarrow y' = \sec x \tan x$

$y = \tan x \Rightarrow y' = \sec^2 x \qquad y = \cot x \Rightarrow y' = -\csc^2 x$

필수예제9-4) 함수 $f(x) = \dfrac{1+\sec x}{\tan x}$ 에 대하여 $f'(\dfrac{\pi}{4})$의 값은?

① $-2-\sqrt{2}$ ② $-2+\sqrt{2}$ ③ -2 ④ $2-\sqrt{2}$

해설) ①

$f(x) = \dfrac{1+\sec x}{\tan x} = \dfrac{1}{\tan x} + \dfrac{\sec x}{\tan x}$
$\quad = \cot x + \csc x$

이므로

$f'(x) = -\csc^2 x - \csc x \cot x$
$\quad = -\csc x(\csc x + \cot x)$

$\therefore f'\left(\dfrac{\pi}{4}\right) = -\csc\dfrac{\pi}{4}\left(\csc\dfrac{\pi}{4} + \cot\dfrac{\pi}{4}\right)$
$\quad = -\sqrt{2}(\sqrt{2}+1) = -2-\sqrt{2}$

유제9-7) $y = (1+\cos x)^5$일 때, $\dfrac{dy}{dx}$를 구여라.

유제9-8) 실수 t에 대하여 $x = a(t-\sin t)$, $y = a(1-\cos t)$일 때, $\dfrac{dy}{dx}$를 t에 대한 함수로 나타내면? (단, $a > 0$)

① $\cos\dfrac{t}{2}$ ② $\tan\dfrac{t}{2}$ ③ $\sec\dfrac{t}{2}$ ④ $\cot\dfrac{t}{2}$

핵심요약<음함수의 미분법>

음함수 $f(x, y) = 0$의 각 항을 x에 대하여 미분하면 음함수의 도함수를 구할 수 있다.

$\Rightarrow \dfrac{d}{dx}x^n = nx^{n-1}$, $\dfrac{d}{dx}y^n = ny^{n-1}\dfrac{dy}{dx}$ (단, n은 양의 정수)

필수예제9-5) $x^3 - y^2 + 2xy - 3 = 0$일 때, $\dfrac{dy}{dx}$를 구하여라.

해설) $\dfrac{-3x^2 - 2y}{2x - 2y}$

$x^3 - y^2 + 2xy - 3 = 0$의 양변을 x에 대하여 미분하면

$3x^2 - 2y\dfrac{dy}{dx} + 2y + 2x\dfrac{dy}{dx} = 0$

$(2x - 2y)\dfrac{dy}{dx} = -3x^2 - 2y$

$\therefore \dfrac{dy}{dx} = \dfrac{-3x^2 - 2y}{2x - 2y}$

유제9-9) 곡선 $x^3 - y^3 + axy + b = 0$ 위의 점 $(0, -1)$에서의 $\dfrac{dy}{dx}$의 값이 2일 때, 상수 a, b의 곱 ab의 값을 구하여라.

① -6 ② -3 ③ 1 ④ 6

유제9-10) $y^3 + y = x^2 y$에 대하여 $\dfrac{dy}{dx}$를 구하면?

① $\dfrac{2xy}{3y^2 + 1 - x^2}$ (단, $3y^2 + 1 - x^2 \neq 0$)

② $\dfrac{xy}{3y^2 + 1 - x^2}$ (단, $3y^2 + 1 - x^2 \neq 0$)

③ $\dfrac{2xy}{y^2 + 1 - x^2}$ (단, $y^2 + 1 - x^2 \neq 0$)

④ $\dfrac{xy}{3x^2 + 1 - y^2}$ (단, $3x^2 + 1 - y^2 \neq 0$)

핵심요약<지수함수와 로그 함수의 미분법>

· $y = a^{f(x)} \Rightarrow y' = a^{f(x)} f'(x) \ln a$

· $y = \log_a f(x) \Rightarrow y' = \dfrac{f'(x)}{f(x) \ln a}$

필수예제9-6) $y + 2 + \ln x = \ln y$ 일 때, $\dfrac{dy}{dx}$ 는? (KAA 05)

① $\dfrac{1}{y} - \dfrac{1}{x}$　　② $\dfrac{1-y}{xy}$　　③ $\dfrac{1}{x} - \dfrac{1}{y}$　　④ $\dfrac{y}{x(1-y)}$

해설) ④

$y + 2 + \ln x = \ln y$ 를 x 에 관해 음함수 미분하면 $\dfrac{dy}{dx} + \dfrac{1}{x} = \dfrac{1}{y} \times \dfrac{dy}{dx}$ 이다.

따라서 $\dfrac{dy}{dx} \left(\dfrac{1}{y} - 1 \right) = \dfrac{1}{x}$ 이다.

정리하면 $\dfrac{dy}{dx} = \dfrac{\frac{1}{x}}{\frac{1}{y} - 1} = \dfrac{y}{x - xy} = \dfrac{y}{x(1-y)}$ 이다.

유제9-11) 함수 $f(x,y) = \ln(3x^5 + 2y^3) + e^{2x}$ 일 때, 다음 중 옳은 것은? (KAA 02)

① $\dfrac{\partial f(x,y)}{\partial x} = \dfrac{\partial f(x,y)}{\partial y}$　　② $\dfrac{\partial f(x,y)}{\partial x} = \dfrac{15x^4}{3x^5 + 2y^3} + 2e^{2x}$

③ $\dfrac{\partial f(x,y)}{\partial y} = \dfrac{6y^2}{3x^5 + 2y^3} + 2e^{2x}$　　④ $\dfrac{\partial f(x,y)}{\partial x} = \dfrac{\partial f(x,y)}{\partial y} + 2e^{2x}$

유제9-12) $y = \ln \left(x^3 \sqrt{\dfrac{x-1}{x+1}} \right)$ 일 때 $\dfrac{dy}{dx}$ 의 값은 다음 중 어느 것인가? (KAA 99)

① $\dfrac{dy}{dx} = \dfrac{3}{x} + \dfrac{1}{x+1} - \dfrac{1}{x-1}$　　② $\dfrac{dy}{dx} = \dfrac{3}{x^2} + \dfrac{1}{x+1} - \dfrac{1}{x-1}$

③ $\dfrac{dy}{dx} = \dfrac{3}{x^2} + \dfrac{1}{2(x-1)} + \dfrac{1}{x+1}$　　④ $\dfrac{dy}{dx} = \dfrac{3}{x} + \dfrac{1}{2(x-1)} - \dfrac{1}{2(x+1)}$

핵심요약<도함수의 활용>
· 속도와 가속도
수직선 위를 움직이는 점 P의 위치 x가 시각 t의 함수 $x=f(t)$로 나타내어질 때, 점 P의 속도 v와 가속도 a는

$$v = \frac{dx}{dt} = f'(t), \quad a = \frac{dv}{dt} = v'(t)$$

· 시각에 대한 길이의 변화율
시각 t에서의 길이가 l일 때, 시각 t에서의 길이의 변화율 ⇨ $\frac{dl}{dt}$

필수예제9-7) 초속 v_0로 수직으로 물체를 위로 던질 때, t초 후 물체의 출발점으로부터의 거리(h)는 다음 식으로 주어진다. 즉, $h = v_0 t - 4t^2$이다. 만약 높이가 80m인 건물의 옥상 끝에서 초속 40미터로 수직으로 공을 위로 던졌을 때, 지면에서 최고점까지의 높이는 얼마인가?(KAA 09)

① 80　　　　② 100　　　　③ 180　　　　④ 240

해설) ③

$v_0 = 40m/s$로 수직으로 물체를 던졌을 때 $h = v_0 t - 4t^2$는 높이를 구하는 식으로 $h'(t) = 0$일 때 높이의 최댓값을 구할 수 있다. $h'(t) = v_0 - 8t = 40 - 8t = 0$로부터 최고 높이에 도달할 때의 시간이 $t = 5$라는 것을 알 수 있고, 그 때의 높이(건물 옥상으로부터의)는 $h(5) = 40 \times 5 - 4 \times 5^2 = 100$ 이다. 따라서, 지상으로부터의 최대 높이는 건물 높이(80)를 더해 주어야 한다.

유제9-13) 수직선 위를 움직이는 점 P의 t초 후의 좌표가 $f(t) = t^2 + 4t - 1$ 로 주어질 때, $t = 1$에서 $t = 3$까지 평균속도는 a이고, $t = 1$일 때 속도는 b이다. 이 때 $a + b$의 값은?(KAA 04)

①13　　　　②14　　　　③15　　　　④16

유제9-14) 어떤 용기에 깊이가 $x$cm가 되도록 물을 넣으면, 그 때의 물의 부피(V)는 $V = 2x^3 - 4x^2 + x$가 된다. 물의 깊이가 5cm일 때, 수면의 넓이를 구하시오.(KAA 04)

① 110　　　　② 111　　　　③ 112　　　　④ 113

· 더 생각해보기 1

※ 매개변수로 표현된 함수의 미분법

$x = f(t)$, $y = g(t)$가 t에 대하여 미분가능하고 $f'(t) \neq 0$일 때, 다음이 성립한다.

$$\frac{dy}{dx} = \frac{\frac{dy}{dt}}{\frac{dx}{dt}} = \frac{g'(t)}{f'(t)}$$

보충) 매개변수로 표시된 함수에서 매개변수가 쉽게 소거되면 매개변수를 소거한 다음 도함수를 구해도 된다.

예를 들면, $x = 2t$, $y = 4t^2 + 2t$에서 $\dfrac{dy}{dx} = \dfrac{\frac{dy}{dt}}{\frac{dx}{dt}} = \dfrac{8t+2}{2} = 4t+1$이고

매개변수를 소거하면 $y = x^2 + x$이므로 $\dfrac{dy}{dx} = 2x + 1 = 4t + 1$ 이다.

※ 고계도함수

(1) 이계도함수

$y = f(x)$의 도함수 $f'(x)$에 대하여 $f'(x)$가 미분가능하면

$$\{f'(x)\}' = \lim_{h \to 0} \frac{f'(x+h) - f'(x)}{h}$$

이것을 $y = f(x)$의 이계도함수라고 하고, $f''(x)$로 나타낸다.

(2) n계도함수

$y = f(x)$를 n번 미분하여 얻어지는 함수를 $f(x)$의 n계도함수라 하고 $f^{(n)}(x)$로 나타낸다.

참고) $f''(x)$를 y'', $\dfrac{d^2y}{dx^2}$, $\dfrac{d^2}{dx^2}f(x)$로 나타낸다.

· 더 생각해보기 2

※ 롤의 정리

함수 $y = f(x)$ 가
① 폐구간 $[a,b]$ 에서 연속이고,
② 개구간 (a,b) 에서 미분가능 할 때,
$f(a) = f(b)$ 이면 $f'(c) = 0$ 이 되는 c 가 a 와 b 사이에 적어도 하나 존재한다.

※ 평균값 정리

함수 $y = f(x)$ 가
① 폐구간 $[a,b]$ 에서 연속이고,
② 개구간 (a,b) 에서 미분 가능할 때,
$\dfrac{f(b)-f(a)}{b-a} = f'(c)$ 이 되는 c 가 a 와 b 사이에 적어도 하나 존재한다.

⇒ 평균값정리 정리의 기하학적 내용

(1) 평균변화율 $\left(\dfrac{f(b)-f(a)}{b-a}\right)$ 을 미분계수로 갖는 x 의 값이 (a,b) 에서 적어도 하나 존재한다.

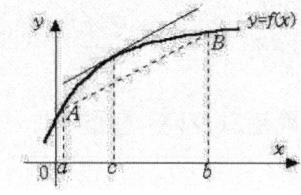

(2) 함수 $y = f(x)$ 의 그래프 위의 두 점 $A(a, f(a))$, $B(b, f(b))$ 에 대하여 평균치의 정리는 구간 (a,b) 안에서 직선 $\overleftrightarrow{AB}$ 와 평행한 접선이 적어도 하나는 존재한다는 것이다.

두 점을 이은 직선의 기울기는 $\dfrac{f(b)-f(a)}{b-a}$ 이다.

10. 적분법

1. 부정적분

(1) 부정적분

함수 $f(x)$ 가 주어져 있을 때,
$F'(x) = f(x)$ 인 함수 $F(x)$를 $f(x)$의 부정적분 또는 원시함수라고 한다.

(2) 부정적분의 표현

함수 $f(x)$ 의 부정적분의 하나를 $F(x)$ 라 할 때, $f(x)$의 임의의 부정적분은
$\int f(x)dx = F(x) + C$ (단, C는 상수)라고 표현하고, 다음이 성립한다.

$$\therefore F'(x) = f(x) \Leftrightarrow \int f(x)dx = F(x) + C$$

(단, $f(x)$는 피적분함수, x는 적분변수, C는 적분 상수)

2. 부정적분과 미분의 관계

(1) $\int \left\{ \dfrac{d}{dx} f(x) \right\} dx = f(x) + C$ (C는 적분상수) (2) $\dfrac{d}{dx} \left\{ \int f(x)dx \right\} = f(x)$

3. 부정적분의 기본 성질

함수 $f(x)$와 $g(x)$가 연속함수이고 k는 상수, n은 실수이고 C는 적분상수일 때,

(1) $\int k\,dx = kx + C$

(2) $n \neq -1$일 때, $\int x^n dx = \dfrac{1}{n+1} x^{n+1} + C$

$n = -1$일 때, $\int \dfrac{1}{x} dx = \ln|x| + C$

(3) $\int kf(x)dx = k \int f(x)dx$

(4) $\int \{f(x) \pm g(x)\} dx = \int f(x)dx \pm \int g(x)dx$

보충) $\int (x^2+xt)dt$ 와 같이 x와 t의 두 개의 문자가 있고, 이 때, t에 대해 부정적분을 구할 때, t 이외의 문자 x는 상수역할을 하게 된다.

$$\therefore \int (x^2+xt)dt = x^2\int dt + x\int t\,dt = x^2 t + \frac{1}{2}xt^2 + C$$

예) 다음 부정적분을 계산하여라.

(1) $\int \dfrac{x^4+x^2+1}{x^2+x+1}dx$ (2) $\int \dfrac{x^3}{x+1}dx + \int \dfrac{1}{x+1}dx$

정답 : (1) $\dfrac{1}{3}x^3 - \dfrac{1}{2}x^2 + x + C$ (2) $\dfrac{1}{3}x^3 - \dfrac{1}{2}x^2 + x + C$

핵심요약<부정적분>
함수 $f(x)$의 부정적분의 하나를 $F(x)$ 라 할 때, $f(x)$의 임의의 부정적분은
$$\int f(x)dx = F(x) + C \text{ (단, } C\text{는 상수)}$$

필수예제10-1) $\int \dfrac{x+3}{x^2+3x+2}dx$는?$(KAA\ 03)$

① $e^{x+2} + C$
② $(x+1)^2 + (x+2) + C$
③ $\ln \dfrac{(x+1)^2}{x+2} + C$
④ $\ln \dfrac{x-2}{(x+1)^2} + C$

해설) ③

$$\int \frac{x+3}{x^2+3x+2}dx = \int \frac{x+3}{(x+1)(x+2)}dx = \int \frac{2}{x+1}dx + \int \frac{-1}{x+2}dx$$

$$= 2\ln|x+1| - \ln|x+2| + C = \ln\left|\frac{(x+1)^2}{x+2}\right| + C$$

$\dfrac{x+3}{(x+1)(x+2)} = \dfrac{A}{x+1} + \dfrac{B}{x+2}$ 라 놓고 우변을 A, B값을 구하자.

$\dfrac{A}{x+1} + \dfrac{B}{x+2} = \dfrac{A(x+2) + B(x+1)}{(x+1)(x+2)} = \dfrac{(A+B)x + (2A+B)}{(x+1)(x+2)}$ 이므로

$A+B=1, 2A+B=3$이다. 연립해서 풀어주면 $A=2, B=-1$이다.

따라서 $\int \dfrac{x+3}{(x+1)(x+2)}dx = \int \dfrac{2}{x+1}dx + \int \dfrac{-1}{x+2}dx$이다.

유제10-1) 두 다항함수 $f(x), g(x)$가 다음 조건을 만족시킨다. $f(2) - g(2)$의 값을 구하시오.

| (가) $\dfrac{d}{dx}\int f(x)dx = \int\left\{\dfrac{d}{dx}g(x)\right\}dx$ | (나) $f(1) = 10, g(1) = 7$ |

유제10-2) 함수 $F(x) = x^3 + ax^2 + bx$가 함수 $f(x)$의 부정적분 중 하나이고 $f(0) = 3, f'(0) = 1$일 때, 상수 a, b의 곱 ab의 값을 구하여라.

4. 정적분

(1) 구분구적법

  평면도형의 넓이를 구할 때, 주어진 도형을 몇 개의 작은 기본 도형으로 나눈 다음 그 넓이의 합으로 근삿값을 구한 후, 이 근삿값의 극한으로 도형의 넓이를 구하는 방법을 구분구적법이라 한다. 입체의 부피를 구할 때에도 같은 방법으로 작은 입체로 나눈 후 부피의 합의 근삿값의 극한으로 입체의 부피를 구한다.

(2) 정적분의 정의

  위 정의에서 도형대신 함수 $y = f(x)$와 구간 $[a,b]$를 주면, $y = f(x)$와 x축 및 두 직선 $x = a, x = b$ 로 둘러싸인 도형의 넓이를 구분구적법을 이용해서 구할 수 있고, 이 때의 근삿값에 대한 극한값을 $f(x)$의 a에서 b까지의 정적분이라고 한다. 이것을 수식으로 정의하면, 다음과 같다.

$$\lim_{n \to \infty} \sum_{k=1}^{n} f\left(a + \frac{b-a}{n}k\right)\frac{b-a}{n} = \int_a^b f(x)dx \quad \text{(단, 함수}f(x)\text{는 }[a,b]\text{ 에서 연속)}$$

5. 미적분의 기본정리

  구간 $[a,b]$에서 연속인 함수 $f(x)$의 임의의 부정적분 $F(x)$에 대하여

$$\int_a^b f(x)dx = [F(x)]_a^b = F(b) - F(a)$$

특히 $a \geq b$인 경우, 정적분 $\int_a^b f(x)dx$는 다음과 같이 정의된다.

$a = b$일 때, $\int_a^b f(x)dx = 0$이고 $a > b$일 때, $\int_a^b f(x)dx = -\int_b^a f(x)dx$이다.

따라서 정적분의 기본 정리는 아래끝, 위끝의 대소에 관계없이 항상 성립한다.

예) 다음 정적분을 계산하여라.

(1) $\int_1^2 (x^2 - 3x + 2)dx$ (2) $\int_{-1}^1 x(1-x)^2 dx$

정답 : (1) $-\dfrac{1}{6}$ (2) $-\dfrac{4}{3}$

6. 정적분의 기본 성질 1

함수 $f(x), g(x)$가 구간 $[a,b]$ 에서 연속이고 k는 상수일 때,

(1) $\int_a^b kf(x)dx = k\int_a^b f(x)dx$

(2) $\int_a^b (f(x) \pm g(x))dx = \int_a^b f(x)dx \pm \int_a^b g(x)dx$ (복부호동순)

7. 정적분의 기본 성질 2

임의의 실수 a, b, c를 포함하는 구간에서 함수 $f(x)$가 연속일 때,

$$\int_a^c f(x)dx = \int_a^b f(x)dx + \int_b^c f(x)dx$$

예) 다음 극한값을 구하여라.

$$\lim_{x \to 1} \frac{1}{x-1} \int_1^x (t^3 + 2t^2 - 3t + 1)dt$$

정답 : 1

예) 다음 관계식을 만족하는 함수 $f(x)$를 구하여라.

$$f(x) = x^3 - 3x + \int_0^2 f(t)dt$$

정답 : $f(x) = x^3 - 3x + 2$

8. 적분과 미분과의 관계

함수 $f(t)$의 한 부정적분을 $F(t)$, a를 상수라 할 때,

(1) $\dfrac{d}{dx}\int_a^x f(t)dt = f(x)$ $(a \leq x \leq b)$ (a는 상수)

(2) $\dfrac{d}{dx}\int_x^{x+a} f(t)dt = f(x+a) - f(x)$ (a는 상수)

(3) $\dfrac{d}{dx}\int_a^{g(x)} f(t)dt = f(g(x))g'(x)$ (a는 상수)

예) 다음 함수 $f(x)$의 도함수를 구하시오.
$$f(x) = \int_{x}^{x+2} (3t^2 + 4t)dt$$

정답 : $f'(x) = 12x + 20$

예) 다음 등식을 만족하는 함수 $f(x)$의 도함수를 구하시오.
$$\int_{a}^{2x-1} f(t)dt = x^2 - 2x$$

정답 : $f'(x) = \dfrac{1}{2}$

9. 정적분과 무한급수

연속함수 $f(x)$ 에 대하여

(1) $\displaystyle\lim_{n \to \infty} \sum_{k=1}^{n} f\left(a + \dfrac{b-a}{n}k\right)\dfrac{b-a}{n} = \int_{a}^{b} f(x)dx$

(2) $\displaystyle\lim_{n \to \infty} \sum_{k=1}^{n} f\left(a + \dfrac{pk}{n}\right)\dfrac{p}{n} = \int_{a}^{a+p} f(x)dx = \int_{0}^{p} f(a+x)dx = \int_{0}^{1} p \cdot f(a+px)dx$

보충) 일반적으로, 무한급수를 정적분으로 바꿀 때는

① 적분구간은 $[0,1]$로 ② $\dfrac{k}{n} \Rightarrow x$로 ③ $\dfrac{1}{n} \Rightarrow dx$로 교환하는 방법을 사용한다.

단, $\sum$의 범위가 $k=1$에서 $k=2n$이면 적분구간이 $[0,2]$가 된다.

예) 다음 극한값을 구하시오.
$$\lim_{n \to \infty} \dfrac{1}{n^5} \sum_{k=1}^{2n} (k+n)^4$$

정답 : $\dfrac{242}{5}$

핵심요약<적분과 미분의 관계>

$$\frac{d}{dx}\int_a^{g(x)} f(t)dt = f(g(x))g'(x) \quad (a\text{는 상수})$$

필수예제10-2) 실수에서 정의되는 연속함수 $f(x)$가 모든 실수 t에 대하여

$$3\int_0^{4t} xf(x)dx = 8t^4$$ 을 만족할 때, $9f(2)$의 값을 구하시오.

(KAA 19)

① 0.5 ② 1.5 ③ 2.5 ④ 3.5

해설) ②

$xf(x) = g(x)$라 놓고, 주어진 식의 양변을 t에 대해 미분한다.

그러면 $3g(4t) \times 4 = 32t^3$이다.

여기에 다시 환원하여 식을 나타낸 뒤, $f(4t)$를 유도한다.

$3 \times 4tf(4t) \times 4 = 32t^3, f(4t) = \frac{2}{3}t^2 \cdots \text{㉠}$

㉠식에 $t = \frac{1}{2}$을 대입하면 $f(2) = \frac{2}{3} \times \frac{1}{4} = \frac{1}{6}$이므로 $9f(2) = 1.5$이다.

유제10-3) 함수 $f(x)$가 $\int_1^x f(t)dt = axe^x + e$를 만족할 때, $f(1)$의 값은? (단, a는 상수, e는 자연로그의 밑수이다.)(KAA 04)

① $-2e$ ② $-e$ ③ e ④ $2e$

유제10-4) 함수 $f(x) = \int_1^x (t^2 - 2t)dt$에 대하여 $\lim_{h \to 0} \frac{f(2+h) - f(2)}{h}$의 값은?

(KAA 04)

① 0 ② 2 ③ 3 ④ 4

유제10-5) 임의의 실수 x에 대하여 함수 $f(x)$가

$\int_a^x f(t)dt = x^2 - (a+1)x + 4$를 만족할 때, $f(2)$의 값은? (단, a는 상수)

(KAA 03)

① -1 ② 1 ③ -2 ④ 2

핵심요약<정적분과 무한급수>

$$\lim_{n\to\infty}\sum_{k=1}^{n}f\left(a+\frac{(b-a)k}{n}\right)\cdot\frac{b-a}{n}=\int_{a}^{b}f(x)dx$$

필수예제10-3) $N_n=\dfrac{(n+1)^2}{n^3}+\dfrac{(n+2)^2}{n^3}+\cdots+\dfrac{(2n)^2}{n^3}$ 라고 정의될 때, 정적분을 이용하여 $\lim\limits_{n\to\infty}N_n$의 값을 구하면?(KAA 02)

① $\dfrac{1}{4}$ ② $\dfrac{7}{3}$ ③ $\dfrac{2}{3}$ ④ 0

해설) ②

$$N_n=\frac{(n+1)^2}{n^3}+\frac{(n+2)^2}{n^3}+\cdots+\frac{(2n)^2}{n^3}=\sum_{k=1}^{n}\frac{\left(1+\frac{k}{n}\right)^2}{n} \text{ 이므로}$$

$$\lim_{n\to\infty}\sum_{k=1}^{n}\left(1+\frac{k}{n}\right)^2\frac{1}{n}=\int_{1}^{2}x^2 dx=\left[\frac{1}{3}x^3\right]_{1}^{2}=\frac{8}{3}-\frac{1}{3}=\frac{7}{3}$$

유제10-6) $\lim\limits_{n\to\infty}\dfrac{4}{n}\left\{\left(1+\dfrac{1}{n}\right)^3+\left(1+\dfrac{2}{n}\right)^3+\cdots+\left(1+\dfrac{n}{n}\right)^3\right\}$ 의 값을 구하여라.

유제10-7) 함수 $f(x)=x^2$에 대하여 $\lim\limits_{n\to\infty}\dfrac{1}{n}\left\{f\left(\dfrac{2}{n}\right)+f\left(\dfrac{4}{n}\right)+\cdots+f\left(\dfrac{2n}{n}\right)\right\}$ 의 값을 구하여라.

10. 삼각함수의 부정적분

(1) $\int \sin x \, dx = -\cos x + C$ (2) $\int \cos x \, dx = \sin x + C$

(3) $\int \sec^2 x \, dx = \tan x + C$ (4) $\int \csc^2 x \, dx = -\cot x + C$

(5) $\int \sec x \tan x \, dx = \sec x + C$ (6) $\int \csc x \cot x \, dx = -\csc x + C$

11. 지수함수의 부정적분

(1) $\int e^x \, dx = e^x + C$

(2) $\int a^x \, dx = \dfrac{1}{\ln a} a^x + C$ (단, $a > 0$, $a \neq 1$, C 는 적분 상수)

예) 다음 부정적분을 구하라.

(1) $\int \tan^2 x \, dx$ (2) $\int (2e^x + 3^x) \, dx$

정답 : (1) $\tan x - x + C$ (2) $2e^x + \dfrac{3^x}{\ln 3} + C$

12. 치환적분법

피적분함수의 변수를 다른 변수로 바꾸어 적분하는 방법을 치환적분법이라 한다.

(1) $g(x) = t$ 라 할 때, $\int f(g(x)) g'(x) \, dt = \int f(t) \dfrac{dx}{dt} dt = \int f(x) \, dx$

(2) $\int f(x) \, dx = F(x) + c$ 이면 $\int f(ax+b) \, dx = \dfrac{1}{a} F(ax+b) + C$ (단, $a \neq 0$)

(3) $\int \dfrac{f'(x)}{f(x)} \, dx = \ln|f(x)| + C$

(4) 정적분의 치환적분법

$x = g(t)$ 가 미분가능하고 $a = g(\alpha), b = g(\beta)$ 이면

$$\int_a^b f(x) \, dx = \int_\alpha^\beta f(g(t)) g'(t) \, dt$$

보충) 일반적으로 주어진 식에 어느 한 부분을 미분한 결과가 그 식에 포함되어있으면 치환적분을 이용한다.

예) 다음 부정적분을 구하라.

(1) $\int (2x-3)^5 dx$ (2) $\int e^x(e^x+2)^2 dx$

정답 : (1) $\frac{1}{12}(2x-3)^6 + C$ (2) $\frac{1}{3}(e^x+2)^3 + C$

(5) 삼각치환 적분법

① 피적분함수가 $\sqrt{a^2-x^2}, \frac{1}{\sqrt{a^2-x^2}}(a>0)$인 경우

$x = a\sin\theta \; (-\frac{\pi}{2} \le \theta \le \frac{\pi}{2})$ 로 치환 ⇒ $\sin^2\theta + \cos^2\theta = 1$을 이용

② 피적분함수가 $\sqrt{x^2+a^2}, \frac{1}{x^2+a^2}(a>0)$인 경우

$x = a\tan\theta \; (-\frac{\pi}{2} < \theta < \frac{\pi}{2})$ 로 치환 ⇒ $\tan^2\theta + 1 = \sec^2\theta$를 이용

예) 다음 부정적분을 구하라.

(1) $\int_0^2 \sqrt{4-x^2}\,dx$ (2) $\int_0^2 \frac{1}{x^2+4}\,dx$

정답 : (1) π (2) $\frac{\pi}{8}$

13. 부분적분법

(1) 부분적분법

$$\int f(x)g'(x)dx = f(x)g(x) - \int f'(x)g(x)dx$$

(2) 정적분의 부분적분법

$$\int_a^b f(x)g'(x)dx = [f(x)g(x)]_a^b - \int_a^b f'(x)g(x)dx$$

예) $\int xe^x dx$ 을 구하시오.

정답 : $xe^x - e^x + C$

14. 인수분해법

유리함수(분수함수)는 일반적으로 치환적분을 이용하지만 치환적분으로 해결되지 않을 때는 분자를 분모로 나누거나 인수분해법을 이용한다.

예) 다음 부정적분을 구하라.

(1) $\int \dfrac{x^2+1}{x+1} dx$ (2) $\int \dfrac{3}{x^2+x-2} dx$

정답 : (1) $\dfrac{1}{2}x^2 - x + 2\ln|x+1| + C$ (2) $\ln\dfrac{|x-1|}{|x+2|} + C$

핵심요약<치환적분법>

$g(x) = t$ 라 할 때, $\int f(g(x))g'(x)dt = \int f(t)\dfrac{dx}{dt}dt = \int f(x)dx$

필수예제10-4) $\int_0^2 f(x)dx = 3$ 이고, $\int_2^4 f(x)dx = 5$ 일 때, $\int_0^2 f(2x)dx$의 값은?

(KAA 05)

① 8　　　　② 3　　　　③ 4　　　　④ 6

해설) ③

$2x = t$로 치환하면 $2dx = dt$이므로

$\int_0^2 f(2x)dx = \int_0^4 f(t)\left(\dfrac{1}{2}dt\right) = \dfrac{1}{2}\times\left(\int_0^2 f(t)dt + \int_2^4 f(t)dt\right) = \dfrac{1}{2}\times(3+5) = 4$

유제10-8) 함수 $f(x) = \int (2x+1)(x^2+x-1)^5 dx$에 대하여 $f(0) = 1$일 때, $f(1)$의 값은?

① 1　　　　② 2　　　　③ 3　　　　④ 4

유제10-9) $\int_0^\pi \sin x \cos^2 x\, dx$를 구하여라.

핵심요약<부분적분법>

$$\int f(x)g'(x)dx = f(x)g(x) - \int f'(x)g(x)dx$$

필수예제10-5) $\int x^2 e^{2x} dx$의 값은?($KAA\ 06$)

① $\dfrac{1}{2}x^2 e^{2x} + \dfrac{1}{2}xe^{2x} + e^{2x} + C$

② $\dfrac{1}{2}x^2 e^{2x} - \dfrac{1}{2}xe^{2x} + \dfrac{1}{4}e^{2x} + C$

③ $2x^2 e^{2x} - \dfrac{1}{2}xe^{2x} + e^{2x} + C$

④ $2x^2 e^{2x} + \dfrac{1}{2}xe^{2x} + \dfrac{1}{4}e^{2x} + C$

해설) ②

$$\int x^2 e^{2x} dx = \frac{e^{2x}}{2}x^2 - \int \frac{e^{2x}}{2}2x\,dx$$
$$= \frac{e^{2x}}{2}x^2 - \left\{\frac{e^{2x}}{2\times 2}2x - \int \frac{e^{2x}}{2\times 2}2\,dx\right\}$$
$$= \frac{x^2 e^{2x}}{2} - \left\{\frac{xe^{2x}}{2} - \frac{e^{2x}}{2\times 2}\right\} + C$$

유제10-10) $\int x\cos 2x\,dx = ax\sin 2x + b\cos 2x + C$일 때, 상수 $a,\ b$에 대하여 $\dfrac{a}{b}$의 값은?(단, C는 적분상수이다.)

① -2 ② $-\dfrac{1}{2}$ ③ $\dfrac{1}{2}$ ④ 2

유제10-11) 정적분 $\int_1^e (\ln x)^2 dx$의 값이 $pe+q$일 때, 정수 p,q의 곱 pq의 값은?

핵심요약<정적분과 미분>

$$f(x) = x^2 + \int_0^1 (1-t)^5 f'(t)dt$$

위와 같은 문제에서 뒤에 정적분을 상수 k로 두고 푼다.

필수예제10-6) 다음 함수 $f(x)$가 $f(x) = x^2 + \int_0^1 (1-t)^5 f'(t)dt$를 만족할 때,

$\int_0^1 (1-t)^5 f'(t)dt$의 값을 구하시오. (KAA 01)

① $\dfrac{1}{20}$ ② $\dfrac{1}{21}$ ③ $\dfrac{1}{22}$ ④ $\dfrac{1}{23}$

해설) 정답 ②

$\int_0^1 (1-t)^5 f'(t)dt$ 는 정적분 값이므로 상수이다.

$\int_0^1 (1-t)^5 f'(t)dt = p$라 하면

$f(x) = x^2 + p$ 이고, $f'(x) = 2x$이다.

따라서

$$p = \int_0^1 (1-t)^5 2t\, dt = \int_1^0 x^5 (2)(1-x)(-dx) = 2\int_0^1 (x^5 - x^6)dx = \frac{1}{21}$$

유제10-12) 함수 $f(x) = x^2 - x + \int_0^3 f(y)dy$ 라고 정의될 때, $\int_0^3 f(y)dy$의 값은?

(KAA 02)

① 3 ② $\dfrac{10}{3}$ ③ $-\dfrac{9}{4}$ ④ -2

유제10-13) 다항함수 $f(x)$가 모든 실수 x에 대하여

$$x^2 f(x) = 2x^6 - x^4 + 2\int_1^x tf(t)dt$$를 만족할 때, $f(2)$의 값을 구하여라.

15. 넓이와 적분

(1) 구간 $[a,b]$에서 x축과 곡선 $y=f(x)$ 사이의 넓이

$$S=\int_a^b |f(x)|dx$$

(2) 구간 $[a,b]$에서 y축과 곡선 $x=g(y)$ 사이의 넓이

$$S=\int_a^b |g(y)|dy$$

(3) 구간 $[a,b]$에서 두 곡선 $y=f(x)$, $y=g(x)$ 사이의 넓이

$$S=\int_a^b |f(x)-g(x)|dx$$

예) 다음 곡선과 x축으로 둘러싸인 도형의 넓이를 구하여라.
  (1) $y=x^2-4x+3$ (2) $y=x^2(x-3)$

정답 : (1) $\dfrac{4}{3}$ (2) $\dfrac{27}{4}$

예) 다음 두 곡선으로 둘러싸인 도형의 넓이를 구하여라.

$$y=x+1, \quad y=x^2-1$$

정답 : $\dfrac{9}{2}$

16. 부피와 적분

(1) 구간 $[a,b]$에서 곡선 $y=f(x)$를 x축 둘레로 회전시킨 회전체의 부피

$$V=\pi\int_a^b \{f(x)\}^2 dx$$

(2) 구간 $[a,b]$에서 곡선 $x=g(y)$를 y축 둘레로 회전시킨 회전체의 부피

$$V=\pi\int_a^b \{g(y)\}^2 dy$$

(3) 단면의 넓이가 주어진 경우의 입체의 부피

$$V=\int_a^b S(x)dy$$

예) 포물선 $y = 1 - x^2$과 x축으로 둘러싸인 도형이 있다.
  (1) 이 도형을 x축 둘레로 회전시킨 입체의 부피 V_x를 구하여라.
  (2) 이 도형을 y축 둘레로 회전시킨 입체의 부피 V_y를 구하여라.

정답 : (1) $\dfrac{16}{15}\pi$ (2) $\dfrac{\pi}{2}$

예) 다음 두 곡선으로 둘러싸인 부분을 x축 둘레로 회전시킨 입체의 부피를 구하여라.

$$y = x + 2, \quad y = 4 - x^2$$

정답 : $\dfrac{108}{5}\pi$

예) 원 $(x-4)^2 + (y-2)^2 = 1$을 y축 둘레로 회전시킨 입체의 부피를 구하여라.

정답 : $8\pi^2$

핵심요약<넓이와 부피>
· 구간 $[a,b]$에서 x축과 곡선 $y=f(x)$사이의 넓이
$$S=\int_a^b |f(x)|dx$$
· x축 회전 부피 : $V=\pi\int_a^b \{f(x)\}^2 dx$

· y축 회전 부피 : $V=\pi\int_a^b \{g(y)\}^2 dy$

필수예제10-7) 실수 전체의 집합에서 정의된 연속함수 $f(x)$가 모든 양수 x에 대하여 다음 식을 만족한다.
$$\int_0^x (x-t)\{f(t)\}^2 dt = 12x^2 + 24x + 5$$
곡선 $y=f(x)$와 직선 $x=1$, x축 및 y축으로 둘러싸인 도형을 x축의 둘레로 회전 생기는 회전체의 부피를 $a\pi$라 할 때, a의 값을 구하시오. (KAA 19)

① 36　　　　② 40　　　　③ 44　　　　④ 48

해설) ④

$x\int_0^x \{f(t)\}^2 dt - \int_0^x t\{f(t)\}^2 dt = 12x^2 + 24x + 5$의 양변을 x에 대해 미분하면,

$\int_0^x \{f(t)\}^2 dt + x\{f(x)\}^2 - x\{f(x)\}^2 = 24x + 24$이다.

$\int_0^x \{f(t)\}^2 dt = 24x + 24$이므로 회전체 부피 $\pi\int_0^x \{f(t)\}^2 dt = \pi(24x+24)$에서

$\pi\int_0^1 \{f(t)\}^2 dt = \pi(24+24) = 48\pi$이다. 즉 $a=48$.

유제10-14) 곡선($y=x^2$)과 직선($y=x$)으로 둘러싸인 부분을 $y=2$를 축으로 하여 회전시킨 입체의 부피는?(KAA 06)

① $\dfrac{8}{15}\pi$　　　② $\dfrac{2}{15}\pi$　　　③ $\dfrac{4}{15}\pi$　　　④ $\dfrac{6}{15}\pi$

유제10-15) 곡선 $y=\ln x$와 x축, y축 및 직선 $y=3$으로 둘러싸인 도형을 y축을 회전축으로 하여 회전시킬 때, 생기는 회전체의 부피를 구하여라.

11. 중적분

1. 중적분

평면상의 영역 D에서 정의된 이변수 함수 $f(x,y)$에서

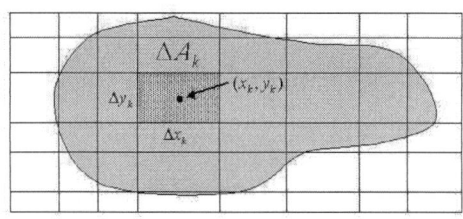

xy평면과 곡면 $z = f(x,y)$에 의해서 둘러싸인 입체의 부피를 V는 다음과 같다.

$$V = \iint_D f(x,y)\,dx\,dy$$

한편, D 위에서 함수 $f(x,y) = 1$의 중적분은 D의 넓이이다.

즉, (D의 넓이) $= \iint_D dx\,dy$ 이다.

2. 중적분의 계산

이변수 함수 $f(x,y)$는 y를 상수로 보면 x에 관한 일변수함수가 된다.

이것의 x에 관한 정적분 $\int_a^b f(x,y)\,dx$는 y에 관한 함수가 된다.

이것의 y에 관한 정적분 $\int_c^d \left\{ \int_a^b f(x,y)\,dx \right\} dy$를 다음과 같이 나타낸다.

$$\int_c^d \int_a^b f(x,y)\,dx\,dy$$

이와 같은 표현을 중적분(반복적분)이라 한다.

예) 다음 중적분을 구하여라.

(1) $\int_1^2 \int_0^3 (1 + 8xy)\,dx\,dy$ (2) $\int_0^1 \int_{x^2}^x xy^2\,dy\,dx$

(3) $\int_0^1 \int_0^{\frac{\pi}{2}} r\cos\theta\,d\theta\,dr$

정답 : (1) 57 (2) $\dfrac{1}{40}$ (3) $\dfrac{1}{2}$

예) 적분구간이 $D = \{(x,y) | 0 \leq x \leq 1, 0 \leq y \leq 1\}$일 때, 다음 중적분을 구하여라.

(1) $\iint_D x^3 \, dx \, dy$ (2) $\iint_D x^3 \, dy \, dx$

정답 : (1) $\dfrac{1}{4}$ (2) $\dfrac{1}{4}$

(1) 적분 영역이 함수로 주어질 때
① D가 $a \leq x \leq b$, $g_1(x) \leq y \leq g_2(x)$에 의하여 정의된 영역으로,
 $g_1(x)$와 $g_2(x)$가 $a \leq x \leq b$에서 연속이면
$$\iint_D f(x,y) \, dx \, dy = \int_a^b \int_{g_1(x)}^{g_2(x)} f(x,y) \, dy \, dx$$
② D가 $h_1(y) \leq x \leq h_2(y)$, $c \leq y \leq d$에 의하여 정의된 영역으로,
 $h_1(y)$와 $h_2(y)$가 $c \leq y \leq d$에서 연속이면
$$\iint_D f(x,y) \, dx \, dy = \int_c^d \int_{h_1(y)}^{h_2(y)} f(x,y) \, dx \, dy$$

예) $D = \{(x,y) | 0 \leq x \leq 2, 0 \leq y \leq \sqrt{x}\}$일 때, 다음을 구하여라.

(1) $\iint_D x^2 y \, dx \, dy$ (2) $\iint_D y^3 \, dx \, dy$

정답 : (1) 2 (2) $\dfrac{2}{3}$

(2) 주어진 순서대로 적분이 불가능할 때
함수 $\omega = f(x,y)$가
$D = \{(x,y) | a \leq x \leq b, g_1(x) \leq y \leq g_2(x)\}$에서
$D = \{(x,y) | h_1(y) \leq x \leq h_2(y), c \leq y \leq d\}$와 같이 나타낼 수 있다면
$$\int_a^b \int_{g_1(x)}^{g_2(x)} f(x,y) \, dy \, dx = \iint_D f(x,y) \, dx \, dy = \int_c^d \int_{h_1(x)}^{h_2(x)} f(x,y) \, dx \, dy$$
임을 이용하여 중적분의 순서를 바꾸어 계산할 수 있다.

예) 다음 적분의 순서를 바꾸어 구하여라.

(1) $\int_0^9 \int_{\sqrt{y}}^3 \sin \pi x^3 \, dx \, dy$ (2) $\int_0^a \int_0^{\sqrt{a^2-x^2}} \sqrt{a^2-y^2} \, dy \, dx$

정답 : (1) $\dfrac{2}{3\pi}$ (2) $\dfrac{2}{3}a^3$

핵심요약<이중적분(반복적분)>
· 적분을 반복해서 하는 적분
$$\int_c^d \int_a^b f(x,y)\,dx\,dy$$
· x, y에 대하여 차례대로 계산한다.

필수예제11-1) $\int_0^3 \int_0^1 \sqrt{x+y}\,dx\,dy$의 값은?(KAA 08)

① $\dfrac{4}{15}(32+9\sqrt{3})$ ② $\dfrac{4}{15}(32-9\sqrt{3})$

③ $\dfrac{4}{15}(31+9\sqrt{3})$ ④ $\dfrac{4}{15}(31-9\sqrt{3})$

해설) ④

$$\int_0^3 \int_0^1 \sqrt{x+y}\,dx\,dy = \int_0^3 \left[\frac{(x+y)^{3/2}}{3/2}\right]_0^1 dy$$
$$= \int_0^3 \frac{(1+y)^{3/2}-(y)^{3/2}}{3/2}\,dy = \frac{2}{3}\left[\frac{(1+y)^{5/2}}{5/2} - \frac{y^{5/2}}{5/2}\right]_0^3$$
$$= \frac{2}{3} \times \frac{2}{5}\left[4^{5/2} - 3^{5/2} - 1 + 0\right] = \frac{4}{15}(31-9\sqrt{3})$$

유제11-1) R은 xy좌표에 정의된 영역으로 값은 2이다. $\iint_R f(x,y)dA = 6$ 이다. $\iint_R \{4f(x,y)-2\}dA$의 값을 구하시오.(SOA 2001)

① 12 ② 18 ③ 20 ④ 22

유제11-2) $\int_1^{\ln 2} \int_0^{3y} e^{x+y}\,dx\,dy$ 의 값을 얼마인가?(KAA 01)

① $4-\dfrac{1}{2}e^4+e$ ② $\dfrac{1}{4}e^4+e^2$ ③ $3+\dfrac{1}{4}e^4-e$ ④ $2-\dfrac{1}{4}e^4+e$

유제11-3) $\int_{-1}^1 \int_0^x xy\,dy\,dx$ 의 값을 얼마인가?(KAA 00)

① -1 ② $-\dfrac{1}{2}$ ③ 0 ④ $\dfrac{1}{2}$

핵심요약<이중적분 순서 바꾸기>
주어진 순서대로 적분이 불가능할 때,
$$\int_a^b \int_{g_1(x)}^{g_2(x)} f(x,y)\,dy\,dx = \iint_D f(x,y)\,dxdy = \int_c^d \int_{h_1(x)}^{h_2(x)} f(x,y)\,dx\,dy$$
임을 이용하여 중적분의 순서를 바꾸어 계산할 수 있다.

필수예제11-2) $\int_0^1 \int_{\sqrt{x}}^1 \sqrt{1+y^3}\,dy\,dx$ 의 값을 얼마인가?$(KAA\ 00)$

① $\dfrac{2}{9}(2\sqrt{2}-1)$ ② $\dfrac{2}{9}(2\sqrt{2}+1)$ ③ $\dfrac{1}{9}(2\sqrt{2}-1)$ ④ $\dfrac{1}{9}(2\sqrt{2}+1)$

해설) ①

$$\int_0^1 \int_{\sqrt{x}}^1 \sqrt{1+y^3}\,dy\,dx = \int_0^1 \int_0^{y^2} \sqrt{1+y^3}\,dx\,dy = \int_0^1 (\sqrt{1+y^3})y^2\,dy \text{ 에서}$$

$1+y^3 = t$ 일 때, (준식) $= \int_1^2 t^{\frac{1}{2}}(\dfrac{1}{3}dt) = \dfrac{2}{9}(\dfrac{t^2}{2})^2 = \dfrac{2}{9}(2\sqrt{2}-1)$ 이다.

유제11-4) 영역 $R = [1,2] \times [0, \dfrac{\pi}{2}]$에서 이중적분 $\iint_R y\sin(xy)\,dxdy$ 을 계산하시오.

유제11-5) 영역 $R = \{(x,y) | 0 \le x \le 2, 1 \le y \le 2\}$에서 이중적분 $\iint_R (3y^2 - x)dA$를 계산하시오.

보험계리사 일반수학
(미적분 및 확률통계)

part 2
미적분 모의고사

MIRAE Insurance Education Service

모의고사 #1

1. 함수 $f(x)$가 $f(x) = x^3 - 3x + \int_0^2 f(t)dt$를 만족시킨다. $f'(1) + f(1)$을 구하면?

   ① -5 ② 0 ③ 2 ④ 3

2. 어느 열차가 A역을 출발하여 B역에 도착하는데, 그 사이의 속도를 측정하였더니 다음 그림과 같았다. A역과 B역 사이의 거리를 구하면?

   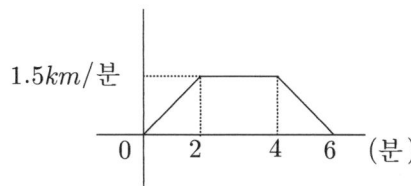

   ① $3km$ ② $6km$ ③ $9km$ ④ $12km$

3. $\lim_{x \to 1} \dfrac{x^3 + ax + 2}{(x-1)^2} = b$를 만족하는 상수 a, b에 대하여 $a+b$의 값을 구하시오.

   ① 0 ② 1 ③ 2 ④ $\dfrac{3}{2}$

4. 삼차방정식 $x^3 + 5x^2 + 3x + 7 = 0$의 세근이 α, β, γ일 때, 다음 분수방정식은 두 개의 근을 갖는다. 두 근의 합을 구하면?

   $$\dfrac{1}{x-\alpha} + \dfrac{1}{x-\beta} + \dfrac{1}{x-\gamma} = 0$$

   ① $-\dfrac{10}{3}$ ② -3 ③ $-\dfrac{1}{3}$ ④ $\dfrac{10}{3}$

5. 삼차방정식 $x^3 = 1$의 한 허근을 ω라 할 때, $1 + \omega + \omega^2 + \omega^3 + \cdots + \omega^{30}$의 값을 구하면?

① -1 ② 0 ③ 1 ④ 2

6. $\lim_{n \to \infty} \sqrt{n}(\sqrt{(n+1)} - \sqrt{(n-1)})$의 극한값은?

① 1 ② 2 ③ 3 ④ 4

7. 2차 방정식 $x^2 - \sqrt{a_n}\, x + (a_{n+1} - 1) = 0$이 모든 자연수 n에 대하여 중근을 가질 때, $\lim_{n \to \infty} a_n$의 값은? (단, $a_1 = 2$)

① $\dfrac{4}{3}$ ② 1 ③ $\dfrac{2}{3}$ ④ $\dfrac{1}{2}$

8. 함수 $f(x) = \dfrac{x^2 + x - 1}{x^2 - x + 1}$의 최댓값과 최솟값의 곱을 구하시오.

① $-\dfrac{5}{3}$ ② 0 ③ 2 ④ $\dfrac{5}{3}$

9. 바로 위로 던진 물체의 t초 후의 높이를 S라 할 때, $S = 15t - 5t^2$으로 나타내어진다고 한다. 처음속도를 a라 하고, b초 후 최고 높이에 도달한다고 한다. $a + b$를 구하면?

① 16.5 ② 17 ③ 17.5 ④ 18

10. 공비가 r인 등비수열 $\{a_n\}$의 첫째항부터 제n항까지의 합 S_n에 대하여 $\dfrac{S_{3n}}{S_n} = 7$일 때, $\dfrac{S_{2n}}{S_n}$의 값을 구하시오. (단, $r > 1$)

① 1.5 ② 2 ③ 3 ④ 4.5

모의고사 #2

1. 직선 $y = x - 2$ 과, 곡선 $y^2 + 2y = x$ 로 둘러싸인 도형의 넓이 S를 구하시오.
① 3   ② 3.5   ③ 4   ④ 4.5

2. $2^x = 3^y = 6^z$ 일 때, $\dfrac{(x+y)z}{xy}$ 의 값을 구하시오. 단, $xy \neq 0$ 이다.
① -1   ② 0   ③ 1   ④ 2

3. $f(x) = |x-2| - 5,\ g(x) = x^2 + 6x + 8$ 인 두 함수 $f(x), g(x)$ 가 있다. $0 \leq x \leq 5$ 일 때, $y = g(f(x))$ 의 최댓값과 최솟값의 합을 구하시오.
① 1.4   ② 2   ③ 2.4   ④ 3.5

4. 수열 $\{a_n\}$ 의 첫째항부터 제n항까지의 합을 S_n 이라고 하면, $\log_2(S_n + k) = n + 1$ 을 만족시킨다. 이때 수열 $\{a_n\}$ 이 첫째항부터 등비수열을 이루도록 하는 상수 k 의 값은 얼마인가?
① 3   ② 3.2   ③ 2.6   ④ 2

5. 다음의 등식
$$1 + \frac{1}{2} \cdot (1+2) + \frac{1}{3} \cdot (1+2+3) + \cdots + \frac{1}{2010} \cdot (1+2+3+\cdots+2010) = 1005a$$
가 성립하도록 하는 상수 a 의 값은?
① $\dfrac{2009}{2}$ ② 1005   ③ $\dfrac{2011}{2}$ ④ $\dfrac{2013}{2}$

6. 함수 $f(x) = \begin{cases} x^3 + ax^2 + 1 & (x \geq 1) \\ bx - 2 & (x < 1) \end{cases}$ 이 모든 실수 x에 대하여 미분 가능할 때, 두 상수 a, b의 합 $a+b$의 값은?

① 5   ② 6   ③ -5   ④ -6

7. $\lim_{x \to 1} \dfrac{1}{x-1} \int_1^x (t^5 + t^4 + t^3 + t^2 + t + 1) dt$ 의 값은?

① 6   ② $\dfrac{3}{2}$ ③ 3   ④ 1

8. 두 곡선 $y = e^{x+a}$과 $y = \sqrt{2x+3}$이 서로 접할 때, 곡선 $y = e^{x+a}$ 위의 $x = 0$인 점에서의 접선의 방정식은 $y = mx + n$이다. 이 때, 두 상수 m, n의 합 $m+n$의 값은?

① $\dfrac{1}{e}$ ② $\dfrac{2}{e}$ ③ e ④ $2e$

9. 두 함수 $f(x) = \dfrac{1}{2}x - 1$, $g(x) = 2x + a$에 대하여 $(g \circ f)^{-1} = g^{-1} \circ f^{-1}$가 성립할 때, 상수 a의 값은?

① -3   ② -2   ③ 2   ④ 3

10. 함수 $f(x) = \displaystyle\int \dfrac{x^3 + 2x}{x^2 + x + 1} dx$에 대하여 $f(-1) = 0$일 때, $f(0)$의 값은?

① $-\dfrac{3}{2}$ ② $-\ln 2$ ③ 0   ④ $\ln 2$

모의고사 #3

1. $x>0$일 때, $\sqrt{x}$의 정수 부분을 $f(x)$라 할 때, $\sum_{n=1}^{100}\{f(n)+[\log n]\}$의 값은?
(단, $[x]$는 x보다 크지 않은 최대 정수이다.)
① 698 ② 702 ③ 708 ④ 713 ⑤ 717

2. $\sum_{k=1}^{n}a_k=2n^2+n$일 때, $\sum_{k=1}^{10}\dfrac{1}{a_k a_{k+1}}=\dfrac{q}{p}$이다. 서로소인 자연수 p, q에 대하여 $p+q$의 값은?
① 139 ② 142 ③ 145 ④ 148 ⑤ 151

3. 함수 $f(x)=\dfrac{x}{x-3}$의 역함수를 $g(x)$라 하자. 부등식 $f(x)+g(x)<f(x+2)$의 해가 $\alpha<x<\beta$일 때, $(\alpha+\beta)^2$의 값은?
① 10 ② 15 ③ 20 ④ 25 ⑤ 30

4. x에 대한 삼차방정식 $x^3-7x^2+14x+a=0$의 세 근 중에서 어떤 두 근의 비가 $1:2$일 때, 실수 a의 값은?
① -10 ② -8 ③ -6 ④ -4 ⑤ -2

5. 미분 가능한 함수 $f(x)$의 도함수 $f'(x)$에 대하여 $\lim_{x\to\infty}f'(x)=3$일 때, $\lim_{x\to\infty}\{f(x+2)-f(x)\}$의 값은?
① $\dfrac{1}{3}$ ② $\dfrac{1}{2}$ ③ 1 ④ 3 ⑤ 6

6. 함수 $f(x)$가 모든 실수 x, y에 대하여
$f(x+y) = f(x) + f(y) + 2xy - 1$을 만족하고 $f'(1) = 1$일 때, $f'(0)$의 값은?
① -1 ② -2 ③ -3 ④ 1 ⑤ 2

7. $\lim_{x \to 0} \dfrac{a\sin 2x + b\sin x}{x^3} = 2$를 만족하는 상수 a, b에 대하여 $a+b$의 값은?
① -6 ② -2 ③ -1 ④ 2 ⑤ 4

8. 함수 $f(x) = \begin{cases} \dfrac{x^3 + ax^2 - x - 2}{\tan(x^2 - 1)} & (x \neq 1) \\ b & (x = 1) \end{cases}$ 가 $x = 1$에서 연속이 되도록 하는 상수 a, b의 합 $a+b$의 값은?
① 2 ② 3 ③ 4 ④ 5 ⑤ 6

9. $f(n) = \int_1^n (4x+2)dx$일 때, $\sum_{n=1}^{\infty} \dfrac{1}{f(n)+4}$의 값은?
① $\dfrac{1}{3}$ ② $\dfrac{1}{2}$ ③ 1 ④ 2 ⑤ 3

10. 다항함수 $f(x)$에 대하여 $f(x) + x^2 + \int_1^x f(t)dt$가 $(x-1)^2$으로 나누어 떨어질 때, $f'(x)$를 $x-1$로 나눈 나머지는?
① -4 ② -1 ③ 1 ④ 4 ⑤ 7

모의고사 #4

1. $\sum_{k=1}^{n}(n-k)^2(n+4k) - \sum_{k=1}^{n}(n^2-k^2)(n-4k)$ 를 간단히 하면?
   ① n^4
   ② $n^3(n+1)$
   ③ $n^2(n-1)(n+1)$
   ④ $n^2(n+1)(n+2)$
   ⑤ $n(n-1)(n+1)(n+2)$

2. $f(x) = \sqrt{2x+1+\sqrt{4x^2+4x}}$ 일 때, $\sum_{k=1}^{63}\dfrac{1}{f(k)}$ 의 값은?
   ① 6   ② 7   ③ 8   ④ 9   ⑤ 10

3. 분수방정식 $\dfrac{1}{10}\sum_{n=1}^{10}\dfrac{1}{(x-n)(x-n-1)} = -\dfrac{1}{3}$ 을 만족하는 해집합을 A라 할 때, 집합 A의 모든 원소의 곱은?
   ① 11   ② 12   ③ 13   ④ 14   ⑤ 15

4. 무리방정식 $\sqrt{1+2\cos x} = \sin x$의 모든 근의 합은? (단, $-\pi < x < \pi$)
   ① 0   ② $\dfrac{\pi}{4}$ ③ $\dfrac{\pi}{2}$ ④ π ⑤ $\dfrac{3}{2}\pi$

5. $0 < x < \dfrac{\pi}{2}$ 에서 정의된 함수 $f(x) = \ln(\sin x)$에 대하여 $f'(\theta) = \sqrt{e^2-1}$ 일 때, $f(\theta)$의 값은?
   ① -2 ② -1 ③ 1   ④ 2   ⑤ 3

6. 두 함수 $f(x)=x^2+1$, $g(x)=2^{x^2+1}$에 대하여 $y=f(x)g(x)$의 $x=1$에서의 미분계수는?

① $2+4\ln2$ ② $4+8\ln2$ ③ $6+12\ln2$ ④ $8+16\ln2$ ⑤ $10+20\ln2$

7. 자연수 n에 대하여 $\sqrt{4n^2+3n+1}$의 소수부분을 a_n이라 할 때, $\lim_{n\to\infty} a_n$의 값은?

① 0 ② $\dfrac{1}{4}$ ③ $\dfrac{1}{2}$ ④ $\dfrac{3}{4}$ ⑤ 1

8. 모든 자연수 n에 대하여 수열 $\{a_n\}$이 $3n+1<(2n+1)a_n<3n+5$를 만족시킬 때, $\lim_{n\to\infty} a_n$의 값은?

① $\dfrac{2}{3}$ ② 1 ③ $\dfrac{3}{2}$ ④ 2 ⑤ 3

9. 함수 $f(x)$와 $g(x)$의 그래프가 직선 $y=x$에 대하여 대칭이고 $\int_1^{g(x)} f(t)dt = e^{2x}$일 때, $g'(\ln 2)$의 값은?

① $\dfrac{1}{\ln 4}$ ② $\dfrac{4}{\ln 2}$ ③ $\dfrac{8}{\ln 2}$ ④ $\dfrac{\ln 2}{4}$ ⑤ $\dfrac{\ln 2}{8}$

10. 함수 $f(x)=\displaystyle\int \dfrac{x^3+2x}{x^2+x+1}dx$에 대하여 $f(-1)=0$일 때, $f(0)$의 값은?

① $-\dfrac{3}{2}$ ② $-\ln 2$ ③ 0 ④ $\ln 2$ ⑤ $\dfrac{3}{2}$

보험계리사 일반수학
(미적분 및 확률통계)

part 3
확률통계

MIRAE Insurance Education Service

1. 순열과 조합

1. 합의 법칙

두 사건 A, B에 대하여, 사건 A가 일어날 경우의 수가 m이고, 사건 B가 일어날 경우의 수가 n일 때, 사건 A 또는 B가 일어나는 경우의 수는 $m+n$가지이다.

2. 곱의 법칙

두 사건 A, B에 대하여, 사건 A가 일어날 경우의 수가 m이고, 사건 B가 일어날 경우의 수가 n일 때, 두 사건 A, B가 동시에 일어나는 경우의 수는 mn가지이다.

예) $(a+b+c)(x+y)$를 전개할 때, 항의 개수를 구하여라.   정답 : 6개

예) 1부터 100까지의 정수 중에서
 (1) 2와 5로 나누어지는 정수의 개수를 구하여라.
 (2) 2 또는 5로 나누어지는 정수의 개수를 구하여라.
 (3) 2와 5로 나누어지지 않는 정수의 개수를 구하여라.
   정답 : (1) 10개 (2) 60개 (3) 40개

3. 순열

(1) 서로 다른 n개에서 서로 다른 $r(0 < r \leq n)$개를 택하여 순서를 생각하여 일렬로 나열한 것을 순열이라한다. 이 순열의 수를 기호로 $_nP_r$ 와 같이 나타낸다.

(2) 순열의 계산

① $_nP_r = n(n-1)(n-2)(n-3) \times \cdots \times (n-r+1)$

$ = \dfrac{n(n-1)(n-2) \times \cdots \times (n-r+1)(n-r) \times \cdots \times 1}{(n-r)(n-r-1) \times \cdots \times 1}$

$ = \dfrac{n\,!}{(n-r)\,!}$

② $0\,! \equiv 1,\ _nP_0 \equiv 1$

(3) $n!$ (n계승)

서로 다른 n개의 원소에서 n개 모두를 택한 순열의 수 $_nP_n = n!$ 로 표시한다.

∴ $n! = n(n-1)(n-2)(n-3) \times \cdots \times 1$

예) 다음을 계산하시오
(1) $1, 2, 3, 4, 5$에서 숫자 3개를 뽑아 3자리수를 만드는 방법의 수를 구하여라.
(2) 남학생 3명과 여학생 3명이 한 줄로 설 때, 여학생끼리 서로 이웃하여 서는 경우의 수는 몇 가지인가?

정답 : (1) $_5P_3$, (2) $_4P_4 \times {_3P_3}$

4. 중복순열

(1) 서로 다른 n개에서 중복을 허락하여 r개를 택하여 일렬로 나열하는 것을 중복순열이라 하고, 이 중복순열의 수를 기호로 $_n\Pi_r$와 같이 나타낸다.

(2) 중복순열의 수 $_n\Pi_r$는 곱의 법칙에 의하여 $_n\Pi_r = n^r$이다.

5. 같은 것이 있는 순열

n개 중에서 같은 종류가 각각 $n_1, n_2, n_3, \cdots, n_p$일 때, 이들 n개를 모두 일렬로 늘어놓은 순열의 수는 $\dfrac{n!}{n_1! \times n_2! \times \cdots \times n_p!}$ 이다. (단, $n_1 + n_2 + n_3 + \cdots + n_p = n$이다.)

예) $1, 1, 1, 2, 3, 3, 4$를 모두 일렬로 배열하는 방법의 수는?

정답 : 420

6. 조합

(1) 서로 다른 n개에서 순서를 생각하지 않고 r개를 뽑는 가지 수를 조합이라 하고 이것을 기호로 $\binom{n}{r}$ 또는 $_nC_r$로 나타낸다.

(2) 조합의 계산

① $\binom{n}{r} = \dfrac{_nP_r}{r!} = \dfrac{n!}{r!(n-r)!}$

② $\binom{n}{0} \equiv 1$

예) 남자 6명, 여자 4명이 있다. 이 중에서 4명을 뽑을 때, 적어도 여자 1명이 포함되는 경우는 몇 가지인가?
정답 : 195

7. 중복조합

(1) 서로 다른 n개에서 중복을 허락하여 r개를 택하는 조합을 중복조합이라 하고, 이 중복조합의 수를 기호로 $_nH_r$와 같이 나타낸다.

(2) 중복조합의 수는 $_nH_r = {}_{n+r-1}C_r$이다.

8. 이항정리

n이 양의 정수일 때, $(a+b)^n$을 전개하면,

$$(a+b)^n = \binom{n}{0}a^n b^0 + \binom{n}{1}a^{n-1}b^1 + \binom{n}{2}a^{n-2}b^2 + \cdots + \binom{n}{r}a^{n-r}b^r + \cdots + \binom{n}{n}a^0 b^n$$

$$= \sum_{r=0}^{n} \binom{n}{r} a^{n-r} b^r$$

(1) 이항계수의 성질

① $\binom{n}{0} + \binom{n}{1} + \binom{n}{2} + \cdots + \binom{n}{n} = 2^n$

② $\binom{n}{0} - \binom{n}{1} + \binom{n}{2} - \cdots + (-1)^n \binom{n}{n} = 0$

(2) 다항정리

$$(a+b+c)^n = \sum \frac{n!}{p!\,q!\,r!} \cdot a^p b^q c^r \quad (단,\ p+q+r = n,\ p,q,r \geq 0)$$

① 일반항 : $\dfrac{n!}{p!\,q!\,r!} \cdot a^p b^q c^r$

② $a^p b^q c^r$의 계수 : $\dfrac{n!}{p!\,q!\,r!}$

예) $(a+b+c)^9$의 전개식에서 $a^4 b^3 c^2$의 계수는?
정답 : $\dfrac{9!}{4!\,3!\,2!}$

핵심요약<순열과 중복순열>

(1) $_nP_r = \dfrac{n!}{(n-r)!}$

(2) $0! \equiv 1, \ _nP_0 \equiv 1$

(3) 중복순열 : 서로 다른 n개에서 중복을 허락하여 r개를 택하여 일렬로 나열하는 경우의 수, $_n\Pi_r = n^r$로 계산한다.

필수예제1-1) A, B, C, D 네 사람이 택시, 버스, 지하철 중에서 하나를 택해 이동하려고 할 때, 선택할 수 있는 경우의 수는?(단, 한 명도 택하지 않은 교통수단이 있을 수도 있다.)

① 16 ② 27 ③ 64 ④ 81

해설) ④

네 사람 A, B, C, D가 중복을 허락하여 3개의 교통수단에서 선택할 수 있으므로 네 사람 A, B, C, D가 각각 선택할 수 있는 교통수단의 수는 3이다.

즉, 구하는 경우의 수는 서로 다른 3개에서 중복을 허락하여 4개를 택하여 일렬로 배열하는 중복순열의 수와 같다.

따라서 구하는 경우의 수는 $_3\Pi_4 = 3^4 = 81$

유제1-1) 5명의 선거인이 2명의 후보에게 투표하는 방법의 수를 구하여라. (단, 투표용지에는 투표자의 이름이 공개된다.)

유제1-2) 일본인 4명과 중국인 3명이 원탁에 둘러앉을 때, 중국인끼리 이웃하지 않게 앉는 방법의 수는?

① 144 ② 156 ③ 168 ④ 180

핵심요약<조합과 중복조합>

(1) $_nC_r = \binom{n}{r} = \dfrac{_nP_r}{r!} = \dfrac{n!}{r!(n-r)!}$

(2) $_nC_0 = \binom{n}{0} \equiv 1$

(3) 중복조합 : 서로 다른 n개에서 중복을 허락하여 r개를 택하여 택하는 경우의 수, $_nH_r = {}_{n+r-1}C_r$로 계산한다.

필수예제1-2) 남자 8명, 여자 8명으로 구성된 동아리에서 3명의 위원을 선출하는데 적어도 1명의 여자위원을 포함하여 선출하는 방법의 수를 구하시오. (KAA 02)

① 500   ② 502   ③ 504   ④ 506

해설) ③

여사건을 생각하면 된다. 전체 경우의 수에서 여자가 단 한명도 선출되지 않는 경우의 수를 빼면 된다.

$_{16}C_3 - {}_8C_3 = 504$

유제1-3) 2명의 후보가 출마한 선거에서 9명의 유권자가 한 명의 후보에게 각각 투표할 때, 무기명으로 투표하는 방법의 수를 a, 기명으로 투표하는 방법의 수를 b라 하자. 이때 $a+b$의 값을 구하여라.

유제1-4) 방정식 $x+y+z=7$을 만족시키는 x, y, z에 대하여 다음을 구하여라.
 (1) 음이 아닌 정수인 해 (x, y, z)의 개수는?
 (2) 자연수인 해 (x, y, z)의 개수는?

핵심요약<이항정리>

(1) $(a+b)^n$
$= \binom{n}{0}a^n b^0 + \binom{n}{1}a^{n-1}b^1 + \binom{n}{2}a^{n-2}b^2 + \cdots + \binom{n}{r}a^{n-r}b^r + \cdots + \binom{n}{n}a^0 b^n$

(2) $(a+b+c)^n = \sum \dfrac{n!}{p!\,q!\,r!} \cdot a^p b^q c^r$ (단, $p+q+r=n$, $p,q,r \geq 0$)

필수예제1-3) $\left(2x+\dfrac{1}{x}\right)^8$의 전개식에서 상수항의 값을 구하시오. (KAA 03)

① 1792   ② 1000   ③ 1100   ④ 1120

해설) ④

$(2x+\dfrac{1}{x})^8 = \sum_{r=0}^{8} \binom{8}{r}(2x)^r \left(\dfrac{1}{x}\right)^{8-r}$ 에서 x의 지수가 0인 항이 상수항이다.

$\binom{8}{r}(2x)^r \left(\dfrac{1}{x}\right)^{8-r} = \binom{8}{r}2^r x^{2r-8}$ 에서 $r=4$일 때 x의 지수가 0이 된다.

그러므로 상수항은 $\binom{8}{4} \times 2^4 = 1120$ 이다.

유제1-5) $(2x^2 - \dfrac{x}{2})^{12}$의 전개식에서 x^{16}의 계수를 구하면? (KAA 00)

① $\dfrac{465}{16}$ ② $\dfrac{475}{15}$ ③ $\dfrac{485}{16}$ ④ $\dfrac{495}{16}$

유제1-6) $\left(x+1+\dfrac{1}{x}\right)^6$ 의 전개식에서 x^5 의 계수를 구하여라.

① 3   ② 4   ③ 5   ④ 6

2. 확률

1. 시행과 사건
(1) 시행 : 동등한 조건에서 여러 차례 반복할 수 있는 실험이나 관찰
(2) 표본공간 : 어떤 시행에서 일어날 수 있는 모든 가능한 결과의 전체 집합
(3) 사건 : 표본공간의 부분 집합
(4) 근원사건 : 사건 중에서 더 이상 세분할 수 없는 기본적인 사건
(5) 전사건 : 표본공간 자신의 집합 (반드시 일어나는 사건)
(6) 공사건 : 결코 일어나지 않는 사건

2. 여러 가지 사건
(1) 합사건 : 두 사건 A, B에 대해서, A 또는 B가 일어나는 사건을 A와 B의 합사건 이라고 한다.($A \cup B$)
(2) 곱사건 : 두 사건 A, B에 대하여, A와 B가 동시에 일어나는 사건을 A와 B의 곱사건 이라고 한다.($A \cap B$)
(3) 배반사건 : 두 사건 $A \cap B = \emptyset$이면 A와 B는 서로 배반이고, A와 B는 배반사건이라고 한다.
(4) 여사건 : 사건 A에 대하여 A가 일어나지 않는 사건을 A의 여사건이라고 한다.
$P(A)$와 여사건이 일어날 확률 $P(A^C)$의 관계
$P(A) + P(A^C) = 1, P(A^C) = 1 - P(A)$

3. 확률의 정의
(1) 하나의 사건이 일어날 수 있는 가능성을 수치로 나타낸 것이다. 그리고 사건 A가 일어날 확률을 $P(A)$로 나타낸다.
(2) 수학적 확률 : 어떤 시행에서 얻어지는 근원사건이 모두 같은 정도로 일어날 것이라고 기대될 때, 전사건 S에 속하는 총수를 $n(S)$, 사건 A에 속하는 근원사건의 개수를 $n(A)$라 하면, 사건 A가 일어날 확률을 $P(A)$는 다음과 같다.

$$P(A) = \frac{n(A)}{n(S)} = \frac{\text{사건 } A\text{가 일어나는 경우의 수}}{\text{일어날 수 있는 모든 경우의 수}}$$

예) 다음을 계산하시오.
(1) 한 줄로 6사람이 설 때, 특정한 3사람이 이웃하게 될 확률은?
(2) 흰 구슬 8개와 붉은 구슬 2개가 들어있는 주머니에서 무심히 한 개를 꺼낼 때, 이것이 붉은 구슬일 확률은?

정답 : (1) $\dfrac{3!\times 4!}{6!}$ (2) $\dfrac{\binom{2}{1}}{\binom{10}{1}}$

(2) 통계적 확률

한 사건 A가 일어날 확률을 P라 할 때, n번의 반복시행에서 사건 A가 일어난 횟수를 r이라 하면, 상대도수 $\dfrac{r}{n}$은 n이 커짐에 따라 확률 P에 가까워진다.

4. 여사건의 확률

사건 A의 확률과 그의 여사건 A^c의 확률 사이에는 다음이 성립한다.

$$P(A) + P(A^c) = 1 \quad \therefore P(A^c) = 1 - P(A)$$

예) 20개의 복권 중에서 몇 개의 당첨복권이 들어있다. 이 복권을 계속해서 2개를 뽑을 때, 그 중 적어도 한 개가 당첨될 확률은 $\dfrac{7}{19}$이라 한다. 당첨 복권의 개수는?

정답 : 4개

5. 확률의 덧셈정리

두 사건 A, B에 대하여
(1) $P(A \cup B) = P(A) + P(B) - P(A \cap B)$
(2) 특히, A, B가 배반사건이면 $P(A \cup B) = P(A) + P(B)$이 성립한다.
(3) $P(A^C \cup B^C) = P(A \cap B)^C = 1 - P(A \cap B)$
(4) $P(A \cap B^C) = P(A^C \cup B)^C = 1 - P(A^C \cup B)$

핵심요약<확률의 정의>

(1) $P(A) = \dfrac{n(A)}{n(S)} = \dfrac{\text{사건 } A\text{가 일어나는 경우의 수}}{\text{일어날 수 있는 모든 경우의 수}}$

(2) 수학적 확률, 통계적 확률, 기하학적 확률

필수예제2-1) 서로 다른 수학책 2권과 영어책 4권을 책꽂이에 나란히 꽂을 때, 수학책 2권이 이웃하게 될 확률은?

① $\dfrac{1}{5}$ ② $\dfrac{1}{3}$ ③ $\dfrac{2}{5}$ ④ $\dfrac{1}{2}$

해설) ②

6권의 책을 나란히 꽂는 경우의 수는 6!

수학책 2권을 묶어서 한 권으로 생각하면 5권을 나란히 꽂는 경우의 수는 5!이고, 수학책 2권끼리 자리를 바꾸는 경우의 수는 2!이므로 수학책 2권이 이웃하도록 꽂는 경우의 수는 5!×2! 따라서 구하는 확률은 $\dfrac{5! \times 2!}{6!} = \dfrac{2}{6} = \dfrac{1}{3}$ 이다.

유제2-1) 시합용 공 n개가 포함되어 있는 20개의 야구공 중에서 2개를 뽑을 때, 2개가 모두 시합용 공일 확률이 $\dfrac{3}{95}$ 이라고 한다. 이 때, n의 값은 얼마인가?

① 4 ② 5 ③ 6 ④ 7

유제2-2) 어떤 자동차 회사에서 생산하는 H자동차는 10000대당 50대 꼴로 고장이 발생했고, K자동차는 5000대당 10대 꼴로 고장이 발생했다고 한다. H와 K 자동차를 한 대씩 뽑아 운행할 때, 고장이 발생할 확률은 각각 a, b라 하면 ab의 값은?

① 10^{-4} ② 10^{-5} ③ 10^{-6} ④ 10^{-7}

유제2-3) 평면상의 영역 $D = \{(x,y) | 0 \leq x \leq 2,\ 0 \leq y \leq 2\}$ 내의 임의의 한 점 (x_1, y_1)을 무작위로 선택했을 때, (x_1, y_1)이 $|x-y| \leq 1$ 영역에 속할 확률을 구하시오. (KAA 04)

① 0.25 ② 0.5 ③ 0.55 ④ 0.75

핵심요약<여사건의 확률>
(1) 사건 A의 확률과 그의 여사건 A^c의 확률 사이에는 다음이 성립한다.
$P(A)+P(A^c)=1$ $\therefore P(A^c)=1-P(A)$
(2) 문제에 [~적어도]라는 표현이 나오면 여사건을 이용한다.

필수예제2-2) 남학생 2명과 여학생 3명을 일렬로 세울 때, 적어도 한 쪽 끝에는 남학생이 서있을 확률은?

① $\dfrac{3}{10}$ ② $\dfrac{1}{2}$ ③ $\dfrac{7}{10}$ ④ $\dfrac{4}{5}$

해설) ③

적어도 한 쪽 끝에 남학생이 서있을 사건을 A라고 하면 양쪽 끝에 모두 여학생이 있을 사건을 A^C이므로 $P(A^c)=\dfrac{{}_3P_2 \cdot 3!}{5!}=\dfrac{3}{10}$이다.

$\therefore P(A)=1-P(A^c)=1-\dfrac{3}{10}=\dfrac{7}{10}$

유제2-4) 노란 구슬 5개, 빨간 구슬 4개가 들어 있는 주머니에서 4개의 구슬을 동시에 꺼낼 때, 노란 구슬이 2개 이하일 확률을 구하여라.

유제2-5) 클로버, 하트, 다이아몬드 무늬가 있는 카드가 각각 4장, 3장, 5장 들어 있는 주머니에서 동시에 3장의 카드를 꺼낼 때, 두 가지 이상의 무늬의 카드가 나올 확률은?

① $\dfrac{37}{44}$ ② $\dfrac{19}{22}$ ③ $\dfrac{39}{44}$ ④ $\dfrac{41}{44}$

핵심요약<확률의 덧셈 정리>
두 사건 A, B 에 대하여
(1) $P(A \cup B) = P(A) + P(B) - P(A \cap B)$
(2) 특히, A, B 가 배반사건이면 $P(A \cup B) = P(A) + P(B)$이 성립한다.

필수예제 2-3) 1에서 100까지의 자연수가 하나씩 적혀 있는 100장의 카드에서 임의로 한 장을 뽑을 때, 꺼낸 카드에 적혀 있는 숫자가 3의 배수일 사건을 A, 4의 배수일 사건을 B라 할 때, 사건 $A \cup B$의 원소의 개수를 구하시오.

해설) 50

1에서 100까지의 자연수 중에서 3의 배수인 수의 개수는 33이다. 즉, $n(A) = 33$. 1에서 100까지의 자연수 중에서 4의 배수인 수의 개수는 25이다. 즉, $n(B) = 25$. 3의 배수이면서 4의 배수인 수는 3과 4의 최소공배수인 12의 배수이다. 1에서 100까지의 자연수 중에서 12의 배수인 수의 개수는 8이다. 즉, $n(A \cap B) = 8$.
그러므로 $n(A \cup B) = 33 + 25 - 8 = 50$이다.

유제2-6) 표본공간 S의 두 사건 A, B에 대하여
$S = A \cup B$, $P(A) = 0.7$, $P(A \cap B) = 0.2$일 때, $P(B)$의 값은?
① 0.2　　　② 0.3　　　③ 0.4　　　④ 0.5

유제2-7) 두 사건 A, B에 대하여 $P(A) = \frac{1}{3}$, $P(B) = \frac{2}{5}$, $P(A \cap B) = \frac{1}{5}$ 일 때, $P(A \cup B)$의 값을 구하여라.

6. 조건부 확률

(1) 사건 N이 일어났다는 가정 하에 사건 A가 일어날 확률을 사건 N이 일어났을 때, A의 조건부확률 이라 하고, 기호로 다음과 같이 나타낸다.
$$P(A \mid N)$$

(2) 사건 N이 일어났을 때, 사건 A가 일어날 확률 $P(A \mid N)$은 다음과 같다.
$$P(A \mid N) = \frac{P(A \cap N)}{P(N)} = \frac{P(A \cap N)}{P(A \cap N) + P(A^C \cap N)}$$
여기서, $P(A \cap N) = P(N|A)P(A) = P(A|N)P(N)$
$$P(N) = P(A \cap N) + P(A^C \cap N) = P(N|A)P(A) + P(N|A^C)P(A^C)$$

(3) 베이즈($Bayes$) 정리
  표본공간 S가 사건 $A_1, A_2, A_3, \cdots, A_n$으로 구성된다면,
$$P(A_j \mid N) = \frac{P(A_j \mid N) \cdot P(A_j)}{\sum_{i=1}^{n} P(N \mid A_i) \cdot P(A_i)}$$ 이다.

예) 볼트를 만드는 어느 공장에서 두 대의 기계 A, B가 각각 전체생산량의 $40\%, 60\%$를 만들며, 또 각각의 제품의 $5\%, 3\%$가 불량품이라고 한다. 제품 가운데 임의로 꺼낸 하나의 볼트가 불량품이었다고 할 때, 그것이 기계 A에서 만들어졌을 확률을 구하여라.

정답 : $\dfrac{10}{19}$

7. 독립사건과 종속사건

(1) 두 사건 A, B가 서로의 확률에 영향을 끼치지 않을 때 즉, $P(B|A) = P(B)$ 일 때, A와 B는 서로 독립이라고 하고 이들 두 사건을 독립사건이라고 한다.

(2) A와 B가 서로 독립이다. $\Leftrightarrow P(A \cap B) = P(A) \cdot P(B)$

(3) 서로 독립이 아닌 두 사건을 종속사건이라 한다.

예) 주사위를 던질 때, 홀수가 나오는 사건을 A라 하고, 3의 배수가 나오는 사건을 B라 하자. A와 B는 독립사건인지, 종속사건인지 판별하시오.

정답 : 독립사건

핵심요약<조건부 확률>(1)
(1) 사건 N이 일어났다는 가정 하에 사건 A가 일어날 확률을 사건 N이 일어났을 때, A의 조건부확률 이라 한다.
(2) $P(A \mid N) = \dfrac{P(A \cap N)}{P(N)} = \dfrac{P(A \cap N)}{P(A \cap N) + P(A^C \cap N)}$

필수예제2-4) 어떤 신혼부부가 30년 후까지 생존할 확률은 남편이 $\dfrac{1}{3}$이고 부인이 $\dfrac{1}{2}$이라고 하자. 두 사람 중 한사람만이 30년 후까지 생존할 확률은 얼마인가?

(KAA 01)

① $\dfrac{1}{8}$ ② $\dfrac{1}{6}$ ③ $\dfrac{1}{3}$ ④ $\dfrac{1}{2}$

해설) ④

A : 30년 후까지 남편이 생존할 사건
B : 30년 후까지 부인이 생존할 사건
그러면 $P(A) = \dfrac{1}{3}$, $P(B) = \dfrac{1}{2}$이다.

두 사람 중 한사람만이 30년 후까지 생존할 확률은 남편만 살고 부인은 죽는 경우와 부인만 살고 남편은 죽는 경우 2가지가 있다. 각각의 확률을 계산하면

$P(A \cap B^c) = \dfrac{1}{3} \times \dfrac{1}{2} = \dfrac{1}{6}$

$P(A^c \cap B) = \dfrac{2}{3} \times \dfrac{1}{2} = \dfrac{1}{3}$

따라서 두 사람 중 한사람만이 30년 후까지 생존할 확률은 $\dfrac{1}{3} + \dfrac{1}{6} = \dfrac{1}{2}$이다.

유제2-8) 아마존 유역에 사는 어떤 종족은 인구의 10%가 풍토병에 걸린다고 한다. 풍토병 감염여부를 검사하는 시약이 개발되었는데 100%정확한 것은 아니다. 풍토병에 실제로 걸렸을 경우 시약의 정확성은 90%이지만, 풍토병에 걸리지 않았을 경우는 정확성이 80%라고 한다. 풍토병에 걸리지 않을 경우를 A, 풍토병에 걸렸다고 시약검사가 나올 경우를 B라고 할 때, $P(A \cap B)$를 구하시오.(KAA 02)

①72% ②18% ③9% ④8%

유제2-9) 어떤 공장에서 두 대의 기계 A, B를 가동하여 각각 제품을 만들고 있다. 기계 A는 전체생산량의 30%, 기계 B는 전체생산량의 70%를 생산하고 있다. 기계 A의 불량품 생산율은 2%이지만, 기계 B의 불량품 생산율은 6%이다. 품질 검사를 위하여 제품 전체에서 임의적으로 한 개를 선택하여 검사할 때 불량품이었다면, 그것이 기계 B에 의해 생산된 제품일 가능성은 약 얼마인가?(KAA 02)

①90% ②70% ③50% ④30%

핵심요약<조건부 확률>(2)
· 베이즈 정리

$$P(A_j \mid N) = \frac{P(A_j \mid N) \cdot P(A_j)}{\sum_{i=1}^{n} P(N \mid A_i) \cdot P(A_i)}$$

필수예제2-5) A병원에서 암진단을 위해 검사기계를 새로 도입하였다. 이 기계의 매뉴얼에 따르면, 이 기계는 암에 걸린 사람을 암에 걸렸다고 진단할 확률이 97%이고 암에 걸리지 않은 사람을 암에 걸리지 않았다고 진단할 확률이 95%라고 한다. 그리고 국민의 0.3%가 암에 걸려있다고 한다. 이 기계에 의해 암이라고 진단받은 사람이 실제로 암에 걸렸을 확률은?($KAA\ 08$)

① 3.6%   ② 4.9%   ③ 5.3%   ④ 5.5%

해설) ④

A : 실제 암에 걸린 사건
A^C : 실제 암에 걸리지 않은 사건
B : 검사기계로부터 암진단이 나올 사건
B^C : 검사기계로부터 암진단이 나오지 않는 사건
$P(B|A) = 0.97$, $P(B^C|A^C) = 0.95$, $P(A) = 0.003$ 일 때,

$$P(A|B) = \frac{P(A \cap B)}{P(B)} = \frac{P(B|A)P(A)}{P(B|A)P(A) + P(B|A^C)P(A^C)}$$

$$= \frac{0.97 \times 0.003}{0.97 \times 0.003 + \{1 - P(B^C|A^C)\} \times \{1 - P(A)\}}$$

$$= \frac{0.97 \times 0.003}{0.97 \times 0.003 + \{1 - 0.95\} \times \{1 - 0.003\}} = 0.0552$$

유제2-10) 어떤 보험회사는 모든 연령대의 운전자에게 자동차보험을 팔고 있다. 한 계리사가 이 회사에 자동차보험을 가입한 운전자들에 대하여 다음과 같은 자료를 수집했다.

운전자의 연령	사고가 일어날 확률	자동차보험에 가입한 운전자분포
16 - 20	0.06	0.08
21 - 30	0.03	0.15
31 - 65	0.02	0.49
66 - 99	0.04	0.28

이 회사에 자동차 보험을 가입한 임의의 운전자에게 사고가 났을 때, 그 운전자의 연령이 16 -20일 확률은?(단, 소수점이하 네 자리에서 반올림)(KAA 05)

① 0.132   ② 0.158   ③ 0.193   ④ 0.237

유제2-11) 어떤 암 검사방법이 실제로 암에 걸려 있는 사람과 그렇지 않은 사람 모두를 95% 정확하게 진단할 수 있다고 하자. 여기에서 모집단의 0.2%가 암에 걸려있다고 가정한다. 모집단에서 한 사람을 무작위로 추출하여 이 방법으로 암 검사를 한 결과 암에 걸려 있다고 진단이 내려졌다면, 이 사람이 실제로 암에 걸렸을 확률은?(단, 소수점이하 네 자리에서 반올림)(KAA 05)

① 0.025   ② 0.029   ③ 0.033   ④ 0.037

핵심요약<조건부 확률>(3)

필수예제2-6) 기상청의 오랜 통계데이터 분석에 의한 결론은 다음과 같다. 내일 비가 올지 혹은 안 올지 여부는 오늘의 기상상태에 전적으로 의존한다. 즉 오늘 비가 오면 내일 비가 올 확률은 $\frac{1}{3}$이며, 오늘 비가 오지 않으면 내일 비가 올 확률은 $\frac{2}{9}$이다. 이와 같은 상황에서 오늘(2000년 8월 6일) 비가 온다면 이틀 후(2000년 8월 8일)에 비가 올 확률은 얼마인가?(KAA 00)

① $\frac{1}{8}$ ② $\frac{1}{9}$ ③ $\frac{4}{27}$ ④ $\frac{7}{27}$

해설) ④

오늘(2000년 8월 6일) 비가 온다면 이틀 후(2000년 8월 8일)에 비가 올 경우는 다음과 같다.

6일	7일	8일	확률
온다	온다	온다	$\frac{1}{3} \times \frac{1}{3} = \frac{1}{9}$
온다	안 온다	온다	$\frac{2}{3} \times \frac{2}{9} = \frac{4}{27}$

따라서 오늘 비가 온다면 이틀 후에 비가 올 확률은 $\frac{1}{9} + \frac{4}{27} = \frac{7}{27}$ 이다.

유제2-12) 수험생들의 '(시험 하루 전) 예비소집일' 및 '시험당일' 수험장 도착을 위한 대중교통이용 방법에 대한 과거 통계조사 결과는 다음과 같다. 버스를 타고 예비 소집일에 출석하면 수험당일은 반드시 지하철을 타며, 지하철로 예비 소집일에 출석하면 수험당일은 버스 혹은 택시를 같은 확률로 이용한다. 한편, 택시를 이용하여 예비 소집일에 참석하면 수험당일은 지하철 $\frac{1}{4}$, 버스 $\frac{2}{4}$, 택시 $\frac{1}{4}$의 확률로 대중교통을 이용하여 수험 장소에 도착한다. 만약 예비 소집일에 동전을 2번 던져서 앞면의 수의 합이 0이면 버스를 이용하고, 1이면 지하철을 이용하며, 2이면 택시를 이용하여 수험 장소에 도착한다고 할 때, 시험당일에 택시를 이용하여 수험 장소에 도착 할 확률은 약 얼마인가?(단, 수험장 도착방법은 버스, 지하철, 택시 중에서 1가지만 이용함).(KAA 03)

① 25% ② 28% ③ 31% ④ 35%

핵심요약<독립사건>
사건 A와 사건 B가 서로 독립이다. $\Leftrightarrow P(A \cap B) = P(A) \cdot P(B)$

필수예제2-7) 공집합이 아닌 사건 A와 B가 서로 독립이고 $5P(A \cap B^C) = P(A)$, $P(A \cup B) = \dfrac{9}{10}$일 때, $P(A)$의 값은?(단, B^C은 B의 여사건이다.)

해설) $\dfrac{1}{2}$

두 사건 A와 B가 서로 독립이면 A와 B^C도 서로 독립이므로
$5P(A \cap B^C) = P(A)$에서 $5P(A)P(B^C) = P(A)$이다.
그런데, $P(A) \neq 0$이므로 $5P(B^C) = 1$, $P(B^C) = \dfrac{1}{5}$이다.

$P(A \cup B) = \dfrac{9}{10}$에서

$P(A \cup B) = P(A) + P(B) - P(A)P(B)$, $\dfrac{9}{10} = P(A) + \dfrac{4}{5} - \dfrac{4}{5}P(A)$

$\therefore P(A) = \dfrac{1}{2}$

유제2-13) 사건 A와 사건 B가 서로 독립이고
$P(A \cap B) = \dfrac{3}{20}$, $P(A \cup B) = \dfrac{7}{10}$, $P(A) > P(B)$일 때, $P(A)$와 $P(B)$의 값은?
($KAA\ 08$)

① $P(A) = \dfrac{3}{5}$, $P(B) = \dfrac{1}{4}$ ② $P(A) = \dfrac{2}{5}$, $P(B) = \dfrac{1}{4}$

③ $P(A) = \dfrac{2}{5}$, $P(B) = \dfrac{1}{5}$ ④ $P(A) = \dfrac{3}{5}$, $P(B) = \dfrac{1}{5}$

유제2-14) 사건(events) E_1, E_2가 서로 독립이고, 확률 $P(E_1 \cap E_2^C) = \dfrac{1}{3}$,

$P(E_1^C \cap E_2^C) = \dfrac{1}{6}$이면, $P(E_1)$의 값은?(단, E^C는 사건 E의 여사건을

의미함)($KAA\ 03$)

① $\dfrac{5}{6}$ ② $\dfrac{4}{6}$ ③ $\dfrac{3}{6}$ ④ $\dfrac{1}{6}$

3. 확률변수와 확률분포

1. 확률변수 X

확률변수는 표본공간 S의 각 표본점 $s \in S$에 실수 $X(s)$를 부여하는 함수이다. 즉 확률변수란 확률실험에서 발행할 수 있는 모든 결과에 대하여 수치를 부여하는 함수를 의미한다.

표본점이 숫자로 구성되는 경우는 표본점 자체가 확률변수 값이 되기도 한다. 예를 들면 주사위를 던질 때 나타나는 눈금을 표본공간 $S = \{1, 2, 3, 4, 5, 6\}$으로 표시하면 확률변수 $X(s) = s$는 눈금숫자를 나타내는 확률변수이다.

확률변수에 대한 다른 예를 들면 주사위를 던졌을 때 짝수가 나타날 때는 10만원을 지급하고 홀수가 나타날 때는 20만원을 지급하는 경우를 확률변수 Y로 표현하면 s가 짝수인 경우 $Y(s) = 10$만원, s가 홀수인 경우 $Y(s) = 20$만원으로 정의할 수 있다.

2. 이산확률변수와 확률질량함수

확률변수 X가 취하는 값이 유한이거나 무한수열이지만 셀 수 있는 경우(예를 들면 정수의 집합 등) X를 이산확률변수라고 한다.

이산확률변수의 확률함수(Probability function)는 $f(x), f_x(x), p(x), p_x$등으로 표시하며, $P(X=x)$를 의미한다. 확률함수는 반드시 다음 조건을 충족시켜야 한다.

(1) $0 \leq f(x) \leq 1 \quad \forall x$

(2) $\sum_x f(x) = 1$

3. 연속확률변수와 확률밀도함수

연속확률변수는 실수구간의 값을 갖는다. 예를 들면 특정 버스정류장에 도착하는 버스사이의 시간 간격을 확률변수로 취할 때 이는 연속확률변수이다.

연속확률변수의 확률밀도함수(Probability density function)는 $f(x), f_x(x), p(x)$등으로 표시하며 X와 관련된 확률값은 확률밀도함수의 적분 값으로 정의된다. 즉,

$$P(X \in (a,b)) = P(a < X < b) = \int_a^b f(x) dx$$

확률밀도함수는 반드시 다음 조건을 충족하여야 한다.

(1) $f(x) \geq 0, \forall x$

(2) $\int_{-\infty}^{\infty} f(x) dx = 1$

4. 누적분포함수

확률변수 X의 누적분포함수(Cumulative distribution function)는 $F(x) = P(X \leq x)$로 정의한다. 만일 X가 이산확률변수인 경우 $F(x) = \sum_{k \leq x} f(k)$이며 연속확률변수인 경우는 $F(x) = \int_{-\infty}^{x} f(t)dt$이다. 따라서 다음이 성립한다.

(1) $P(a < X < b) = F(b) - F(a),\ \lim_{x \to \infty} F(x) = 1,\ \lim_{x \to -\infty} F(x) = 0$

(2) $F'(x) = f(x)$ (단 X가 연속확률변수)

> **핵심요약<이산확률변수>**
> (1) 확률변수 X가 가지는 값이 유한개이거나 자연수와 같이 셀 수 있을 때, X를 이산확률변수라고 한다.
> (2) 확률질량함수는 $f(x), f_x(x), p(x)$ 등으로 표시
> (3) $f(x) \geq 0 \quad \forall x$ (4) $\sum_x f(x) = 1$

필수예제3-1) 1부터 6까지 숫자가 쓰여 있는 공정한 주사위 2개를 던져 주사위 맨 윗면에 나타난 두 숫자 간의 차이의 절댓값을 X라 한다. 이 때 $\Pr(X<4)$의 값을 구하시오. (KAA 16)

① $\dfrac{5}{6}$ ② $\dfrac{4}{9}$ ③ $\dfrac{5}{9}$ ④ $\dfrac{2}{3}$

해설) ①

X	0	1	2	3	4	5
$P(X=x)$	6/36	10/36	8/36	6/36	4/36	2/36

$$P(X<4) = \frac{6}{36} + \frac{10}{36} + \frac{8}{36} + \frac{6}{36} = \frac{5}{6}$$

유제3-1) 확률변수 X의 확률질량함수 $P(X=x) = \dfrac{a}{x(x+1)} \ (x=1,2,3,\cdots,10)$일 때, $P(X=10)$의 값을 구하시오. (단, a는 상수)

유제3-2) 확률변수 X의 확률질량함수가
$P(X=x) = \dfrac{k}{\sqrt{2x+1} + \sqrt{2x-1}} \ (x=1,2,3,4)$일 때, 상수 k의 값을 구하시오.

> **핵심요약<연속확률변수>**
> (1) 연속확률변수는 연속적인 실수구간의 값.
>   예) 특정 버스정류장에 도착하는 버스사이의 시간 간격, 예) $1 < x < 3$
> (2) 확률밀도함수는 $f(x), f_x(x), p(x)$ 등으로 표시
> (3) $f(x) \geq 0, \forall x$ 이고 $\int_{-\infty}^{\infty} f(x)dx = 1$ 이다.

필수예제3-2) 연속확률변수 X의 확률밀도함수가 다음과 같을 때, 확률 $P\left(0 \leq X \leq \frac{3}{4}\right)$를 구하면?(KAA 02)

$$p(x) = \begin{cases} ax(1-x) & (0 \leq x \leq 1) \\ 0 & (x < 0 \text{또는} x > 1) \end{cases}$$

① $\frac{15}{32}$ ② $\frac{19}{32}$ ③ $\frac{23}{32}$ ④ $\frac{27}{32}$

해설) ④

$\int_{-\infty}^{\infty} p(x)dx = 1$ 이므로 $\int_{0}^{1} ax(1-x)dx = 1$ 이다. 이를 정리하면

$\int_{0}^{1} ax(1-x)dx = a\int_{0}^{1} x - x^2 dx = a\left[\frac{1}{2}x^2 - \frac{1}{3}x^3\right]_{0}^{1} = a \times \frac{1}{6} = 1$

따라서 $a = 6$ 이다. 그러므로

$P(0 \leq X \leq \frac{3}{4}) = 6\int_{0}^{\frac{3}{4}} x(1-x)dx = 6\left[\frac{1}{2}x^2 - \frac{1}{3}x^3\right]_{0}^{\frac{3}{4}} = \frac{27}{32}$

유제3-3) 구간 $[0,1]$에서 정의된 두 연속확률변수 X_1, X_2의 확률밀도함수가 각각 $f(x)=2x$, $g(x)=1$일 때, $P(0 \le X_1 \le a) = P(0 \le X_2 \le 1/4)$이 되도록 하는 양수 a의 값은?($KAA\ 04$)

① $\dfrac{1}{5}$ ② $\dfrac{1}{4}$ ③ $\dfrac{1}{3}$ ④ $\dfrac{1}{2}$

유제3-4) 확률밀도함수 $f(x)=6(x-x^2)$ (단, $0 \le x \le 1$)로 주어질 때 $P(x \le 1/2)$의 값은?($KAA\ 01$)

① $\dfrac{1}{2}$ ② $\dfrac{2}{3}$ ③ $\dfrac{3}{5}$ ④ $\dfrac{3}{8}$

5. 기댓값

확률변수 X의 기댓값은 $E[X], \mu_x, \mu$등으로 표시하며 다음과 같다.

이산확률변수인 경우 $E[X] = \sum_x x \cdot f(x)$

연속확률변수인 경우 $E[X] = \int_{-\infty}^{\infty} x \cdot f(x)dx$

6. $h(x)$의 기댓값

$h(x)$가 함수라면 $E[h(x)]$의 값은 다음과 같다.

이산확률변수인 경우 $E[h(x)] = \sum_x h(x) \cdot f(x)$

연속확률변수인 경우 $E[h(x)] = \int_{-\infty}^{\infty} h(x) \cdot f(x)dx$

$$E[aX+b] = aE[X]+b$$

예) 한 개의 동전을 두 번 던지는 시행에서 앞면이 나올 때마다 100원, 뒷면이 나올 때마다 20원의 상금을 받는다. 이 시행에서 받는 상금의 액수는 X원이라 할 때, X의 기댓값 및 분산을 구하여라.

정답 : 기댓값 120 분산 3200

예) 확률밀도함수가 $f(x) = 2x \; (0 \leq x \leq 1)$일 때 $E[X]$와 $E[X^2+2X]$를 구하여라.

정답 : $E[X] = \dfrac{2}{3}$, $E[X^2+2X] = \dfrac{11}{6}$

7. 분산과 표준편차

확률변수 X의 평균이 μ_x일 때, $(X-\mu_x)^2$의 평균 $E[(X-\mu_x)^2]$을 X의 분산이라 하고, $Var[X], V[X], \sigma_x^2, \sigma^2$등으로 표기한다. 확률변수 X의 표준편차는 $\sigma_x = \sqrt{V[X]}$ 이다.

$$V[X] = E[(X-\mu_x)^2] = E[X^2] - \{E[X]\}^2$$

예) 확률변수 X의 확률분포가 아래와 같다. X의 평균이 1, 분산이 5일 때, a, b의 값을 구하시오. (단, $k > 0$이다.)

X	-1	1	k	합
$P(X)$	a	b	$\dfrac{1}{3}$	1

정답 : $a = \dfrac{1}{2}, b = \dfrac{1}{6}$

예) 확률변수 X의 확률분포에서 $Y = 2X + 1$로 놓을 때, $E[Y] = 3, E[X^2] = 3$이다. 이 때, $E[X], V[X]$를 구하여라.

정답 : $E[X] = 1, \ V[X] = 2$

8. 적률

확률변수 X의 n차 적률은 $E[X^n]$으로 정의한다. (단, $n \geq 1$인 정수)

X의 평균이 μ인 경우 X의 n차 중앙적률(n-th central moment) $E[(X-\mu)^n]$로 정의한다.

9. 적률생성함수(mgf)

확률변수 X에 대해서 $M_x(t) = E[e^{tx}]$을 적률생성함수(moment generating function) 라고 하고, $M_x(t), m_x(t), m(t)$ 등으로 표기한다. 따라서 X가 이산확률변수인 경우는 $\sum_x e^{tx} f(x)$, 연속확률변수인 경우는 $\int_{-\infty}^{\infty} e^{tx} f(x) dx$ 이다.

$$\left[\frac{d}{dt} M_x(t)\right]_{t=0} = \left[\frac{d}{dt} E[e^{tX}]\right]_{t=0} = \left[E[Xe^{tX}]\right]_{t=0} = E[X]$$

$$\left[\frac{d^2}{dt^2} M_x(t)\right]_{t=0} = \left[\frac{d^2}{dt^2} E[e^{tX}]\right]_{t=0} = \left[E[X^2 e^{tX}]\right]_{t=0} = E[X^2]$$

예) 확률변수 X의 적률생성함수(moment generating function)가 $m(t) = (pe^t + q)^n$ (단, $p + q = 1$)일 때, X의 분산은?

정답 : $V[X] = npq$

10. 체비셰프(Chebyshev) 부등식

X가 평균 μ, 분산 σ^2인 확률변수 일 때, 임의의 실수 $r>0$에 대해 다음이 성립한다.

$$P(\mu - r \cdot \sigma \leq X \leq \mu + r \cdot \sigma) \geq 1 - \frac{1}{r^2}$$

위 관계식은 러시아수학자 체비셰프(Chebyshev)가 산포도와 표준편차의 관계에 대하여 발표한 법칙으로서 확률분포를 모르는 경우 구간확률의 근사치로 사용할 수 있는 식이다.

예) 확률변수 X의 평균, 표준편차를 각각 $\mu, \sigma(0<\sigma<\infty)$라고 하면

$$P(|X - E(X)| \geq 6\sigma) \leq \frac{Var(X)}{(6\sigma)^2}$$

$$\to P(|X - E(X)| \geq 6\sigma) \leq \frac{1}{36}$$

즉, X의 분포가 무엇이든 평균으로부터 6배의 표준편차 밖의 확률은 2.8%이하이다

· 더 생각하기

※ 누적분포함수, 확률생성함수 그리고 적률생성함수

1. 이산확률변수의 누적분포함수

(1) 이산확률변수의 누적분포함수

$f(x_k) = P(X = x_k)$인 확률질량함수 일 때,

$F(x) = P(X \leq x) = \sum_{t < x} f(x)$를 누적확률분포함수라 한다.

(2) 누적분포함수의 성질

$x_1 < x_2 < x_3 < ... < x_{n-1} < x_n$일 때

$F(x_n) = P(X \leq x_n) = \sum_{t < x}^{n} f(x_k)$

$f(x_n) = F(x_n) - F(x_{n-1})$

예) 앞면이 나올 때까지 동전을 던진 횟수를 확률변수 X라하면

$$f(x) = P(X = k) = \left(\frac{1}{2}\right)^k, k = 1, 2, ...$$

$f(x) = 0 \ \forall \ x : x \neq k$

CDF $F(n) = P(X \leq n) = \sum_{k=1}^{n} f(k) = \sum_{k=1}^{n} \left(\frac{1}{2}\right)^k = 1 - \left(\frac{1}{2}\right)^k$

$$F(x) = \sum_{\substack{t : t \leq x \\ k \leq x}}^{n} f(t) = \begin{cases} 0 & , x < 1 \\ 1 - \left(\frac{1}{2}\right)^k & , n \leq x < n \end{cases}$$

2. 연속확률변수의 누적분포함수

(1) 연속확률변수의 누적분포함수

$f(x)$가 확률질량함수 일 때,

$F(x) = P(X \leq x) = \int_{-\infty}^{x} f(t)dt$를 누적확률분포라고 부른다.

(2) 성질

$\dfrac{dF}{dx} = f(x)$

예) $f(x) = e^{-x}$

$$F(x) = \int_{-\infty}^{x} e^{-t}dt = \left[-e^{-t}\right]_0^x = 1 - e^{-t} \ (x > 0)$$

3. 확률생성함수

음이 아닌 정수값을 가질 수 있는 이산확률변수 X에 대하여

$$P(s) = E[s^X] = \sum_{x=0}^{\infty} s^x f(x), \ -1 < s < 1, \ x \geq 0$$

를 확률생성함수라고 한다. 그리고 그 확률밀도함수는

$$f(k) = \frac{1}{k!} \frac{d^k}{ds^k}\left(\sum_{x=0}^{\infty} s^x f(x)\right)\Big|_{s=0} = \frac{1}{k!} \frac{d^k}{ds^k} E[S^X]\Big|_{s=0}$$

이다.

증명)

$$P(s) = s^0 f(0) + s^1 f(1) + s^2 f(2) + s^3 f(3) + \ldots = \sum_{x=0}^{\infty} s^x f(x)$$

$$\frac{d}{ds} P(s)\Big|_{s=0} = f(1) + 2sf(2) + 3s^2 f(3) + \ldots$$

$$= E[Xs^{X-1}]\Big|_{s=0} = \sum_{x=1}^{\infty} x s^{x-1} f(x)\Big|_{s=0} = f(1)$$

$$\Rightarrow f(1) = \frac{d}{ds} P(s)\Big|_{s=0} = \sum_{x=1}^{\infty} x s^{x-1} f(x)\Big|_{s=0}$$

$$\frac{d^2}{ds^2} P(s)\Big|_{s=0} = 2 \times 1 f(2) + 3 \times 2 s f(3) + \ldots$$

$$= E[X(X-1)s^{X-2}]\Big|_{s=0} = \sum_{x=1}^{\infty} x(x-1) s^{x-2} f(x)\Big|_{s=0} = 2! f(2)$$

$$\Rightarrow f(2) = \frac{1}{2!} \frac{d^2}{ds^2} P(s)\Big|_{s=0} = \frac{1}{2!} E[X(X-1)s^{X-2}]\Big|_{s=0}$$

$$= \frac{1}{2!} \sum_{x=2}^{\infty} x(x-1) s^{x-2} f(x)\Big|_{s=0}$$

$$\therefore f(k) = \frac{1}{k!} \frac{d^k}{ds^k}\left(\sum_{x=0}^{\infty} s^x f(x)\right)\Big|_{s=0} = \frac{1}{k!} \frac{d^k}{ds^k} E[S^X]\Big|_{s=0}$$

예) 앞면이 나올 때까지 던지는 동전의 횟수를 X라 하자.

$$X : 1,2,3,\cdots$$

$$f(k) = \left(\frac{1}{2}\right)^k$$

$$P(s) = E[s^X] = \sum_{k=1}^{\infty} s^k \left(\frac{1}{2}\right)^k = \frac{s/2}{1-s/2} = \frac{s}{2-s} \text{(단, } -2 < s < 2\text{)}$$

여기서, $P(s) = E[s^X], s > 0$이면
$$P(s) = E[s^X] = E[e^{\ln s^X}] = E[e^{X\ln s}] = E[e^{tX}], (t = \ln s)\text{이다.}$$

확률생성함수는 다음과 같은 성질 또한 가지고 있다.

$$\frac{d}{ds}P(s)\Big|_{s=1} = E[Xs^{X-1}]\Big|_{s=1} = E[X]$$

$$\frac{d}{ds}P(s)\Big|_{s=1} = E[X(X-1)s^{X-2}]\Big|_{s=1} = E[X(X-1)]$$

$$\frac{d^k}{ds^k}P(s)\Big|_{s=1} = E[X(X-1)(X-2)\cdots(X-k+1)]$$

4. 적률생성함수

(1) 확률밀도함수나 누적분포함수 이외의 방법으로 확률분포를 나타내는 방법이다.

$E(e^{tX})$가 실수일 때, 함수
$M(t) = E(e^{tX}), -h < t < h, (h > 0)$를 확률변수 X의 적률생성함수라고 한다.

예) $f(k) = P(X=k) = \left(\frac{1}{2}\right)^k$ 일 때

$$E(e^{tX}) = \sum_{x=1}^{\infty} e^{tx} \left(\frac{1}{2}\right)^x$$

$$M(t) = E(e^{tX}) = \sum_{x=1}^{\infty} e^{tx} \left(\frac{1}{2}\right)^x = \frac{e^t/2}{1-e^t/2} = \frac{e^t}{2-e^t} \text{이다.}$$

(2) 지수함수의 멱급수 전개식

$$e^{tX} = 1 + \frac{tX}{1!} + \frac{(tX)^2}{2!} + \frac{(tX)^3}{3!} + \ldots + \frac{(tX)^k}{k!}$$

$$M(t) = E(e^{tX}) = 1 + \frac{E(X)}{1!}t + \frac{E(X^2)}{2!}t^2 + \ldots + \frac{E(X^k)}{k!}t^k + \ldots = \sum_{k=0}^{\infty} \frac{E(X^k)}{k!}$$

(3) 적률의 정의

$$m_K(t) = E(X^k) = \begin{cases} \sum_x x^k f(x) & \text{이산형} \\ \int_{-\infty}^{\infty} x^k f(x) & \text{연속형} \end{cases}$$

※ 마코브(Markov) 부등식과 체브셰프 부등식

1. 마코브부등식

(1) 확률변수 Z에 대하여 $r > 0, k > 0$일 때 다음이 성립한다.

$$P(|Z| \geq k) \leq \frac{E(|Z|^r)}{k^r}$$

증명) $\int_{-\infty}^{\infty} |z|^r f(z) dz \geq \int_{k}^{\infty} |z|^r f(z) dz + \int_{-\infty}^{-k} |z|^r f(z) dz$

$\rightarrow E(|Z|^r) \geq k^r (P(Z \geq k) + P(Z \leq -k))$

$\rightarrow P(|Z| \geq k) \leq \dfrac{E(|Z|^r)}{k^r}$

따름정리1) $X > 0$인 확률변수에 대하여 다음이 성립한다.

$P(X \geq k) \leq \dfrac{E(X)}{k}$

따름정리2) $|X| > 0$인 확률변수에 대하여 다음이 성립한다.

$P(|X| \geq k) \leq \dfrac{E(|X|^2)}{k^2}$

2. 체비셰프부등식

(1) 확률변수 X에 대하여 $Var(X) < \infty$이면, 임의의 양수 k에 대하여 다음이 성립한다.

$$P(|X - E(X)| \geq k) \leq \frac{Var(X)}{k^2}$$

증명) 마코브 부등식에 $Z = (X - E(X))$, $r = 2$를 대입하면

$$P(|X - E(X)| \geq k) \leq \frac{E(|X - E(X)|^2)}{k^2}$$

$E(|X - E(X)|^2) = V(X)$이므로 $P(|X - E(X)| \geq k) \leq \dfrac{Var(X)}{k^2}$ 이 성립한다.

따름정리1) $k = r\sqrt{Var(X)}$, (단, $r > 0$)을 대입하면

$$P(|X - E(X)| \leq r\sigma) \geq 1 - \frac{\sigma^2}{(r\sigma)^2}$$

$$\to P(E(X) - r\sigma \leq X \leq E(X) + r\sigma) \geq 1 - \frac{1}{r^2}$$

핵심요약<평균과 분산의 성질>
(1) $E[aX+b] = aE[X]+b$
(2) $V[X] = E[(X-\mu_x)^2] = E[X^2] - \{E[X]\}^2$
   $V[aX+b] = a^2 V[X]$

필수예제3-3) X의 분산이 σ^2이고, a,b는 상수일 때, $aX+b$의 분산을 구하여라.
$(KAA\ 02)$

① $a\sigma^2$ ② $a\sigma^2 + 6$ ③ $a^2\sigma^2 + b^2$ ④ $a^2\sigma^2$

해설) ④

문제조건에 의해 $V[X] = \sigma^2$이다.
따라서 $V[aX+b] = aV[X] = a^2\sigma^2$이다.

유제3-5) 확률변수 X에 대하여
$E(X) = 100$, $V(X) = 9$
일 때, X의 평균, 분산, 표준편차를 차례로 구하여라.
(1) $-3X$
(2) $4X-2$

유제3-6) 확률변수 X에 대하여 $Y = \dfrac{1}{2}X - 1$이라 할 때, $E(Y) = \dfrac{3}{2}, E(Y^2) = \dfrac{29}{4}$ 이다. 이 때, $\dfrac{V(X)}{E(X)}$의 값은?

① 1   ② 2   ③ 3   ④ 4

핵심요약<이산확률변수의 기댓값과 분산>
(1) 확률변수 X의 기댓값은 $E[X], \mu_x, \mu$등으로 표시

　　이산확률변수인 경우 $E[X] = \sum_x x \cdot f(x)$

(2) $h(x)$기댓값 : 이산확률변수인 경우 $E[h(x)] = \sum_x h(x) \cdot f(x)$

필수예제3-4) 6개의 면에 $1, 2, 2, 3, 3, 3$의 숫자가 적힌 주사위를 던져 나오는 숫자를 확률변수 X라 할 때, $Y = aX + b$의 평균과 분산이 각각 $E(Y) = 10, V(Y) = 5$이다. 이 때, $a + b$의 값은? (단, 각 면이 나올 확률은 동일함, $a > 0$)(KAA 04)

① 5　　　　　　② 6　　　　　　③ 7　　　　　　④ 8

해설) ②

$$E[X] = \frac{(1+2+2+3+3+3)}{6} = \frac{7}{3}$$

$$E[X^2] = \frac{(1^2+2^2+2^2+3^2+3^2+3^2)}{6} = 6$$

$$V[X] = E[X^2] - E[X]^2 = 6 - \frac{49}{9} = \frac{5}{9}$$

$$E[Y] = E[aX+b] = aE[X] + b = a \times \frac{7}{3} + b = 10$$

$$Var[Y] = Var[aX+b] = a^2 Var[X] = a^2 \times \frac{5}{9} = 5$$

따라서 $a = 3, b = 3$이다.

유제3-7) 자연수 n에 대하여 확률변수 X가 $1, 2, \cdots, n$에서 값을 취하고 $X=k$ $(1 \leq k \leq n)$일 확률이 $P(X=k)=ck$로 나타난다고 한다. X의 평균이 7이 되는 상수 c의 값을 구하면?(KAA 03)

① $\dfrac{1}{36}$ ② $\dfrac{1}{42}$ ③ $\dfrac{1}{45}$ ④ $\dfrac{1}{55}$

유제3-8) 어떤 도박게임의 규칙이 다음과 같을 경우 게임의 기댓값은 얼마인가?
 규칙 : 동전을 던져 최초로 앞면이 나올 때까지 게임을 하며(즉, 시행중에 앞면이 나오면 게임이 끝남), 최초앞면이 나올 때까지의 시행회수가 n이면 상금은 2^n을 지급하는 게임이다.(KAA 02)

① $\left(\dfrac{1}{2}\right)^2$ ② $n \times 2^n$ ③ 1   ④ ∞

핵심요약<연속확률변수의 기댓값과 분산>

(1) 기댓값

　　확률변수 X의 기댓값은 $E[X], \mu_x, \mu$ 등으로 표시

　　연속확률변수인 경우 $E[X] = \int_{-\infty}^{\infty} x \cdot f(x) dx$

(2) $h(x)$ 기댓값 : 연속확률변수인 경우 $E[h(x)] = \int_{-\infty}^{\infty} h(x) \cdot f(x) dx$

필수예제3-5) 확률밀도함수 $f(x) = \dfrac{1}{2}x$ (단, $0 \leq x < 2$)에 대한 평균 및 분산을 구하시오. ($KAA\ 00$)

① $\left(\dfrac{4}{3}, \dfrac{2}{9}\right)$　　② $\left(\dfrac{1}{3}, \dfrac{2}{5}\right)$　　③ $\left(\dfrac{4}{3}, \dfrac{1}{9}\right)$　　④ $\left(\dfrac{3}{2}, \dfrac{2}{9}\right)$

해설) ①

　　$f(x) = \dfrac{1}{2}x\ (0 \leq x < 2)$의

　　평균 $E[X] = \int_0^2 xf(x)dx = \int_0^2 (x \times \dfrac{1}{2}x)dx = \dfrac{4}{3}$ 이고,

　　분산 $V[X] = E[X^2] - E[X]^2 = \int_0^2 (x^2 \times \dfrac{1}{2}x)dx - \left(\dfrac{4}{3}\right)^2 = \dfrac{2}{9}$ 이다.

유제3-9) 확률변수 Y의 확률밀도함수가 $f(y) = ay(2-y)$ (단, $0 \leq y \leq 2$, a는 상수)일 때 Y의 분산은? ($KAA\ 01$)

①1　　②0.8　　③0.4　　④0.2

유제3-10) 확률밀도함수 $f(x) = 2(1-x)$ (단, $0 \leq x \leq 1$)의 평균과 분산으로 옳게 짝지어진 것은? ($KAA\ 01$)

① $\left(\dfrac{1}{2}, \dfrac{1}{16}\right)$　　② $\left(\dfrac{1}{3}, \dfrac{1}{24}\right)$　　③ $\left(\dfrac{1}{2}, \dfrac{1}{12}\right)$　　④ $\left(\dfrac{1}{3}, \dfrac{1}{18}\right)$

핵심요약<확률변수의 기댓값>

(1) 이산확률변수 $E[X] = \sum_x x \cdot f(x)$, $E[h(x)] = \sum_x h(x) \cdot f(x)$

(2) 연속확률변수 $E[X] = \int_{-\infty}^{\infty} x \cdot f(x)dx$, $E[h(x)] = \int_{-\infty}^{\infty} h(x) \cdot f(x)dx$

필수예제3-6) 확률변수 X의 확률밀도함수가 다음과 같이 주어져 있다. 확률변수 X의 기댓값은?(KAA 04)

$$f(x) = \begin{cases} kx(1-x) &, 0 \leq x \leq 1 \\ 0 &, 기타(o.w) \end{cases} \text{ (단, } k\text{는 상수)}$$

① $\frac{1}{6}$ ② $\frac{1}{4}$ ③ $\frac{1}{3}$ ④ $\frac{1}{2}$

해설) ④

$\int_{-\infty}^{\infty} f(x)dx = 1$ 이므로 $\int_0^1 kx(1-x)dx = 1$ 이다. 이를 정리하면

$\int_0^1 kx(1-x)dx = k\int_0^1 (x-x^2)dx = k\left[\frac{1}{2}x^2 - \frac{1}{3}x^3\right]_0^1 = k \times \frac{1}{6} = 1$

따라서 $k = 6$이다. 그러므로 기댓값은

$\int_0^1 x \times 6x(1-x)dx = 6\int_0^1 (x^2 - x^3)dx = 6\left[\frac{1}{3}x^3 - \frac{1}{4}x^4\right]_0^1 = 6 \times \frac{1}{12} = \frac{1}{2}$

이다.

유제3-11) 뒷면이 나올 때까지 동전을 계속해서 던지는 게임에서 x번째 던진 동전이 앞면이 나오면 상금으로 $\left(\frac{1}{2}\right)^x$원을 받는다고 하자. 이 게임의 기댓값은?

(KAA 05)

① 1/2 ② 1/3 ③ 1/4 ④ 1/5

유제3-12) 확률변수 X가 다음과 같은 확률밀도함수를 가지고 있다. 이 확률분포의 중앙값(median)은?($KAA\ 05$)

$$f(x) = \begin{cases} e^{-x}, x > 0 \\ 0 \quad, otherwise \end{cases}$$

① $e^{\frac{1}{2}}$ ② $\ln\frac{1}{2}$ ③ $\ln 2$ ④ e^2

핵심요약<MGF>

확률변수 X에 대해서 $M_x(t) = E[e^{tx}]$을 적률생성함수(moment generating function)라고 하고, $M_x(t)$, $m_x(t)$, $m(t)$ 등으로 표기

· 이산확률변수인 경우, $\sum_x e^{tx} f(x)$

· 연속확률변수인 경우, $\int_{-\infty}^{\infty} e^{tx} f(x) dx$

필수예제3-7) 확률변수 X의 적률생성함수(moment generating function)가 $m(t) = e^{t^2 + 3t}, -\infty < t < \infty$ 일 때, X의 분산은? (KAA 03)

① 3　　　　② 5　　　　③ 1　　　　④ 2

해설) ④

[풀이] 적률생성함수가 $m_x(t) = e^{t^2 + 3t}$ 이므로

$m_x'(t) = (2t+3)e^{t^2+3t}$ 이고, $m_x''(t) = 2 \times e^{t^2+3t} + (2t+3)^2 e^{t^2+3t}$ 이다.

따라서 $m_x'(0) = 3$, $m_x''(0) = 11$ 이다.

그러므로 $V(X) = m_x''(0) - \{m_x'(0)\}^2 = 11 - 3^2 = 2$ 이다.

유제3-13) 확률변수 X의 확률밀도함수는 $f(x) = 5e^{-5x}, (x>0)$ 이다. X의 적률 생성함수를 구하고 이를 이용하여 분산을 계산하면 얼마인가?

① $\frac{1}{5}$　　　　② $\frac{1}{15}$　　　　③ $\frac{1}{25}$　　　　④ $\frac{1}{35}$

유제3-14) 확률변수 X는 주사위를 던질 때 나오는 눈금이다. $f(x) = \frac{1}{6}, (x=1,2,...,6)$ 일 때, 적률생성함수를 구하여라.

> **핵심요약<체비셰프 부등식>**
> 확률변수 X가 평균 μ, 분산 σ^2인 확률변수 일 때, 임의의 실수 $r>0$에 대해 다음이 성립한다.
> $$P(\mu-r\cdot\sigma \leq X \leq \mu+r\cdot\sigma) \geq 1-\frac{1}{r^2}$$

필수예제3-8) 우리나라 성인남자의 평균키가 $173cm$이고, 표준편차가 $1cm$라고 하자. 체비셰프부등식(Chebyshev's inequality)을 이용하여 우리나라 성인 남자의 키가 $171cm$와 $175cm$에 속할 확률은 최소 몇 %인가? ($KAA\ 04$)

① 60% ② 65% ③ 70% ④ 75%

해설) ④

체비셰프 부등식은 다음과 같다.

확률변수 X가 평균 μ, 분산 σ^2를 가질 때, 임의의 실수 $r>0$에 대해 다음이 성립한다.

$$P(\mu-r\cdot\sigma \leq X \leq \mu+r\cdot\sigma) \geq 1-\frac{1}{r^2}$$

문제에서 $\mu=173cm$, $\sigma=1cm$, $r=2$이므로 이를 위의 부등식에 대입하면

$$P(173-2\cdot1 \leq X \leq 173+2\cdot1) \geq 1-\frac{1}{4}$$이고,

정리하면 $P(171 \leq X \leq 175) \geq \frac{3}{4}$이다. 따라서 우리나라 성인 남자의 키가 $171cm$와 $175cm$에 속할 확률은 최소 75%이다.

유제3-15) 공정한 주사위가 있을 때 확률변수 X는 주사위를 던질 때 나타나는 눈금이다. 체브셰프부등식을 이용하여 $P[|X-E(X)|>\sigma]$를 구하고 확률분포를 이용하여 정확한 확률값을 산출하여 비교하여 보아라.

4. 이산확률분포

1. 균등분포(Uniform Distribution)

N개의 이산점에서 정의되는 균등분포의 확률함수는 다음과 같다.

$$f(x) = \begin{cases} \dfrac{1}{N} & x = 1, 2, 3, \cdots, N \\ 0 & 기타 \end{cases}$$

$$E[X] = \frac{N+1}{2}, \quad V[X] = \frac{N^2-1}{12}$$

2. 이항분포(Binomial Distribution)

1회 시행에서 사건 A가 일어날 확률이 p일 때, n회의 독립시행에서 사건 A가 일어나는 횟수를 X라 하면 $0, 1, 2, 3, ..., n$의 하나의 값을 가지는 확률변수이고, 확률함수와 평균 분산은 다음과 같다.

$$f(x) = \binom{n}{r} p^r q^{n-r} \quad (단, p+q=1, \ r=0,1,2,...,n)$$

$$E[X] = m = np, \quad V[X] = npq \quad (단, \ p+q=1)$$

$n = 1$인 경우를 베르누이(Bernoulli) 실험이라 하며 그 확률분포를 베르누이 확률분포라고 한다. 즉 이항분포의 확률변수 X란 베르누이실험 $B(1, p)$을 n번 독립적으로 시행하는 경우의 확률변수이다.

예) 어떤 질병에 대한 치유율이 90%인 의약품으로 10명의 환자가 치료를 받고 있다. 치유될 환자의 수를 확률변수 X라 할 때, X의 평균과 분산을 구하시오.

정답 : $E[X] = 9, \ V[X] = 0.9$

3. 포아송 분포(Poisson Distribution)

단위구간 내에서 어떤 사건이 평균 λ회 발생한다고 할 때, 그 구간 내에서 발생되는 사건의 수의 분포를 푸아송 분포라고 한다. 평균발생횟수가 λ인 경우 $X \sim Poisson(\lambda)$로 표시하며 확률함수와 평균 분산은 다음과 같다.

$$f(x) = \frac{e^{-\lambda} \lambda^x}{x!} \quad x = 0, 1, 2, 3, \cdots$$

$$E[X] = \lambda, \quad V[X] = \lambda$$

(1) 포아송 확률변수의 조건
  ① 주어진 구간에서 발생하는 사건의 횟수는 다른 구간에서 발생하는 사건의 횟수와 독립적이다.
  ② 매우 짧은 구간에서 2회 이상의 사건이 발생할 가능성은 무시할 정도로 작아 0으로 간주한다.
  ③ 주어진 구간의 사건 발생횟수는 구간의 길이에 비례한다.

(2) 포아송분포의 예
  ① 특정지역에서 제한된 시간 내에 발생되는 교통사고의 수의 분포
  ② 타이프를 칠 때 페이지 당 오타의 수의 분포
  ③ 특정시간에 고속도로 톨게이트를 지나가는 차량의 수의 분포
  ④ 자동생산라인에서 특정 시간 내에 발생되는 불량품수의 분포

예) 올림픽도로에서는 하루 평균 5건의 교통사고가 발생한다. 교통사고의 발생횟수가 포아송 분포를 따른다고 할 때,
  (1) 어느 날 교통사고가 전혀 일어나지 않을 확률은?
  (2) 교통사고가 3번 이상 일어날 확률은?

정답) (1) $f(0) = \dfrac{e^{-5}5^0}{0!} = 0.0067$ (2) $P(X \geq 3) = 1 - P(X < 3) = 0.8753$

4. 기하분포(Geometric Distribution)

베르누이 실험을 성공이 나타날 때까지 시행하는 경우, X를 성공이 처음 나타날 때까지의 시행횟수라고 정의할 때 X는 기하분포를 따른다고 한다. 기하분포의 확률함수와 평균 분산은 다음과 같다.

$$f(x) = q^{x-1}p \quad (단, p+q=1, \ x=1,2,\ldots)$$

$$E[X] = \sum_{x=1}^{\infty} x \cdot (q^{x-1}p) = p(1+2q+3q^2+\cdots) = \dfrac{p}{(1-q)^2} = \dfrac{1}{p}$$

$$V[X] = E[X^2] - E[X]^2$$
$$= p(1+2^2q^1+3^2q^2+\cdots) - \left(\dfrac{1}{p}\right)^2$$
$$= \dfrac{q}{p^2}$$

예) 동전을 던지는 시행에서 앞면이 나올 때까지 동전을 던진 횟수를 확률변수 X라 하자. 기댓값과 분산을 구하시오.

정답 : $E[X] = 2, \ V[X] = 2$

5. 음이항 분포(Negative Binomial Distribution)

베르누이 실험을 r번째 성공이 나타날 때까지의 시행횟수를 X라고 하면 확률변수 X는 음이항 확률분포를 한다고 하며, 확률함수와 평균 분산은 다음과 같다.

$$f(x) = {}_{x-1}C_{r-1}q^{x-r}p^r, \quad x = r, r+1, r+2\cdots$$

$$E[X] = r\left(\frac{1}{p}\right), \quad V[X] = r \cdot \left(\frac{q}{p^2}\right)$$

6. 다항 분포(Multinomial Distribution)

다항분포란 이항분포와 마찬가지로 이산변수의 확률분포로서 확률실험의 결과로 k개의 가능한 경우가 발생할 때 나타나는 분포이다. 곧 $k = 2$이면 이항분포와 같게 된다. 어떤 실험에서 발생 가능한 사건이 $x_1, x_2, \cdots, x_k$ 등 k개가 있고, 각 사건이 발생할 확률을 각각 $p_1, p_2, \cdots, p_k$라 하자. 이때 이 실험을 n회 실행할 때 사건 x_1이 n_1회, 사건 x_2가 n_2회, $\cdots$, 사건 x_k가 n_k회 발생하는 확률을 계산하면 다음과 같다.

$$f(x_1, x_2, x_3, \cdots, x_k) = \frac{n!}{n_1! n_2! \cdots n_k!} p_1^{n_1} p_2^{n_2} \cdots p_k^{n_k}$$

7. 초기하 분포(Hypergeometric Distribution)

N개의 개체(모집단)중 K개가 $Type\ 1$, $N-K$개가 $Type\ 2$ 형태로 구성되어 있다고 하자. n개의 요소를 비복원 방법으로 임의 추출한다고 할 때 $Type\ 1$의 개수를 X라고 한다면 확률변수 X의 확률함수와 평균 분산은 다음과 같다.

$$f(x) = \frac{\binom{k}{x} \cdot \binom{N-k}{n-x}}{\binom{N}{n}} \quad x = 0, 1, 2, \cdots, n$$

$$E[x] = n \cdot \left(\frac{k}{N}\right) \quad V[x] = n \cdot \left(\frac{k}{N}\right)\left(\frac{N-k}{N}\right)\left(\frac{N-n}{N-1}\right)$$

기댓값과 분산의 형태는 이항분포와 유사하다.

즉, $p = \frac{k}{N}$이라고 할 때, $E[x] = np$, $V[x] = npq\left(\frac{N-n}{N-1}\right)$로 표현될 수 있으며 분산에서 $\left(\frac{N-n}{N-1}\right)$은 비복원추출인 경우에 적용된다.

핵심요약<균등분포>
(1) 확률변수에 대하여 확률이 동일한 분포를 말한다.
(2) $f(x) = \begin{cases} \dfrac{1}{N} & x = 1, 2, 3, \cdots, N \\ 0 & \text{기타} \end{cases}$

$E[X] = \dfrac{N+1}{2}$, $V[X] = \dfrac{N^2-1}{12}$

필수예제4-1) 확률변수 X의 확률밀도함수(probability density function)가 다음과 같을 때 $E[X]$를 구하시오. (KAA 19)

$$f(x) = \begin{cases} k\exp(-x), & x \geq 1, \\ 0, & x < 1, \end{cases} \text{단, } k \text{는 상수.}$$

① 1.5   ② 2.0   ③ 2.5   ④ 3.0

해설) ②

$$E(X) = \int_1^\infty (x \times ke^{-x})dx = k\int_1^\infty xe^{-x}dx = k\left[-xe^{-x} - e^{-x}\right]_1^\infty = 2ke^{-1}$$

그런데, $\int_1^\infty ke^{-x}dx = 1$이므로 $\left[-ke^{-x}\right]_1^\infty = 1, ke^{-1} = 1$이므로 $k = e$가 된다.

그러므로 $E(X) = \dfrac{2k}{e} = \dfrac{2e}{e} = 2$가 된다.

유제4-1) 이산확률변수 X는 정의역 $\{-1, 0, 1\}$을 갖는 이산균등분포(discrete uniform distribution)를 따른다. $P(X^2 - X - 2 < 0)$의 값을 구하면? (KAA 03)

① 0   ② $\dfrac{1}{4}$ ③ $\dfrac{2}{3}$ ④ 1

> **핵심요약<이항분포>**
> $X \sim B(n,p)$일 때,
> $f(x) = \binom{n}{r} p^r q^{n-r}$ (단, $p+q=1$, $r=0,1,2,...,n$)
> $E[X] = m = np$, $V[X] = npq$ (단, $p+q=1$)

필수예제4-2) 한 개의 주사위를 60번 던졌을 때, 6의 약수의 눈이 나오는 횟수를 X라 하자. 확률변수 X가 이항분포 $B(a, b)$를 따를 때, $a \times b$의 값을 구하여라.

해설) 40

60번의 시행을 하므로 $a = 60$

6의 약수는 1, 2, 3, 6이므로 한 개의 주사위를 던질 때, 6의 약수의 눈이 나올 확률은 $b = \frac{4}{6} = \frac{2}{3}$이다.

따라서 $ab = 40$이다

유제4-2) 이항분포 $B(n, p)$를 따르는 확률변수 X에 대하여 X의 평균이 2, 분산이 1이라고 할 때, $\frac{P(X=1)}{P(X=2)}$의 값은 얼마인가?

① $\frac{1}{2}$ ② 2   ③ $\frac{2}{3}$ ④ 2

유제4-3) 이항분포 $B(10, p)$를 따르는 확률변수 X에 대하여 X의 분산이 최대일 때, X의 평균을 구하시오. (KAA 04)

① 5   ② 6   ③ 7   ④ 8

유제4-4) 한 개의 동전을 5번 던져서 나오는 앞면의 수를 확률변수 X라 할 때, 확률변수 $(X-a)^2$의 평균이 최소가 되도록 a의 값을 정하면? (KAA 03)

① $\frac{3}{2}$ ② $\frac{5}{2}$ ③ $\frac{3}{4}$ ④ $\frac{5}{4}$

핵심요약<포아송분포>
(1) 단위구간 내에서 어떤 사건이 평균 λ회 발생한다고 할 때, 그 구간 내에서 발생되는 사건의 수의 분포를 포아송 분포라고 한다.
(2) 평균발생횟수가 λ인 경우 $X \sim Poisson(\lambda)$로 표시

$$f(x) = \frac{e^{-\lambda}\lambda^x}{x!} \quad x = 0,1,2,3,\cdots$$

$$E[X] = \lambda, \quad V[X] = \lambda$$

필수예제4-3) 확률변수 N은 평균이 2인 포아송 분포를 따른다. $a = E[N3^N]$이라고 할 때, $\ln\left(\dfrac{a}{6}\right)$의 값을 구하시오.$(KAA\ 19)$

① 2   ② 3   ③ 4   ④ 5

해설) ③

확률질량함수 $f(n) = \dfrac{e^{-2} \times 2^n}{n!}$이다.

$$a = E(N3^N) = 1 \times 3^1 \times \frac{e^{-2}2^1}{1!} + 2 \times 3^2 \times \frac{e^{-2}2^2}{2!} + 3 \times 3^3 \times \frac{e^{-2}2^3}{3!} + \cdots$$

$$= \frac{e^{-2}6^1}{1!} + 2\frac{e^{-2}6^2}{2!} + 3\frac{e^{-2}6^3}{3!} + \cdots$$

$$= e^4\left(1 \times \frac{e^{-6}6^1}{1!} + 2 \times \frac{e^{-6}6^2}{2!} + 3 \times \frac{e^{-6}6^3}{3!} + \cdots\right)$$

$$= e^4 E(N) = 6e^4$$

그러므로 $\ln\left(\dfrac{a}{6}\right) = \ln e^4 = 4$이다.

유제4-5) 이산확률변수 X가 포아송분포 $f(x) = \dfrac{e^{-0.1} \times (0.1)^x}{x!}$, $x = 0,1,2,\cdots$일 때 X의 기댓값과 분산을 구하시오.$(KAA\ 99)$

① 0.1, 10   ② 0.1, 0.1   ③ 10, 100   ④ 10, 0.01

핵심요약<기하분포 / 음이항분포 / 초기하분포>
(1) 성공이 나타날 때까지 시행하는 경우, X를 성공이 처음 나타날 때까지 시행횟수라고 정의할 때 X는 기하분포라 한다.
(2) 베르누이 실험을 r번째 성공이 나타날 때까지의 시행횟수를 X라고 하면 X는 음이항 확률분포를 한다.

필수예제4-4) 주사위를 던져서 1, 2, 3의 눈이 나오면 던지기를 중단하고 그 이외의 눈이 나오면 다시 던지기로 한다. 이와 같이 주사위를 최대 K회까지 던질 수 있도록 허용될 때, 2의 눈이 나올 확률을 P_k라고 한다. $\lim_{k \to \infty} P_k$의 값은?(KAA01)

① $\frac{1}{2}$ ② $\frac{1}{3}$ ③ $\frac{1}{4}$ ④ $\frac{1}{5}$

해설) ②

K번째 2가 나올 확률은 $\left(\frac{1}{2}\right)^{k-1}\left(\frac{1}{2}\right)\frac{1}{3}$이므로 2가 나와서 주사위 던지기를 중단 할 확률은 $\frac{1}{2} \times \frac{1}{3} + \left(\frac{1}{2}\right)^2 \frac{1}{3} + \cdots = \frac{1/6}{1-1/2} = \frac{1}{3}$

유제4-6) 주사위를 "6"의 눈금이 세 번째 나타날 때까지 던지는 게임에서 t번째 시행에서 3번째의 6의 눈금이 나올 확률을 구하여라.

유제4-7) 상자에 6개의 파란 공, 4개의 빨간 공이 들어있다. 6개의 공을 무작위로 (비복원)꺼낼 때 빨간 공의 개수를 X라고 하면 확률변수 X의 표준편차를 구하시오.

5. 연속확률분포

1. 균등분포(Uniform Distribution)

구간 (a,b)에서 정의되는 균등분포의 확률밀도함수는

$$f(x) = \frac{1}{b-a}, \ a < x < b$$

$$E[X] = \int_a^b xf(x)dx = \frac{1}{b-a}\left[\frac{x^2}{2}\right]_a^b = \frac{a+b}{2}, \ V[X] = \frac{(b-a)^2}{12}$$

2. 정규분포(Normal Distribution)

정의역이 $(-\infty, \infty)$인 연속확률변수 X의 확률밀도함수 $f(x)$가

$f(x) = \dfrac{1}{\sqrt{2\pi}\,\sigma} e^{-\frac{(x-m)^2}{2\sigma^2}}$ 으로 주어질 때, X의 확률분포를 정규분포라 하고,

$N(m, \sigma^2)$으로 나타낸다.

(1) 정규분포 $y = f(x)$의 그래프에 대한 성질 (i)

① 임의의 실수 x에 대해 $f(x) > 0$이다.
② 직선 $x = m$에 대하여 대칭인 곡선이다.
③ 곡선과 x축 사이의 넓이는 1이다.
④ X가 구간 $[a, b]$에 속할 확률 $P(a \leq X \leq b)$는 구간 $[a, b]$에서 곡선과 x축사이의 넓이와 같다.
⑤ X의 평균은 m이고, 분산은 σ^2이다.

(2) 정규분포 $y = f(x)$의 그래프에 대한 성질 (ii)

① m이 일정할 때, 표준편차 σ가 커지면 폭이 넓어지고 낮아지며, 표준편차 σ가 작아지면 폭이 좁아지고 높아진다.
② σ가 일정할 때, m이 변하면 대칭축의 위치만 바뀐다.

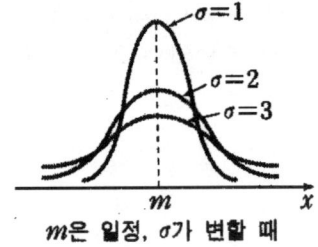

m은 일정, σ가 변할 때

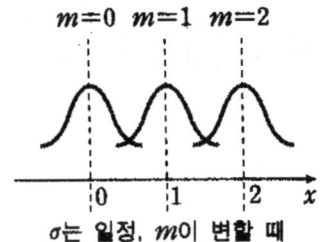

σ는 일정, m이 변할 때

3. 표준정규분포(Standard Normal Distribution)

확률밀도함수가 $f(z) = \dfrac{1}{\sqrt{2\pi}} e^{-\frac{z^2}{2}}$ (단, $-\infty < z < \infty$)인 정규분포를 표준정규분포라 한다. 이는 정규분포의 확률밀도함수에 $m=0$, $\sigma=1$을 대입한 결과와 같다. 그래서 $N(0,1^2)$로 나타낸다.

(1) 정규분포의 표준화

확률변수 X가 정규분포 $N(m,\sigma^2)$을 따를 때, 새로운 확률변수 $Z = \dfrac{X-m}{\sigma}$인 확률변수 Z는 표준정규분포 $N(0,1^2)$을 따른다.

(2) 표준정규분포를 이용한 확률구하기

확률변수 X가 정규분포 $N(m,\sigma^2)$을 따를 때, $Z = \dfrac{X-m}{\sigma}$을 이용하여 표준화한 뒤 표준정규분포표를 이용한다.

예) 확률변수 X가 정규분포 $N(20, 10^2)$을 따를 때, 오른쪽 표준정규분포를 이용하여 다음 확률을 구하여라.
(1) $P(30 \leq X \leq 35)$
(2) $P(X \leq 40)$

z	$P(0 \leq Z \leq z)$
1.0	0.3413
1.5	0.4332
2.0	0.4772

정답 : (1) 0.0919, (2) 0.9772

예) 800명을 모집하는 S대학의 입학시험에 8000명이 응시하였다. 수험생의 시험 성적의 평균은 252점, 표준편차는 63점이었다고 한다. 수험생 전체의 성적이 정규분포를 따를 때, 합격자의 최저 점수를 구하여라.

z	$P(0 \leq Z \leq z)$
0.05	0.2
0.84	0.3
1.28	0.4

정답 : 333점

4. 이항분포와 정규분포의 관계

확률변수 X가 이항분포 $B(n,p)$를 따를 때, n이 충분히 크면 X의 분포는 근사적으로 정규분포 $N(np, npq)$를 따른다는 것이 알려져 있다.

$$\text{이항분포 } B(n,p) \Rightarrow \text{정규분포 } N(np, npq)$$

예) 당첨 될 확률이 25%인 복권을 300장 구입하였다. 30%이상 당첨될 확률을 구하여라.(단, $P(|z| \leq 2) = 0.9544$) 정답 : 0.0228

5. 지수분포(Exponential Distribution)

사건발생까지의 확률변수에 대한 분포이다. 주어진 구간 내 사건 발생횟수에 대한 분포는 포아송분포를 가정하지만 사건발생까지 대기시간은 지수분포를 가정하여 확률함수를 정한다. 확률변수 X의 확률밀도함수 $f(x)$가

$$f(x) = \begin{cases} \dfrac{1}{\theta} e^{-\frac{1}{\theta}x}, & x > 0 \\ 0, & x < 0 \end{cases}$$

로 주어질 때, X를 지수분포라 하고,

$$E(X) = \theta, \sigma(X) = \theta, V(X) = \theta^2$$

를 만족한다.

여기서 θ는 어떤 사건이 발생하는데 걸리는 평균시간을 의미한다.

$$E(X) = \int_0^\infty x f(x) dx = \int_0^\infty x \frac{1}{\theta} e^{-\frac{1}{\theta}x} dx = \theta$$

$$V(X) = E(X^2) - [E(X)]^2 = 2\theta^2 - \theta^2 = \theta^2$$

핵심요약<균등분포>

구간 (a,b)에서 정의되는 균등분포의 확률밀도함수는

$$f(x) = \frac{1}{b-a}, \ a < x < b$$

$$E[X] = \int_a^b xf(x)dx = \frac{1}{b-a}\left[\frac{x^2}{2}\right]_a^b = \frac{a+b}{2}, \ V[X] = \frac{(b-a)^2}{12}$$

필수예제5-1) 확률변수 X의 확률밀도함수가 다음과 같이 정의될 때, $V(X) + P(40 < X < 55)$의 값은? $(KAA\ 08)$

$$f(x) = \begin{cases} \dfrac{1}{30}, & 30 \le x \le 60 \\ 0, & 기타 \end{cases}$$

① 45.5　　② 45.6　　③ 75.5　　④ 75.6

해설) ③

X는 균등분포를 따르므로, X~Uniform[a,b]일 때 분산은 $\dfrac{(b-a)^2}{12}$ 이므로

$$Var[X] = \frac{(60-30)^2}{12} = \frac{900}{12} = 75 \ 이다.$$

또한, $P(40 < X < 55) = \int_{40}^{55} f(x)dx = \int_{40}^{55} \frac{1}{30}dx = \frac{55-40}{30} = \frac{15}{30} = \frac{1}{2}$ 이다.

따라서, $Var[X] + P(40 < X < 55) = 75.5$ 이다.

유제5-1) $X \sim U(30,60)$ 즉 X는 $[30,60]$에서 균등분포를 가질 때, $E(X) + P[40 < X < 55]$의 값은? $(KAA\ 04)$

① 45.5　　② 45.6　　③ 75.5　　④ 75.6

유제5-2) 한 버스정류장에서 매시 0분, 15분, 35분에 각 1회씩 버스가 발차한다고 한다. 한 사람이 우연히 이 정거장에 와서 버스가 발차할 때까지 기다리는 시간의 기댓값을 구하면?(KAA 02)

① 10분 05초　　② 10분 15초　　③ 10분 25초　　④ 10분 35초

유제5-3) 서로 사귀는 남녀가 오후 12시 30분경에 어떤 장소에서 만나기로 약속했다. 남자와 여자의 도착시간은 서로 독립적이며 남자의 도착시간이 12시 15분과 12시 45분 사이에서 균등분포(uniform distribution)를 따르고, 여자의 도착시간도 12시 15분과 12시 45분 사이에서 균등분포를 따른다고 하자. 먼저 도착한 사람이 5분 이상 기다리지 않을 확률은?(KAA 05)

① $\dfrac{1}{4}$　　② $\dfrac{15}{36}$　　③ $\dfrac{1}{6}$　　④ $\dfrac{11}{36}$

유제5-4) 서울역에서 전동차가 10분 간격으로 도착해서 출발한다. 임의의 시간에 서울역에서 도착하여 전동차를 타기 위하여 기다리는 시간의 분산을 구하시오.
(KAA 00)

① $\dfrac{10}{3}$　　② $\dfrac{16}{3}$　　③ $\dfrac{20}{3}$　　④ $\dfrac{25}{3}$

핵심요약<정규분포>

정의역이 $(-\infty, \infty)$인 연속확률변수 X의 확률밀도함수 $f(x)$가

$$f(x) = \frac{1}{\sqrt{2\pi}\sigma} e^{-\frac{(x-m)^2}{2\sigma^2}}$$ 으로 주어질 때, X의 확률분포를 정규분포라 하고, $X \sim N(m, \sigma^2)$으로 나타낸다.

필수예제5-2) 1000명의 수학 성적의 평균이 65점, 표준편차가 10점인 정규분포를 이룰 때, 55점에서 75점 사이에 있는 사람은 몇 명 정도로 생각되는가?(KAA 03) (단, $P(0 \leq Z \leq 1) = 0.341$)

① 341명　　② 512명　　③ 682명　　④ 712명

해설) ③

평균 $m = 65$　표준편차 $\sigma = 10$
$P[55 < X < 75] = P[-1 < Z < 1] = 2 \times 0.341 = 0.682$
따라서 55점과 75점 사이에 있는 사람의 수는 $0.682 \times 1000 = 682$명이다.

유제5-5) 확률변수 X가 평균이 100, 분산이 4인 정규분포를 따를 때, 확률 $P(c \leq X \leq c+4)$가 최대가 되는 c의 값은?(KAA 04)

①95　　　②98　　　③102　　　④104

유제5-6) 확률변수 Y가 정규분포 $N(m, \sigma^2)$을 따를 때, $P(m - 2\sigma \leq Y \leq m + 2\sigma) = 0.9544$라고 한다. 이 때, 확률 $P(Y \geq m - 2\sigma)$는?

① 0.5228　　② 0.6587　　③ 0.8332　　④ 0.9772

핵심요약<이항분포와 정규분포와의 관계>
확률변수 X가 이항분포 $B(n,p)$를 따를 때, n이 충분히 크면 X의 분포는 근사적으로 정규분포 $N(np,npq)$를 따른다는 것이 알려져 있다.

필수예제5-3) 확률변수 X가 이항분포 $B(100, 0.5)$를 따를 때, X의 평균과 표준편차를 구하고, 확률변수 X가 따르는 정규분포를 기호로 나타내어라

해설) $E(X)=50, \sigma(X)=5, X \sim N(50, 5^2)$
X가 이항분포 $B(100, 0.5)$를 따르므로 $E(X) = 100 \times 0.5 = 50$,
$\sigma(X) = \sqrt{100 \times 0.5 \times 0.5} = 5$이다.
따라서 $X \sim N(50, 5^2)$이다.

유제5-7) 1회의 시행에서 10점을 얻을 확률이 $\frac{1}{5}$이고, 2점을 잃을 확률이 $\frac{4}{5}$인 게임이 있다. 0점에서 시작하여 이 게임을 1600번 독립적으로 시행한 후의 점수가 736점 이상일 확률을 구하여라. (단, $P(0 \leq Z \leq 0.5) = 0.1915$)

유제5-8) 당첨확률이 25% 인 복권을 시판하고 있다. 구매자가 이 복권 300장을 임의로 구입할 경우 30% 이상이 당첨될 확률은?($KAA\,05$)
(단, $P(|Z| \leq 1.9) = 0.944, P(|Z| \leq 2.0) = 0.954$이며, Z는 표준정규분포를 따르는 확률변수이고, 소수점 이하 네 자리에서 반올림하시오.)
① 0.022 ② 0.023 ③ 0.026 ④ 0.028

핵심요약<지수분포>
(1) 사건발생까지 대기시간은 지수분포를 가정하여 확률함수를 정한다.
    θ는 사건이 발생하기까지 걸리는 평균시간이다.
(2) 확률변수 X의 확률밀도함수 $f(x)$가
$$f(x) = \begin{cases} \dfrac{1}{\theta}e^{-\frac{1}{\theta}x}, & x > 0 \\ 0, & x < 0 \end{cases}$$
로 주어질 때, X를 지수분포라 하고,
$$E(X) = \theta, \sigma(X) = \theta, V(X) = \theta^2$$

필수예제5-4) 미래전자의 냉장고는 평균 10년 동안 고장이 없다고 한다. 이 냉장고가 고장 날 확률이 지수분포를 따를 때,
 (ⅰ) 이 냉장고가 20년 이상 고장이 없을 확률을 구하여라.
 (ⅱ) 또 3년 이내에 고장 날 확률을 구하여라.

해설) (ⅰ) $P(X \geq 20) = \int_{20}^{\infty} \dfrac{1}{10} e^{-\frac{1}{10}x} dx = e^{-2}$

 (ⅱ) $P(X \leq 3) = \int_{0}^{3} \dfrac{1}{10} e^{-\frac{1}{10}x} dx = 1 - e^{-0.3}$

필수예제5-5) 확률변수 T는 지수분포를 따르며 $P[T \leq 2] = 2 \cdot P[T > 4]$이다. $V[T]$를 구하시오.

해설) $V[T] = 8.32548$
 $T \sim exp(\lambda)$라고 하면 $P[T \leq 2] = 1 - e^{-2\lambda}$
 $P[T > 4] = 1 - P[T \leq 4] = 1 - (1 - e^{-4\lambda}) = e^{-4\lambda}$
 따라서 $1 - e^{-2\lambda} = 2e^{-4\lambda}$ 이므로,
 $e^{-2\lambda}$에 대한 이차방정식 $2(e^{-2\lambda})^2 + e^{-2\lambda} - 1 = 0$의 해를 먼저 구하면 된다.
 정리하면 $\lambda = \ln \sqrt{2}$ 이다.
 $\therefore V[T] = \dfrac{1}{\lambda^2} = \dfrac{1}{(\ln \sqrt{2})} = 8.32548$

유제5-9) 보험사고로 보험금을 회사에 최초로 청구하는데 걸리는 시간은 모범운자가 평균 6년, 일반운전자가 평균 3년이 소요된다고 한다. 운전자들 간의 소요시간 확률변수는 서로 독립이며 지수분포를 따른다고 한다. 보험에 가입 후 모범운전자는 3년 이내에 보험금을 청구를 하고 일반운전자는 2년 이내에 보험금 청구를 할 확률을 구하시오.

유제5-10) 확률변수 X를 인터넷에 연결된 컴퓨터 단말기의 반응시간이라 하면 X는 평균반응시간이 3초인 지수분포를 한다고 한다. 반응시간이 9초 보다 작을 확률을 구하여라. 또 반응시간이 6초와 9초 사이일 확률을 구하여라.

6. 결합, 주변 및 조건부 분포

1. 결합확률분포

두 개 이상의 확률변수가 관련된 확률분포를 결합확률분포라고 한다.

(1) X, Y가 이산확률변수인 경우

$$0 \leq f(x,y) \leq 1, \quad \sum_x \sum_y f(x,y) = 1$$

$$P(a < X \leq b, c < Y \leq d) = \sum_{a < x_i \leq b} \sum_{c < y_j \leq d} f(x_i, y_j)$$

(2) X, Y 연속확률변수인 경우

$$f(x,y) \geq 0, \quad \int_{-\infty}^{\infty} \int_{-\infty}^{\infty} f(x,y) dx dy = 1$$

$$P(a \leq X \leq b, c \leq Y \leq d) = \int_c^d \int_a^b f(x,y) dx dy$$

2. 결합확률분포의 누적분포함수

확률변수 X와 Y가 결합확률분포를 갖는 경우 누적확률분포함수는
$F(x,y) = P(X \leq x, Y \leq y)$이며

X, Y가 이산확률변수인 경우 $F(x,y) = \sum_{s=-\infty}^{x} \sum_{t=-\infty}^{y} f(s,t)$ 이고,

X, Y가 연속확률변수인 경우 $F(x,y) = \int_{-\infty}^{x} \int_{-\infty}^{y} f(s,t) dt ds$ 이다.

또한 $\dfrac{\partial^2}{\partial x \partial y} F(x,y) = f(x,y)$ 이다.

3. 결합확률분포의 주변확률질량함수

주변분포(marginal distribution)는 X, Y의 결합분포에서 X 또는 Y의 어느 하나만의 확률분포를 말하며, 결합확률분포의 주변(marginal)에 표시되기 때문에 이를 주변확률분포라고 한다. X, Y가 공간 S에서 결합확률분포 $f(x,y)$를 가질 때,

(1) X, Y가 이산확률변수인 경우, 주변확률질량함수(marginal pmf)

$$f_X = \sum_y f(x,y) = P(X=x), \, x \in S_X$$

$$f_Y = \sum_x f(x,y) = P(Y=y), \, y \in S_Y$$

(2) X, Y가 연속확률변수인 경우, 주변확률밀도함수(marginal pdf)

$$f_X = \int_{-\infty}^{\infty} f(x,y)dy, x \in S_X$$
$$f_Y = \int_{-\infty}^{\infty} f(x,y)dx, y \in S_Y$$

예) 연속확률변수 X, Y의 결합확률밀도함수가 다음과 같다. 물음에 답하시오.

$$f(x,y) = \frac{4}{3}(1-xy), \quad 0 \leq x \leq 1, 0 \leq y \leq 1$$

(1) 확률변수 X의 주변(marginal) pdf를 구하시오.
(2) 확률변수 X의 평균을 구하시오.

정답 : (1) $f_X = \frac{4}{3}\left(1-\frac{x}{2}\right)$ (2) $\frac{4}{9}$

4. 조건부 분포

확률변수 X, Y가 결합확률(밀도)함수 $f(x,y)$를 가지며, X 주변확률분포 확률함수 f_X와 Y 주변확률분포 확률함수 f_Y를 가진다고 하자.

(1) 확률변수 $X = x$가 주어질 때, 확률변수 Y의 조건부 분포는 다음과 같다.

$$f(y|x) = \frac{f(x,y)}{f_X(x)}, \ f_X(x) > 0$$

(2) 확률변수 $Y = y$가 주어질 때, 확률변수 X의 조건부 분포는 다음과 같다.

$$f(x|y) = \frac{f(x,y)}{f_Y(y)}, \ f_Y(y) > 0$$

예) 다음 결합확률분포에서 $Y=1$일 때 $f(x|y)$를 구하여라.

		X		
		-1	0	1
Y	1	$\frac{1}{18}$	$\frac{1}{9}$	$\frac{1}{6}$
	0	$\frac{1}{9}$	0	$\frac{1}{6}$
	-1	$\frac{1}{6}$	$\frac{1}{9}$	$\frac{1}{9}$

정답 :

x	-1	0	1
$f(x\|y=1)$	$\frac{1}{6}$	$\frac{2}{6}$	$\frac{3}{6}$

5. 결합확률함수의 기댓값

$h(x,y)$를 확률변수 X, Y의 함수이며 X, Y는 결합확률변수라고 할 때 $h(x,y)$의 기댓값은 다음과 같이 정의한다.

(1) X, Y가 이산확률변수인 경우 $E[h(X,Y)] = \sum_x \sum_y h(x,y) f(x,y)$

(2) X, Y가 연속확률변수인 경우 $E[h(X,Y)] = \int_{-\infty}^{\infty} \int_{-\infty}^{\infty} h(x,y) f(x,y) dy dx$

예) 양쪽 면에 0과 1이 적혀있는 숫자 카드가 주머니에 8개가 들어 있다. 3개는 (0, 0), 2개는 (1, 0), 2개는 (0, 1), 1개는 (1, 1)이 적혀있다. 하나의 숫자 카드를 임의로 꺼내는 두 숫자의 합의 액수(원)의 돈을 받기로 되어 있다. X, Y가 이들의 두 숫자를 나타낼 때, 결합 pmf와 두 수의 합의 기댓값을 구하시오.

정답 : $f(x,y) = \dfrac{3-x-y}{8}$ (단, $x=0,1, y=0,1$), $E(X+Y) = \dfrac{3}{4}$

핵심요약<결합확률분포>
(1) 두 개 이상의 확률변수가 관련된 확률분포를 결합확률분포라고 한다.
(2) X, Y가 이산확률변수인 경우
$$P(a < X \leq b, c < Y \leq d) = \sum_{a < x_i \leq b} \sum_{c < y_j \leq d} f(x_i, y_j)$$
(3) X, Y 연속확률변수인 경우
$$P(a \leq X \leq b, c \leq Y \leq d) = \int_c^d \int_a^b f(x,y) dx dy$$

필수예제6-1) 두 확률변수 X와 Y의 결합확률밀도함수가 다음과 같이 주어질 때, $P[(X,Y) \in A]$를 구하여라. 단, A는 $\{(x,y) | 0 < x < 1/2, 1 < y < 2\}$의 영역이다.

$$f(x,y) = \begin{cases} \dfrac{3}{5}x(x+y), & 0 < x < 1, 0 < y < 2 \\ 0, & \text{그 외} \end{cases}$$

해설) $P[(X,Y) \in A] = P(0 < X < 1/2, 1 < Y < 2)$
$$= \int_1^2 \int_0^{1/2} \frac{3}{5} x(x+y) dx dy$$
$$= \int_1^2 \frac{3x^2 y}{10} + \frac{3x^3}{15} \Big|_{x=1/2} dy$$
$$= \int_1^2 \left(\frac{3y}{40} + \frac{1}{40} \right) dy = \left[\frac{3y^2}{80} + \frac{y}{40} \right]_1^2$$
$$= \frac{11}{80}$$

유제6-1) 세 개의 이산확률변수 X, Y, Z에 대한 결합확률분포가 다음과 같이 주어졌다. $P(X=2, Y+Z \leq 3)$을 구하여라.
$$f(x,y,z) = \frac{(x+y)z}{63}, x = 1, 2; y = 1, 2, 3; z = 1, 2$$

유제6-2) $X \sim N(10, (\sqrt{40})^2), Y \sim N(20, (\sqrt{60})^2)$이고 X와 Y가 독립일 때 $P(40 < X + Y < 45)$는? $(KAA\ 04)$
(단, $P(Z<1) = 0.84, P(Z<1.5) = 0.93, P(Z<2) = 0.98, P(Z<2.5) = 0.99$)
① 9% ② 5% ③ 14% ④ 1%

핵심요약<조건부 분포>
확률변수 X, Y가 결합확률(밀도)함수 $f(x,y)$를 가지며, X 주변확률분포 확률함수 f_X와 Y 주변확률분포 확률함수 f_Y를 가진다고 하자.
(1) 확률변수 $X=x$가 주어질 때, 확률변수 Y의 조건부 분포는 다음과 같다.
$$f(y|x) = \frac{f(x,y)}{f_X(x)}, \ f_X(x) > 0$$
(2) 확률변수 $Y=y$가 주어질 때, 확률변수 X의 조건부 분포는 다음과 같다.
$$f(x|y) = \frac{f(x,y)}{f_Y(y)}, \ f_Y(y) > 0$$

필수예제6-2) 두 개의 확률변수 X, Y의 결합확률분포가 다음과 같이 주어졌다. $Y=y|X=1$에 대한 분포를 구하여라.

$$\Pr(X=0, Y=0) = 0.800$$
$$\Pr(X=1, Y=0) = 0.050$$
$$\Pr(X=0, Y=1) = 0.025$$
$$\Pr(X=1, Y=1) = 0.125$$

해설)

$$\Pr(Y=0|X=1) = \frac{\Pr(X=1, Y=0)}{\Pr(X=1)} = \frac{0.050}{0.050+0.125} = 0.2857$$
$$\Pr(Y=1|X=1) = \frac{\Pr(X=1, Y=1)}{\Pr(X=1)} = \frac{0.125}{0.050+0.125} = 0.7143$$

유제6-3) X, Y의 결합확률밀도함수가 다음과 같다고 했을 때, $\Pr(Y < X | X = 1/3)$의 값을 구하시오. $(PSQ\ 110)$
$$f(x,y) = \begin{cases} 24xy & 0 < x < 1, 0 < y < 1-x \\ 0 & otherwise. \end{cases}$$

유제6-4) X, Y의 결합확률밀도함수가 다음과 같다고 했을 때, $\Pr(1 < Y < 3 | X = 2)$의 값을 구하시오. $(PSQ\ 111)$
$$f(x,y) = \frac{2}{x^2(x-1)} y^{-(2x-1)/(x-1)} \quad x > 1, y > 1$$

핵심요약<결합확률분포의 기댓값>
(1) 이산확률변수인 경우 $E[h(X,Y)] = \sum_x \sum_y h(x,y)f(x,y)$

(2) 연속확률변수인 경우 $E[h(X,Y)] = \int_{-\infty}^{\infty} \int_{-\infty}^{\infty} h(x,y)f(x,y)dydx$

필수예제6-3) 두 개의 확률변수 X, Y의 결합확률분포가 다음과 같다. $E(XY)$의 값을 구하시오. $(KAA\ 04)$

		Y			
		0	1	2	3
X	0	0.05	0.05	0.10	0
	1	0.05	0.10	0.25	0.10
	2	0	0.15	0.10	0.05

① 1.5   ② 1.7   ③ 1.9   ④ 2.1

해설) ③
$$E[XY] = \sum_x \sum_y x \cdot y\, f(x,y)$$
$= 1\times 1\times 0.1 + 1\times 2\times 0.25 + 1\times 3\times 0.1 + 2\times 1\times 0.15 + 2\times 2\times 0.1 + 2\times 3\times 0.05$
$= 1.9$

유제6-5) X, Y의 결합확률밀도함수가 $f(x,y) = \dfrac{3}{2}(x^2+y^2)$일 때, $E(X^2+Y^2)$의 값을 구하여라. (단 $0<x<1, 0<y<1$이다.)

유제6-6) 다음은 확률변수의 기댓값(expectation)의 성질에 관한 사항이다. 틀린 것은? $(KAA\ 00)$
① $E(XY|Y=y) = yE(X|Y=y)$
② $E(g(X,Y)|Y=y) = E(g(X,y)|Y=y)$
③ $E(XY) = E(X)E(Y)$
④ $E(X|X=2) = 2$

6. 공분산

확률변수 X, Y의 공분산은 다음과 같다.
$$Cov[X, Y] = E[XY] - E[X]E[Y]$$
특히 두 변수가 같으면 공분산은 다음과 같다.
$$Cov[X, X] = V[X]$$

7. 상관계수

상관계수란 공분산을 표준편차로 나누어 단위를 표준화시킨 값이며 $-1 \leq \rho_{X,Y} \leq 1$ 구간에서 값을 갖는다.
$$\rho_{X,Y} = \frac{Cov[X, Y]}{\sigma_X \sigma_Y}$$

예) 다음 결합확률분포에서 다음을 구하시오.
(1) 주변확률분포 $g(x), h(y)$
(2) 조건확률분포 $f(x|y=1)$
(3) $E[X], E[Y], E[XY], E[X^2], E[Y^2]$
(4) $V[X], V[Y], \sigma_X, \sigma_Y,$
(5) 공분산 $Cov[X, Y]$과 상관계수 $\rho_{X,Y}$

		X		
		0	1	2
Y	0	$\frac{2}{28}$	$\frac{10}{28}$	$\frac{3}{28}$
	1	$\frac{6}{28}$	$\frac{6}{28}$	0
	2	$\frac{1}{28}$	0	0

정답 :

(1)

x	0	1	2
$g(x)$	$\frac{9}{28}$	$\frac{4}{7}$	$\frac{3}{28}$

y	0	1	2
$h(y)$	$\frac{15}{28}$	$\frac{3}{7}$	$\frac{1}{28}$

(2)

x	0	1	2
$f(x|y=1)$	$\frac{1}{2}$	$\frac{1}{2}$	0

(3) $E[X] = \frac{11}{14}$, $E[Y] = \frac{1}{2}$, $E[XY] = \frac{3}{14}$, $E[X^2] = 1$, $E[Y^2] = \frac{4}{7}$

(4) $V[X] = \frac{75}{196}$, $V[Y] = \frac{9}{28}$, $\sigma_X = \frac{5\sqrt{3}}{14}$, $\sigma_Y = \frac{3\sqrt{7}}{14}$,

(5) $Cov[X, Y] = -\frac{5}{28}$, $\rho_{X,Y} = -\frac{\sqrt{21}}{9}$

8. 기타관계식

(1) $E[g(X,Y) \pm h(X,Y)] = E[g(X,Y)] \pm E[h(X,Y)]$
따라서 $E[X \pm Y] = E[X] \pm E[Y]$이 성립한다.

(2) $V[aX + bY] = a^2 V[X] + b^2 V[Y] + 2ab Cov[X,Y]$

(3) 확률변수 X, Y가 독립이면 다음이 성립한다.
$$E[XY] = E[X]E[Y]$$

예) 확률변수 X, Y가 독립일 때, 다음을 계산하시오.
(1) $Cov[X,Y]$ (2) $V[aX + bY]$ (3) $V[aX - bY]$

정답 : (1) $Cov[X,Y] = 0$
(2) $V[aX + bY] = a^2 V[X] + b^2 V[Y]$
(3) $V[aX - bY] = a^2 V[X] + b^2 V[Y]$

> **핵심요약<공분산과 상관계수>**
> (1) 확률변수 X, Y의 공분산 :
> $$Cov[X, Y] = E[XY] - E[X]E[Y]$$
>
> (2) 상관계수
>   상관계수란 공분산을 표준편차로 나누어 단위를 표준화시킨 값이며,
> $-1 \leq \rho_{X,Y} \leq 1$구간에서 값을 갖는다.
> $$\rho_{X,Y} = \frac{Cov[X, Y]}{\sigma_X \sigma_Y}$$

필수예제6-4) X, Y가 연속확률변수이고 결합확률밀도함수(joint pdf)가 다음과 같다. 이 때 $Cov(X, Y)$를 구하시오. $(KAA\ 03)$

$$f(x, y) = \begin{cases} \frac{1}{3}(x+y), & 0 \leq x \leq 1,\ 0 \leq y \leq 2 \\ 0, & \text{다른구간} \end{cases}$$

① $\frac{23}{81}$ ② $\frac{13}{81}$ ③ $-\frac{1}{81}$ ④ $-\frac{13}{81}$

해설) ③

$Cov(X, Y) = E(XY) - E(X)E(Y)$ 이다.

1) $E(XY) = \int_0^1 \int_0^2 \frac{1}{3}xy(x+y)dydx = \int_0^1 \int_0^2 \frac{1}{3}x^2y + \frac{1}{3}xy^2 dydx$
$= \int_0^1 \left[\frac{1}{6}x^2y^2 + \frac{1}{9}xy^3\right]_0^2 dx = \int_0^1 \frac{2}{3}x^2 + \frac{8}{9}x dx = \left[\frac{2}{9}x^3 + \frac{4}{9}x^2\right]_0^1 = \frac{2}{3}$

2) $E(X) = \int_0^1 \int_0^2 \frac{1}{3}x(x+y)dydx = \int_0^1 \int_0^2 \frac{1}{3}x^2 + \frac{1}{3}xy dydx$
$= \int_0^1 \left[\frac{1}{3}x^2y + \frac{1}{6}xy^2\right]_0^2 dx = \int_0^1 \frac{2}{3}x^2 + \frac{2}{3}x dx = \left[\frac{2}{9}x^3 + \frac{1}{3}x^2\right]_0^1 = \frac{5}{9}$

3) $E(Y) = \int_0^1 \int_0^2 \frac{1}{3}y(x+y)dydx = \int_0^1 \int_0^2 \frac{1}{3}xy + \frac{1}{3}y^2 dydx$
$= \int_0^1 \left[\frac{1}{6}xy^2 + \frac{1}{9}y^3\right]_0^2 dx = \int_0^1 \frac{2}{3}x + \frac{8}{9} dx = \left[\frac{1}{3}x^2 + \frac{8}{9}x\right]_0^1 = \frac{11}{9}$

4) $Cov(X, Y) = E(XY) - E(X)E(Y) = \frac{2}{3} - \frac{5}{9} \times \frac{11}{9} = -\frac{1}{81}$

유제6-7) 다음 표에서 X와 Y의 상관계수를 구하면? 단, 모집단 공식을 사용하시오.(KAA 02)

$$\begin{array}{l} x : 1 \quad 2 \quad 3 \quad 4 \quad 5 \\ y : 4 \quad 5 \quad 3 \quad 1 \quad 2 \end{array}$$

① $-\dfrac{2}{5}$ ② $-\dfrac{4}{5}$ ③ $\dfrac{2}{3}$ ④ $\dfrac{3}{4}$

유제6-8) 결합밀도함수가 $f(x,y) = \begin{cases} kx, & (0 < x < 1, 0 < y < 1) \\ 0, & \text{그 외의 구간} \end{cases}$ 일 때, $Cov(X,Y)$의 값은?(단, k는 상수)(KAA 05)

① $-\dfrac{1}{6}$ ② 0 ③ $\dfrac{1}{9}$ ④ $\dfrac{1}{6}$

유제6-9) 확률변수 X, Y의 결합확률분포(joint distribution)가 다음과 같은 확률밀도함수(pdf)를 갖는다. $V(2X-3Y+8)$을 구하시오.(KAA 05)

$$f(x,y) = \begin{cases} \dfrac{1}{3}(x+y), & 0 \leq x \leq 1, \ 0 \leq y \leq 2 \\ 0, & \text{그외구간} \end{cases}$$

(단, $E(X) = \dfrac{5}{9}$, $E(Y) = \dfrac{11}{9}$, $E(X^2) = \dfrac{7}{18}$, $E(Y^2) = \dfrac{16}{9}$)

① $\dfrac{245}{81}$ ② $\dfrac{179}{81}$ ③ $\dfrac{331}{162}$ ④ $\dfrac{235}{162}$

7. 구간 추정

1. 용어 설명
① 모집단 : 조사의 대상이 되는 자료 전체를 모집단이라고 한다.
② 표본 : 모집단에서 조사하기 위하여 뽑은 자료의 일부를 표본이라 하며 표본을 뽑는 것을 표본추출이라 하고 표본에 포함되는 자료의 개수를 표본의 크기라 한다.
③ 전수조사 : 조사의 대상 전체를 하나도 빠짐없이 하는 조사를 전수조사라 한다.
④ 표본조사 : 자료의 일부를 조사하여 전체를 추측하는 조사를 표본조사라 한다.
⑤ 임의 추출법 : 모집단 속에서 특별한 의도 없이 같은 확률로 한 개씩 꺼내는 것을 임의추출법 이라고 한다.

2. 모평균과 표본평균
(1) 모평균 : 모집단의 분포에서 확률변수 X의 평균, 분산, 표준편차를 각각 모평균, 모분산, 모표준편차라 하고 각각 m, σ^2, σ로 나타낸다.

(2) 표본평균 : 모집단에서 크기가 n인 표본 $x_1, x_2, x_3, \cdots, x_n$을 임의추출하였을 때, 추출한 표본의 평균을 $\overline{X}$라 하면, $\overline{X} = \dfrac{1}{n}(X_1 + X_2 + X_3 + \cdots + X_n)$이고 $\overline{X}$를 표본평균이라 한다.

(3) 표본평균의 평균과 분산
모평균이 m, 모분산이 σ^2인 모집단에서 크기 n인 표본을 복원추출 할 때 표본의 평균 $\overline{X}$에 대하여
① 평균 : $E(\overline{X}) = m$ (표본평균의 평균은 모평균과 일치한다.)
② 분산 : $V(\overline{X}) = \dfrac{\sigma^2}{n}$ (표본평균의 분산은 모분산을 표본의 크기로 나눈 값이다.)
③ 표준편차 : $\sigma(\overline{X}) = \dfrac{\sigma}{\sqrt{n}}$

예) 확률변수 X가 정규분포 $N(60, 10^2)$을 따르는 모집단에서 크기 20인 표본을 임의추출할 때, 표본평균 $\overline{X}$는 어떤 분포를 이루는가?

정답 : $N(60, \sqrt{5}^2)$

(4) 표본평균의 성질
① 모집단의 분포가 정규분포 $N(m,\sigma^2)$을 따르면 n의 크기에 관계없이 표본평균 $\overline{X}$도 정규분포 $N(m, \dfrac{\sigma^2}{n})$을 따른다.

② 모집단의 분포가 정규분포가 아니더라도 n이 충분히 크면 표본평균 $\overline{X}$는 근사적으로 정규분포를 $N(m, \dfrac{\sigma^2}{n})$따른다.

③ 확률변수 $\overline{X}$에 따른 정규분포 $N(m, \dfrac{\sigma^2}{n})$을 표준화하여 $Z = \dfrac{\overline{X}-m}{\dfrac{\sigma}{\sqrt{n}}}$을 이용하면 Z는 정규분포 $N(0,1)$에 따른다.

예) 모평균이 120, 모표준편차가 10인 정규분포를 따르는 모집단에서 임의추출된 크기 25인 표본평균이 117이상 124이하일 확률을 오른쪽 표준정규분포표를 이용하여 구하여라.

z	$P(0 \leq Z \leq z)$
1.0	0.3413
1.5	0.4332
2.0	0.4772

정답 : 0.9104

예) 모평균 250, 모표준편차 40인 정규분포에 따르는 모집단에서 임의추출된 크기 100인 표본의 평균 $\overline{X}$에 대하여 $P(246 \leq \overline{X} \leq 258)$을 구하시오.
(단, $P(0 \leq Z \leq 1) = 0.3413$, $P(0 \leq Z \leq 2) = 0.4772$)

정답 : 0.8185

3. 모평균의 구간추정
(1) 용어
① 추정 : 표본에서 얻은 정보를 이용하여 모집단의 평균, 표준편차 등을 추측하는 것을 추정이라고 한다.
② 신뢰도 : 어떤 추정이 옳을 확률을 그 추정의 신뢰도라고 한다.
③ 신뢰구간 : 추정한 값이 존재하는 구간으로 모집단의 분포가 정규분포 $N(m,\sigma^2)$을 따르고 모집단에서 임의 추출한 크기가 n인 표본의 표본평균이 $\overline{X}$일 때, 모평균 m값을 추정할 수 있다.

(2) 모분산 σ^2을 알고 있을 때

$$\overline{X} - Z_{\frac{\alpha}{2}} \frac{\sigma}{\sqrt{n}} \leq m \leq \overline{X} + Z_{\frac{\alpha}{2}} \frac{\sigma}{\sqrt{n}}$$

모평균 m에 대한 구간추정은 확률표본 $X_1, X_2, \cdots, X_n$의 표본평균값과 모분산을 이용한다. 확률표본 n이 상대적으로 크며($n \geq 30$), X가 근사적으로 정규분포한다고 가정할 수 있는 경우에도 위의 신뢰구간 적용이 가능하다.

(3) 모분산 σ^2을 모를 때

$$\overline{X} - t_{\frac{\alpha}{2}} \frac{s}{\sqrt{n}} \leq m \leq \overline{X} + t_{\frac{\alpha}{2}} \frac{s}{\sqrt{n}} \quad (\text{단, } s^2 = \frac{1}{n-1} \sum_{i=1}^{n} (X_i - \overline{X})^2)$$

모집단은 정규분포를 하지만 모평균과 모분산 둘 다 모르는 경우는 표본통계량인 표본평균과 표본분산 값을 이용하여야 한다. 확률표본 n이 큰 경우($n \geq 30$)에는 $t_{\frac{\alpha}{2}}$ 대신 $Z_{\frac{\alpha}{2}}$를 대입하여 구간을 추정할 수 있으며 모집단이 정규분포하지 않는 경우에도 적용할 수 있다.

예) 어느 공장에서 생산되는 전구의 수명을 조사하기 위해 크기 100인 표본을 임의 추출하여 수명을 측정한 결과 표본평균이 1500시간, 표본표준편차가 100시간이었다. 신뢰도 95%로 이 전구의 평균 수명을 추정하시오.(단, $P(|Z| \leq 1.96) = 0.95$)

정답 : $1480.4 \leq m \leq 1519.6$

예) 어떤 공장에서 새로운 제조법에 의하여 전구를 생산하려고 한다. 과거의 제조법에 의한 전구의 수명의 표준편차는 100시간이고 이것은 새로운 제조법에서도 변함이 없다고 한다. 새로운 제조법으로 100개의 전구를 생산하고 그 수명을 조사하였더니 표본평균이 2500시간이었다. 새로운 제조법에 의한 전구의 수명의 평균에 대하여 신뢰도 99%인 신뢰구간을 구하시오. (단, $P(|Z| \leq 2.58) = 0.99$)

정답 : [2474.2, 2525.8]

4. 표본비율($\hat{p}$)

(1) 모비율 : 모집단에서 어떤 사건에 대한 비율을 고려할 때, 그 비율을 그 사건에 대한 모비율이라하고, 기호로 p로 나타낸다.

(2) 표본비율 : 모집단에서 임의추출한 표본에서 어떤 사건에 대한 비율을 고려할 때, 그 비율을 그 사건에 대한 표본비율이라 하고, 기호로 $\hat{p}$으로 나타낸다. 즉, 크기가 n인 표본에서 어떤 사건이 일어난 횟수를 확률변수 X라 할 때, 그 사건에 대한 표본비율 $\hat{p}$은 $\hat{p}=\dfrac{X}{n}$와 같이 나타낸다.

(3) 표본비율의 평균, 분산과 표준편차

$$E(\hat{p}) = p, \ V(\hat{p}) = \frac{pq}{n}, \ \sigma(\hat{p}) = \sqrt{\frac{pq}{n}} \ (\text{단}, \ q = 1-p)$$

(4) 표본비율의 확률분포 : 표본비율 $\hat{p}$의 분포는 표본의 크기 n이 충분히 클 때, 정규분포 $N\!\left(p, \dfrac{pq}{n}\right)$에 가까워지므로 표본비율 $\hat{p}$을 표준화한 $Z = \dfrac{\hat{p}-p}{\sqrt{\dfrac{pq}{n}}}$ 는 표준정규분포 $N(0,1)$을 따른다. (단, $q = 1-p$)

5. 모비율 p의 구간추정

모집단에서 크기가 n인 표본을 임의추출했을 때, 이 중에서 어떤 사건이 일어난 횟수를 확률변수 X라 하면 모비율 p에 대하여 표본비율 $\hat{p}=\dfrac{X}{n}$는 n이 충분히 클 때, 정규분포 $N\!\left(p, \dfrac{pq}{n}\right)$를 따르므로 확률변수 $Z = \dfrac{\hat{p}-p}{\sqrt{\dfrac{pq}{n}}}$ 는 표준정규분포 $N(0,1)$을 따른다.

(1) 표본비율의 신뢰구간

$$\hat{p} - Z_{\frac{\alpha}{2}} \sqrt{\frac{\hat{p}\hat{q}}{n}} \leq p \leq \hat{p} + Z_{\frac{\alpha}{2}} \sqrt{\frac{\hat{p}\hat{q}}{n}} \ (\text{단}, \ \hat{p} = \frac{X}{n}, \ \hat{q} = 1 - \hat{p})$$

핵심요약<모평균과 모평균의 구간추정>
모분산 σ^2을 알고 있을 때
$$\overline{X} - Z_{\frac{\alpha}{2}} \frac{\sigma}{\sqrt{n}} \leq m \leq \overline{X} + Z_{\frac{\alpha}{2}} \frac{\sigma}{\sqrt{n}}$$

필수예제7-1) 모집단이 정규분포 $N(30, 15^2)$을 따를 때, 이 모집단에서 임의 추출한 크기가 100인 표본의 표본평균 $\overline{X}$에 대하여 $P(|\overline{X} - 30| < a) = 0.95$ 를 만족하는 상수 a의 값을 구하시오. (단, Z는 표준정규분포를 따르는 확률변수, $P(0 < Z < 1.96) = 0.475, P(0 < Z < 1.65) = 0.45$) (KAA 09)

① 1.48 ② 1.87 ③ 2.58 ④ 2.94

해설) ④

$P(|\overline{X} - 30| < a) = P(-a < \overline{X} - 30 < a)$을 표준화하기 위해 표본평균 $\overline{X}$의 평균과 분산을 구해보면, 평균은 $E[\overline{X}] = E\left[\dfrac{\sum_{i=1}^{n} X_i}{n}\right] = \dfrac{1}{n}\{n \times E[X]\} = E[X] = 30$

이고, 분산은

$Var[\overline{X}] = Var\left[\dfrac{\sum_{i=1}^{n} X_i}{n}\right] = \dfrac{1}{n^2} Var\left[\sum_{i=1}^{n} X_i\right] = \dfrac{1}{n^2} \times \{n Var[X]\} = \dfrac{Var[X]}{n} = \dfrac{15^2}{100}$

따라서, $P(-a < \overline{X} - 30 < a) = P\left(\dfrac{-a}{\sqrt{15^2/100}} < \dfrac{\overline{X} - 30}{\sqrt{15^2/100}} < \dfrac{a}{\sqrt{15^2/100}}\right)$
$= P\left(\dfrac{10}{15} \times (-a) < Z < \dfrac{10}{15} \times (a)\right) = P(-1.96 < Z < 1.96) = 0.95$

$\dfrac{10}{15} \times (-a) = -1.96, \dfrac{10}{15} \times a = 1.96$ 으로부터 $a = 2.94$

유제7-1) 표본에 대한 설명 중 틀린 것은? (KAA 04)
(n=표본의 크기, $\overline{X}$=표본평균, S=표본표준편차, S^2=표본분산, μ=모평균, σ^2=모분산)

① 정규분포를 가지는 모집단으로부터 확률표본을 추출했을 경우 $\overline{X}$은 정규분포를 한다.
② 이항분포를 가지는 모집단으로부터 확률표본을 추출했을 경우 표본수가 무한히 커지면 $\overline{X}$의 분포는 정규분포로 접근한다.
③ 정규분포를 가지는 모집단으로부터 확률표본을 추출했을 경우 표본수가 무한히 커지면 $\dfrac{\overline{X}-\mu}{\dfrac{S}{\sqrt{n}}}$의 분포는 t분포로 접근한다.
④ 정규분포를 가지는 모집단으로부터 확률표본을 추출했을 경우 $\dfrac{(n-1)S^2}{\sigma^2}$은 카이제곱분포를 한다.

유제7-2) 모분산 $\sigma^2=16$인 모집단의 모평균 μ를 알고자 25개의 표본을 추출한 결과 표본 평균이 10이었다. 95%의 신뢰도를 가지고 계산된 모평균 μ의 신뢰구간은? (단 표준정규분포의 누적확률 $P[Z<2]=0.975$라고 가정한다.)(KAA 00)

① (9.48, 10.32)　　② (8.42, 11.58)　　③ (8.4, 11.6)　　④ (3.6, 16.4)

핵심요약<모평균과 모평균의 구간추정>
모분산 σ^2을 모르고 있을 때

$$\overline{X} - t_{\frac{\alpha}{2}} \frac{s}{\sqrt{n}} \leq m \leq \overline{X} + t_{\frac{\alpha}{2}} \frac{s}{\sqrt{n}} \quad (단, \ s^2 = \frac{1}{n-1} \sum_{i=1}^{n}(X_i - \overline{X})^2)$$

필수예제7-2) 어느 농촌마을에서 재배되는 각 가구당 상추의 양을 X라 하자. X의 분포는 $N(\mu, \sigma^2)$을 따른다고 하자. μ를 추정하기 위해 한 농부가 자신이 속해있는 마을의 20가구를 대상으로 상추 재배량을 조사하여 표본평균은 507.50이며 표본표준편차는 89.75라는 것을 알아내었다. μ의 90% 신뢰구간을 구하시오.
(단, 상추의 무게 단위는 kg, $t_{0.05,\,19} = 1.729$)

해설) [472.80, 542.20]
μ의 점추정치는 $\overline{x} = 507.50$이고 $t_{0.05,\,19} = 1.729$이므로 μ의 90% 신뢰구간은 $507.50 \pm 1.729 \left(\frac{89.75}{\sqrt{20}}\right)$. 즉, 507.50 ± 34.70

유제7-3) A주유소 고객 1인당 주유량(X)은 $N(\mu, \sigma^2)$의 분포를 하며 평균과 분산 σ^2은 알려지지 않았다. 주유소 주인이 25명의 고객을 무작위로 추출하여 주유량의 표본평균과 표본분산을 구해보니 $\overline{X} = 35$, $s^2 = 100$이었다. 미지의 평균의 90% 신뢰구간은?($KAA05$)
(단, $t_{0.05}(25) = 1.708, t_{0.05}(24) = 1.711, t_{0.05}(23) = 1.714, Z_{0.05} = 1.654$이다.)
① (31.584, 38.416)   ② (31.710, 38.290)
③ (31.578, 38.422)   ④ (31.572, 38.428)

유제7-4) 어느 대학 입학담당자가 2001학년도 지원자 점수 평균(즉, 모평균)을 추정하기 위하여 지원자 100명을 임의로 선택하여 살펴본 결과 표본평균 60점, 표준편차 10점 일 때, 모평균의 95% 신뢰구간으로 추정한 것 중 옳은 것은?(단, 100명에 대한 표본조사는 충분히 크다고 가정함. 그리고 표준정규분포를 따르는 확률변수 Z에 대해 $P(|Z| \leq 2.0) = 0.95$라고 가정함)(KAA 01)
①[60,64]   ②[58,62]   ③[55,65]   ④[50,70]

핵심요약<모비율과 모비율의 구간추정>
모비율 p의 구간추정
$$\hat{p} - Z_{\frac{\alpha}{2}}\sqrt{\frac{\hat{p}\hat{q}}{n}} \leq p \leq \hat{p} + Z_{\frac{\alpha}{2}}\sqrt{\frac{\hat{p}\hat{q}}{n}} \quad (단, \hat{p} = \frac{y}{n}, \hat{q} = 1 - \hat{p})$$

필수예제7-3) 이항모집단 $B(X;n,p)$에서 표본크기 $n=100$에 의해서 표본비율 $\hat{p}=0.40$을 얻었다. 모비율에 대한 95% 신뢰구간의 하한값과 상한값이 맞는 것은?(단, 표준정규분포 $Z_{0.9744}=1.95$, $Z_{0.9750}=1.96$, $Z_{0.9756}=1.97$)(KAA 01)

① (0.228, 0.572) ② (0.304, 0.572)
③ (0.304, 0.496) ④ (0.228, 0.496)

해설) ③

$n=100$, $\hat{p}=\frac{y}{n}=0.4$ 이고 95% 신뢰도로 추정하므로

$\hat{p} - Z_{\frac{\alpha}{2}}\sqrt{\frac{\hat{p}\hat{q}}{n}} \leq p \leq \hat{p} + Z_{\frac{\alpha}{2}}\sqrt{\frac{\hat{p}\hat{q}}{n}}$ (단, $\hat{p}=\frac{y}{n}$, $\hat{q}=1-\hat{p}$)에 대입하면

$0.4 - 1.96\sqrt{\frac{0.4 \times 0.6}{100}} \leq p \leq 0.4 + 1.96\sqrt{\frac{0.4 \times 0.6}{100}}$ 이다.

정리하면 $0.304 \leq p \leq 0.496$이다.

유제7-5) 어느 광고기획회사에서 대학생에게 가장 홍보가 잘되는 매체수단을 알아보기 위해 전국 대학생 중 144명을 임의추출하여 설문조사를 하였더니 그 중 108명이 "SNS가 가장 좋은 홍보수단이다."라고 답하였다. 전국 대학생 중에서 SNS라고 답을 하는 학생의 비율 p를 신뢰도 99%(유의수준 1%)로 추정하려고 할 때, 신뢰구간의 길이가 0.03 이하가 되도록 하려면 표본은 최소한 몇 명 이상이어야 하는지 구하시오.(단, $P(0 \leq Z \leq 3) = 0.495$)

6. 중심극한정리

중심극한정리는 통계학에서 가장 유용하게 사용되는 정리의 하나이다. 현실적으로 사회, 경제, 경영 현상을 수량화하여 분포의 형태를 살펴보면, 그 분포가 정확히 정규분포를 이루는 경우는 드물다. 그러나 중심극한정리에 따르면 모집단의 분포에 관계없이 표본의 크기가 커지면 표본평균의 표본분포가 정규분포에 접근하게 되어 모집단이 정규분포하지 않을지라도 표본의 크기가 큰 표본을 추출하면 정규분포의 성질을 이용하여 표본분석을 할 수 있는 것이다.

곧, 중심극한정리(central limit theorem)는 모집단이 어떤 분포를 이루어도 표본의 크기가 충분히 크다면 표본평균의 확률분포는 정규분포에 접근하게 된다. 그리고 표본크기가 커질수록 표본분포는 보다 더 정규분포에 가깝게 된다. 정리하면 다음과 같다.

$\overline{X_1}, \overline{X_2}, \cdots, \overline{X_n}$을 평균 m, 분산 σ^2인 임의의 모집단에서 추출한 크기 n인 확률표본이라 할 때, 표본평균 $\overline{X}$의 분포는 표본의 크기 n이 커짐에 따라 정규분포 $N\left(m, \dfrac{\sigma^2}{n}\right)$에 접근하게 되는데 이런 현상을 중심극한정리(central limit theorem)라고 한다.

7. 대수의 법칙

$\overline{X}$는 분산이 $\dfrac{\sigma^2}{n}$이므로 표본크기 n을 크게 하면 할수록 $\overline{X}$의 분산은 0에 수렴한다. 즉, 표본평균의 기댓값은 모평균에 수렴된다는 법칙이다. 보험료산출시 적용하는 수지상등의 원칙은 개별계약으로 볼 때는 보험회사의 손실발생 가능성이 있지만, 계약건수가 무한대로 접근할 때에는 손실발생확률이 0으로 수렴되는 데 이러한 의미에서 대수의 법칙은 보험제도성립의 기본법칙이라고 할 수 있다.

8. 가설 검정

1. 가설 검정

모집단의 분포의 모형이나 모수 등에 대한 가설을 세우고, 모집단에서 추출한 표본에 기초하여 가설의 채택이나 기각을 결정하는 통계적 기법을 가설검정(hypothesis Testing)이라고 한다. 가설검정은 대개 표본의 정보를 바탕으로 이루어지므로 언제나 오류의 가능성을 내재하고 있다. 따라서 통계적 가설검정에서는 오류의 가능성을 관리하는 것이 가장 중요하다. 즉, 검정법에서는 오류의 허용확률을 미리 정해놓고, 그 기준에 따라 가설의 채택이나 기각을 결정하게 된다.

2. 가설(Hypothesis)

통계학에서 가설(hypothesis)이란 모집단의 특성이나 모수에 관한 주장이나 서술을 말한다. 예를 들어 제약회사에서 만든 새로운 백신이 효과가 있다고 주장한다면 이것은 하나의 가설이 된다.

이러한 가설은 모집단의 특성에 관한 것이지 특정한 표본이나 실험결과에 관한 것은 아니다. 따라서 통계적 가설은 절대적인 결론이 아니며 불확실성이 내포된다. 예를 들어 어떤 제약회사에서 만든 새로운 백신이 효과가 있다는 가설을 검정하고자 한다면, 다음과 같은 두 가지 가설을 세울 수 있다. 첫째로 "새로운 백신이 효과가 없다"는 가설과 둘째로 "새로운 백신이 효과가 있다"는 가설이다. 여기서 "새로운 백신이 효과가 없다"와 같이 보통 기존의 존재하는 사실에 해당하는 가설을 귀무가설(null hypothesis)이라 하고, "새로운 백신이 효과가 있다"와 같이 자료로부터 새로운 사실을 입증하고자 하는 가설을 대립가설(alternative hypothesis)이라고 한다. 일반적으로 귀무가설을 H_0로 대립가설을 H_1으로 표기한다.

다음의 예제를 통하여 통계적 가설을 세워 보도록 하자.

- 소비자 고발센터에 접수된 불만 중 치약의 함량기준치인 150g을 대부분 미달한다고 접수되었다. 이러한 접수결과를 검정하기 위하여 귀무가설과 대립가설을 설정하면 다음과 같다.

    귀무가설 H_0: 치약의 함량기준치가 150g이다.

    대립가설 H_1: 치약의 함량기준치가 150g이 아니다.

- 휴대폰을 만드는 회사에서 휴대폰의 색상에 따라 남성과 여성의 선호도가 같은지를 알기 위하여 설문조사를 하였다. 이 때 선호도를 검정하기 위하여 귀무가설과 대립가설을 설정하면 다음과 같다.

    귀무가설 H_0: 휴대폰의 색상에 따라 남성과 여성의 선호도가 같다.

    대립가설 H_1: 휴대폰의 색상에 따라 남성과 여성의 선호도가 다르다.

- 어느 질병에 대한 새로운 치료법의 치료기간은 평균 10일인 기존 치료법보다 단축시킨다고 주장한다. 이러한 주장을 검정하기 위하여 귀무가설과 대립가설을 설정하면 다음과 같다.

    귀무가설 H_0: 새로운 치료법에 의한 평균 치료기간은 10일보다 크거나 같다.

    대립가설 H_1: 새로운 치료법에 의한 평균 치료기간은 10일보다 작다.

앞의 예제에서 새로운 치료법에 의한 평균 치료기간을 μ라 하면 귀무가설 H_0와 대립가설 H_1을 다음과 같이 나타낼 수 있다.

    귀무가설 H_0 : $\mu \geq 10$ 대립가설 H_1 : $\mu < 10$

귀무가설 H_0와 대립가설 H_1 중 어느 하나를 선택하는데 표본평균 $\overline{X}$를 사용할 것이다. 이 때 표본평균 $\overline{X}$의 값이 작으면 작을수록 대립가설에 대한 증거로 사용될 수 있다. 이와 같이 귀무가설과 대립가설 중 어느 하나를 선택하는데 사용되는 통계량을 검정통계량(test statistic)이라 한다.

검정통계량의 값에 따라 대립가설 H_1을 선택할 때에는 『귀무가설 H_0를 기각한다』고 하며, 귀무가설 H_0를 선택할 때에는 『귀무가설 H_0를 기각할 수 없다』라고 표현한다. 이렇게 검정통계량의 값에 따라 귀무가설을 기각하는지 또는 기각할 수 없는지가 결정되므로, 귀무가설 H_0를 기각하게 되는 검정통계량의 영역을 기각역(rejection region, critical region)이라한다.

3. 제 1종의 오류(Type 1 Error)와 제 2종의 오류(Type 2 Error)

가설에 대한 검정은 완벽할 수 없다. 옳은 주장일 때 이를 기각하거나 틀린 주장일 때 이를 받아들이는 오류(error)를 범할 수 있다. 이러한 오류를 검정오류라 한다. 검정오류에는 크게 제 1종의 오류와 제 2종의 오류로 구분된다. 대부분의 경우에 두 가지 상반된 오류는 크게 다른 의미를 갖게 되어 이들을 엄격히 구별하여 생각해야 한다.

이러한 오류를 살인사건의 재판에 비유하여 보자. 검사는 혐의자를 기소하여 유죄를 주장한다. 이 경우 검사의 주장은 대립가설 H_1이 된다. 그렇더라도 모든 사람은 재판의 유죄판결이 있기까지는 무죄다. 즉 무죄의 주장이 된다. 이러한 주장이 귀무가설 H_0가 된다. 검사는 유죄를 입증할 증거나 자료를 제시하게 함으로써 유죄의 주장을 할 것이다. 그러나 이러한 증거가 불충분할 때 피고는 자동적으로 본연의 위치인 무죄로 판결하게 된다. 그러므로 유죄를 뒷받침하지 못하면 무죄는 저절로 성립된다. 여기서 죄 없는 혐의자가 유죄판결을 받는 잘못은 통계학에서는 귀무가설이 참일 때 이를 기각하여 생기는 오류와 유사하다. 이런 오류를 제 1종의 오류(type 1 error)라 부른다. 즉 귀무가설 H_0가 맞는데 잘못하여 이를 기각하고 대립가설 H_1을 채택할 확률로 α로 표시한다.

제 1종의 오류 $= P(H_0$를 기각$|H_0$ 참$) = \alpha$

반대로 살인자가 무죄 판결로 풀려나는 오판으로 대립가설이 참일 때 이를 기각하고 귀무가설을 채택하여 생기는 오류와 유사하다. 이런 오류를 제 2 종의 오류(type 2 error)라고 부른다. 즉 대립가설 H_1이 맞는데도 불구하고 귀무가설 H_0를 채택할 확률로 β로 표시한다.

제 2종의 오류 $= P(H_0$를 채택$|H_1$ 참$) = \beta$

이렇게 두 종류의 오류는 전혀 다른 것으로 꼭 구별되어야 할 것이다. 그러나 가설검정에서 오류를 완전히 배제할 수는 없다. 단지 어느 정도의 작은 확률로 이를 피하고자 할 수밖에 없다. 즉 제 1종의 오류를 범하는 확률 α를 0으로 하면, 제 2종의 오류를 범하는 확률 β를 1로 만들게 된다. 이는 마치 죄 없는 선량한 백성에게 유죄판결이 되지 않게 하려면, 범인을 포함한 모든 사람을 무죄로 하면 될 것이다. 반대로 범인을 하나도 빠뜨리지 않고 유죄판결이 되도록 하려면, 이를 확실하게 하는 방법은 모든 사람을 유죄로 하면 된다.

즉 두 가지 오류를 범할 확률을 동시에 최소로 하여 주는 검정방법이 존재하지 않는다. 그러므로 통계학에서는 제 1종의 오류를 범할 확률 α를 미리 지정된 확률이하로 하여 제 2종의 오류를 범하는 확률 β를 최소화시키는 검정방법을 사용한다. 이 때 제 1종의 오류를 범할 확률의 최대 허용한계를 유의수준(significance level)이라하며, 유의수준 0.05인 검정방법이란 제 1종의 오류를 범할 확률이 0.05이하인 검정방법을 의미한다.

다음 <표 8-1>은 두 종류의 오류를 나타내고 있다.

	H_0가 참일 때	H_1이 참일 때
H_0를 채택	옳은 결정 $(1-\alpha)$	제 2종의 오류 (β)
H_0를 기각 (H_1을 채택)	제 1종의 오류 (α)	옳은 결정 $(1-\beta)$

4. 검정

가설검정은 크게 양측검정과 단측검정으로 구분된다. 양측검정(two-sided test)은 기각영역이 각각 왼쪽과 오른쪽의 두 부분으로 구성되는 가설검정이다. 예를 들어 앞에서 설명한 치약의 함량기준치가 150g인지 아닌지에 대하여 검정한다면, 양측검정이므로 귀무가설과 대립가설은 다음과 같다.

귀무가설 H_0 : $\mu = 150g$ 대립가설 H_1 : $\mu \neq 150g$

단측검정(one-sided test)은 기각영역이 한쪽부분으로 구성되는 가설검정이다. 이 때 단측검정은 좌측검정과 우측검정으로 구분된다. 좌측검정(left-sided test)은 기각영역이 왼쪽에 있는 검정방법이고 우측검정(right-sided test)은 기각영역이 오른쪽에 있는 검정방법이다.

예를 들어 치약의 함량기준치가 150g인지 아니면 작은지에 대하여 검정한다면 귀무가설과 대립가설은 다음과 같다.

귀무가설 $H_0 : \mu = 150g$ 대립가설 $H_1 : \mu < 150g$

또한 치약의 함량기준치가 150g인지 아니면 큰지에 대하여 검정한다면 귀무가설과 대립가설은 다음과 같다.

귀무가설 $H_0 : \mu = 150g$ 대립가설 $H_1 : \mu > 150g$

5. 모평균에 대한 가설검정

앞에서 설명한 추정의 경우와 마찬가지로 모분산 σ^2이 알려진 경우와 표본의 크기가 크고 모분산 σ^2이 알려지지 않은 경우에는 정규분포를 이용한다. 표본의 크기가 작고, 모분산 σ^2이 알려지지 않은 경우에는 t-분포를 이용한다.

(1) 모분산 σ^2이 알려진 경우

모평균 μ에 대한 가설검정에서 검정통계량으로는 일반적으로 표본평균 $\overline{X}$를 사용할 것이다. 이 때 다음과 같은 단계를 거쳐 모평균에 대한 가설검정을 수행하면 된다.

---

① 귀무가설과 대립가설을 세운다.
 $H_0 : \mu = \mu_0$ $H_1 : \mu \neq \mu_0$ (또는 $\mu > \mu_0$, $\mu < \mu_0$)
② 유의수준 α를 설정한다.
③ 검정통계량 Z값을 구한다.
 $$Z = \frac{\overline{X} - \mu_0}{\sigma / \sqrt{n}}$$
④ 기각역을 정한다.
 $H_1 : \mu > \mu_0$일 때, $Z \geq z_\alpha$
 $H_1 : \mu < \mu_0$일 때, $Z \leq -z_\alpha$
 $H_1 : \mu \neq \mu_0$일 때, $|Z| \geq z_{\alpha/2}$
⑤ 검정통계량 Z값이 기각역에 포함되는지를 비교하여 기각여부를 결정한다.

예) 어느 시민단체에서 포장용지에 적혀있는 용량(150g)이 실제 화장품 용량과 다른가를 검사하고자 시중에서 판매하고 있는 제품을 20개 표본 추출하였다. 그 결과 표본평균이 149.35g임을 알았다. 화장품 용량은 정규분포를 따르며, 모표준편차 σ가 2g으로 알려져 있다. 화장품 용량이 다른지를 유의수준 10%에서 검정하라.

[풀이] 우선 모집단이 정규분포를 따르고, 모분산 σ^2이 알려져 있으므로 앞에서 설명한 가설검정 단계를 적용할 수 있다.
① 귀무가설과 대립가설은 다음과 같다.
$$H_0 : \mu = 150g \quad H_1 : \mu \neq 150g$$
② 유의수준 $\alpha = 0.10$이다.
③ 검정통계량 Z값을 구하면 다음과 같다.
$$Z = \frac{\overline{X} - \mu_0}{\sigma/\sqrt{n}} = \frac{149.35 - 150}{2/\sqrt{20}} = -1.4534$$
④ 대립가설의 형태에 의하여 양측검정이므로 기각역은 다음과 같다.
$$Z \leq -z_{0.05} = -1.645 \text{이거나 } Z \geq z_{0.05} = 1.645$$
⑤ 검정통계량 Z값이 -1.4534으로 이것은 기각역인 -1.645보다 작지 않으므로 귀무가설 H_0를 기각할 수 없다.

(2) 모분산 σ^2이 알려지지 않고, 표본의 크기가 큰 경우

모평균 μ에 대한 가설검정에서 모분산 σ^2이 알려지지 않고 표본의 크기가 큰 경우 중심극한정리에 의하여 다음과 같이 모평균에 대한 가설검정을 수행하면 된다.

① 귀무가설과 대립가설을 세운다.
$$H_0 : \mu = \mu_0 \quad H_1 : \mu \neq \mu_0 \text{ (또는 } \mu > \mu_0, \ \mu < \mu_0)$$
② 유의수준 α를 설정한다.
③ 검정통계량 Z값을 구한다.
$$Z = \frac{\overline{X} - \mu_0}{s/\sqrt{n}}$$
④ 기각역을 정한다.
$H_1 : \mu > \mu_0$일 때, $Z \geq z_\alpha$
$H_1 : \mu < \mu_0$일 때, $Z \leq -z_\alpha$
$H_1 : \mu \neq \mu_0$일 때, $|Z| \geq z_{\alpha/2}$
⑤ 검정통계량 Z값이 기각역에 포함되는지를 비교하여 기각여부를 결정한다.

예) 새로운 씨앗을 파종하여 발아할 때까지 16일이 못 걸린다고 한다. 이 사실을 확인하기 위하여 씨앗을 파종하여 발아할 때까지의 시간을 측정하여 $n=30$, $\overline{X}=15.5$임을 알았다. 씨앗을 파종하여 발아할 때까지 16일이 못 걸리는지를 유의수준 5%에서 검정하여라.

[풀이] 우선 모분산 σ^2이 알려져 있지 않으나 표본의 크기가 크므로 모표준편차 σ를 표본표준편차 s로 대체하여 모평균에 대한 가설검정을 수행할 수 있다.

① 귀무가설과 대립가설은 다음과 같다.
$$H_0 : \mu = 16 \quad H_1 : \mu < 16$$

② 유의수준 $\alpha = 0.05$이다.

③ 검정통계량 Z값을 구하면 다음과 같다.
$$Z = \frac{\overline{X} - \mu_0}{s/\sqrt{n}} = \frac{15.5 - 16}{2.474/\sqrt{30}} = -1.107$$

④ 대립가설의 형태에 의하여 단측검정이므로 기각역은 다음과 같다.
$$Z \leq -z_{0.05} = -1.645$$

⑤ 검정통계량 Z값이 -1.107로 이것은 기각역인 -1.645보다 작지 않으므로 귀무가설 H_0를 기각할 수 없다. 따라서 새로운 씨앗을 파종하여 발아할 때까지 16일이 못 걸린다고 할 수 없다.

(3) 모분산 σ^2이 알려지지 않고 표본의 크기가 작은 경우

---

① 귀무가설과 대립가설을 세운다.
$$H_0 : \mu = \mu_0 \quad H_1 : \mu \neq \mu_0 \text{ (또는 } \mu > \mu_0, \mu < \mu_0\text{)}$$

② 유의수준 α를 설정한다.

③ 검정통계량 T값을 구한다.
$$T = \frac{\overline{X} - \mu_0}{s/\sqrt{n}} \sim t(n-1)$$

④ 기각역을 정한다.

$H_1 : \mu > \mu_0$일 때, $T \geq t_\alpha(n-1)$

$H_1 : \mu < \mu_0$일 때, $T \leq -t_\alpha(n-1)$

$H_1 : \mu \neq \mu_0$일 때, $|T| \geq t_{\alpha/2}(n-1)$

⑤ 검정통계량 T값이 기각역에 포함되는지를 비교하여 기각여부를 결정한다.

예) 어느 자동차 회사에서 1ℓ 당 20km이상을 주행 할 수 있다며 자동차를 판매하고 있다. 이 종류의 차량을 10대 추출하여 검사하여 $n=10$, $\overline{X}=20.7$, $s=1.47$임을 알았다. 이 자동차 회사의 주장이 옳은지를 유의수준 5%에서 검정하라.

[풀이] 우선 모분산 σ^2이 알려져 있지 않고 표본의 작으므로 다음과 같은 모평균에 대한 가설검정을 수행할 수 있다.

① 귀무가설과 대립가설은 다음과 같다.
$$H_0 : \mu = 20\text{km} \quad H_1 : \mu > 20\text{km}$$

② 유의수준 $\alpha = 0.05$이다.

③ 검정통계량 T값을 구하면 다음과 같다.
$$T = \frac{\overline{X} - \mu_0}{s/\sqrt{n}}$$
$$= \frac{20.7 - 20}{1.47/\sqrt{10}} = 1.506$$

④ 대립가설의 형태에 의하여 단측검정이고 자유도 9인 t-분포의 기각역은 다음과 같다.
$$T \geq t_{0.05}(9) = 1.83$$

⑤ 검정통계량 T값이 1.506으로 이것은 기각역인 1.83보다 크지 않으므로 귀무가설 H_0를 기각할 수 없다. 따라서 1ℓ 당 20km이상을 주행 할 수 있다고 할 수 없다.

> **핵심요약<가설검정>**
> · 기각역(rejection region)은 검정통계량이 이 범위에 속하면 대립가설을 선호하여 귀무가설을 기각하는 의사결정이 이루어지는 값들의 범위이다.
> · 검정의 $p-$값(p-value)은 귀무가설이 옳다는 가정 하에서 계산되는 검정통계량의 값보다 더 큰 검정통계량의 값이 관측되는 확률이다.

필수예제8-1) 다음 중 α오류라고도 하는 가설검정의 제1종 오류를 정확하게 설명하는 것은?(KAA 04)

① 귀무가설(H_0)이 옳음에도 불구하고 대립가설(H_1)을 기각하는 오류
② 귀무가설(H_0)이 옳음에도 불구하고 귀무가설(H_0)을 기각하는 오류
③ 귀무가설(H_0)이 틀렸음에도 불구하고 대립가설(H_1)을 채택하는 오류
④ 귀무가설(H_0)이 틀렸음에도 불구하고 귀무가설(H_0)을 채택하는 오류

해설) ②

	귀무가설이 옳음	귀무가설이 틀림
귀무가설을 채택 (대립가설을 기각)	$1-\alpha$(옳은 결정)	β오류(제 2종 오류)
귀무가설을 기각 (대립가설을 채택)	α오류(제 1종 오류)	$1-\beta$(옳은 결정)

α오류(제 1종 오류)는 귀무가설(H_0)이 옳음에도 불구하고 귀무가설(H_0)을 기각하는 오류를 말한다.

유제8-1) 어는 고등학교의 학부모의 생활수준을 조사하려고 한다. 16명의 부모를 표본으로 조사하였더니, 월수입이 175만원이었다. 그 학교 학부모 전체의 월수입의 표준편차가 5만원이었다면, 그 학교 학부모들의 월수입이 월 180만 원 초과라고 할 수 있을까? 유의수준(α)을 5%로 하여 검정하라.

보험계리사 일반수학
(미적분 및 확률통계)

part 4
확률통계 모의고사

MIRAE Insurance Education Service

모의고사 #1

1. 두 사건 A, B에 대하여
   $P(A) = 0.6, P(B) = 0.4, P(B|A) = 0.2$일 때, $P(A \cap B), P(A|B)$을 구하여라.

   ① 0.1, 0.3   ② 0.12, 0.5   ③ 0.12, 0.3   ④ 0.5, 0.3

2. A, B 두 반의 학생 120명을 남녀별로 구분한 결과 다음 표를 얻었다고 한다. 이 120명에서 1명을 뽑을 때, 전사건을 S라 하고, A반 학생, B반 학생일 사건을 각각 A, B라 한다. 또, 남학생, 여학생일 사건을 각각 M, F라 할 때, $P(M|A)$, $P(A|M)$을 구하여라.

	남(M)	여(F)	계
A반	34	30	64
B반	32	24	56
계	66	54	120

   ① $\dfrac{15}{32}, \dfrac{15}{33}$ ② $\dfrac{17}{32}, \dfrac{17}{33}$ ③ $\dfrac{15}{33}, \dfrac{17}{33}$ ④ $\dfrac{15}{32}, \dfrac{17}{32}$

3. 일반인이 간염에 걸려있을 확률은 대략 0.1이라 한다. 감염여부를 조사하기 위한 간염검사의 결과는 양성(+:간염판정)과 음성(−)의 두 가지인데, 간염에 걸린 사람이 조사 결과 양성이 나올 확률은 0.9이고 건강한 사람이 양성 반응이 나올 확률은 0.2이다. 어떤 사람이 검사결과 양성이 나왔다면 이 사람이 간염에 걸려 있을 확률은?

   ① $\dfrac{1}{3}$ ② $\dfrac{2}{3}$ ③ $\dfrac{1}{4}$ ④ $\dfrac{1}{2}$

4. 표는 확률변수 X의 확률분포이다. 확률변수 $Y=-2X+1$의 평균 및 분산을 구하여라.

X	1	2	3	4
P(X)	0.1	0.2	0.4	0.3

① 4.8, 3.56 ② -4.8, 2.76 ③ -4.8, 3.56 ④ 4.8, 2.26

5. 1그램의 방사능 물질에 의해 1초 동안에 방출되는 α입자의 수를 계산하는 실험을 생각해 보자. 과거 경험으로부터 방출되는 α입자는 평균 3.2개로 알려져 있다면, 1개 이하의 α입자가 방출될 확률은?(소수점 넷째자리까지 구하시오.)

① 0.1125 ② 0.1712 ③ 0.1955 ④ 0.2012

6. 수능점수 X가 $N(180, 50^2)$을 따른다고 가정할 때, 상위 5%안에 들려면 몇 점 이상을 받아야 하는가? $[P(Z \geq 1.645) = 0.05, P(Z \geq 1.96) = 0.025]$

① 248.25 ② 250.05 ③ 255.25 ④ 262.25

7. 두 확률변수 X, Y의 결합 확률 밀도함수가 $f_{X,Y}(x,y) = e^{-x-y}$, $x > 0, y > 0$일 때, $E(X), E(Y)$을 구하시오. 그리고 X, Y가 독립인지 확인하시오
① $E(X) = 1, E(Y) = 1$, X와 Y는 독립이다.
② $E(X) = 2, E(Y) = 2$, X와 Y는 독립이다.
③ $E(X) = 1, E(Y) = 1$, X와 Y는 종속이다.
④ $E(X) = 2, E(Y) = 2$, X와 Y는 종속이다.

8. 어떤 종류의 제품을 1개 생산하는데 걸리는 시간을 X라 하자. $X \sim N(6, 2^2)$라 할 때, 10개 제품을 만드는데 걸리는 시간이 70 시간이상일 확률은?

  (단, $P(0 \leq Z \leq 1.57) = 0.4418, P(0 \leq Z \leq 1.58) = 0.4429$)

  ① 0.0485   ② 0.0582   ③ 0.0571   ④ 0.0599

9. X_1, X_2, X_3는 확률밀도함수가 $f(x) = e^{-x}$, $0 < x < \infty$인 분포에서 추출한 확률표본이다. 각 변수들이 독립이라 할 때, $E(X_1 X_2 X_3)$는 얼마인가?

  ① 5   ② 4   ③ 2   ④ 1

10. 균형 잡힌 정사면체 주사위를 두 번 굴려서 1의 눈이 나온 횟수를 X라하고, 2또는 3의 눈이 나온 횟수를 Y라 할 때, $Cov(X, Y)$는?

  ① $\frac{1}{3}$ ② $-\frac{1}{4}$ ③ $\frac{1}{4}$ ④ $-\frac{1}{2}$

모의고사 #2

1. 주머니 속에 흰 공 4개, 붉은 공 3개가 들어 있다. 이 중에서 한 개씩 두 번 꺼낼 때, 다음 각 경우에 대하여 두 개가 모두 흰 공일 확률을 구하여라.
   (1) 처음 꺼낸 공을 다시 넣지 않는 경우 (2) 처음 꺼낸 공을 다시 넣는 경우

   ① $\frac{2}{7}, \frac{16}{49}$　　② $\frac{2}{5}, \frac{16}{49}$　　③ $\frac{2}{7}, \frac{9}{49}$　　④ $\frac{2}{5}, \frac{9}{49}$

2. $P(A) = 0.3, P(B) = 0.2, P(A^c \cap B^c) = 0.6$일 때, $P(A \cap B), P(B|A)$는?

   ① $0.1, \frac{1}{2}$　　② $0.3, \frac{1}{2}$　　③ $0.2, \frac{1}{3}$　　④ $0.1, \frac{1}{3}$

3. 어떤 창고에 3가지 서로 다른 형태의 일회용 회중전등이 있다. 형태1의 회중전등이 100시간 이상 사용될 확률은 0.7이고 형태2와 형태3의 회중전등에 대해서는 대응되는 확률이 각각 0.4와 0.3이다. 이 창고에 보관되어 있는 회중전등의 20%는 형태1, 30%는 형태2, 50%는 형태3이라 할 때, 무작위로 선택한 회중전등이 100시간 이상 사용될 확률은 얼마인가?

   ① 0.32　　② 0.41　　③ 0.49　　④ 0.53

4. 한 공정에서 생산되는 어느 생산품은 10개 중 하나의 비율로 불량품이라고 한다. 생산라인에서 5개의 생산품을 독립적으로 선택하여 검사한다. X을 5개중 불량품의 개수라 할 때, 1개 이하의 불량품을 관측할 확률은?

   ① 0.8589　　② 0.8965　　③ 0.9185　　④ 0.9223

5. 확률변수 X의 확률분포에서 $Y = \frac{1}{10}X - 15$로 놓고 $E(Y) = -0.5$, $E(Y^2) = 0.7$을 얻었다. 이때 $E(X), Var(X)$을 구하시오.

   ① 140, 45   ② 145, 45   ③ 145, 50   ④ 150, 50

6. 어느 전화교환대에 매분마다 평균적으로 2건의 통화가 이루어진다고 한다. 3분 동안 5건 이상의 통화가 이루어질 확률은?(소수 셋째 자리까지 구하시오)

   ① 0.715   ② 0.751   ③ 0.785   ④ 0.798

7. 버스가 오전 7시부터 15분 간격으로 어느 정류장에 도착한다. 즉 버스의 도착시간이 7:00, 7:15, 7:30, …등이다. 만일 승객이 7시와 7시 30분 사이에서 균일하게 분포된 시간에 정류장에 도착한다면, 그 승객이 버스를 5분미만 기다릴 확률은?

   ① $\frac{1}{5}$ ② $\frac{1}{4}$ ③ $\frac{2}{3}$ ④ $\frac{1}{3}$

8. X와 Y의 결합 확률밀도함수가 다음과 같을 때, $P(X < a)$는?

$$f(x,y) = \begin{cases} 2e^{-x}e^{-2y} & 0 < x < \infty, 0 < y < \infty \\ 0 & \text{그 이외에} \end{cases}$$

   ① e^{-a} ② 1   ③ $1 - e^{-a}$ ④ a

9. 한 전구 제조회사에서 판매한 60촉짜리 전구의 수명을 X라 하자. X의 분포가 $N(\mu, 1296)$라고 가정한다. 27개 전구의 확률표본을 가지고 그 전구들이 모두 다 수명을 다할 때까지 시험하여 표본평균 $\bar{x} = 1478$시간을 구했다면 μ의 95% 신뢰구간은?(단, $t_{0.05}(27) = 1.703, t_{0.025}(26) = 2.056, Z_{0.05} = 1.64, Z_{0.025} = 1.96$)

① $[1464.42, 1491.58]$ ② $[1466.42, 1490.58]$
③ $[1464.25, 1491.55]$ ④ $[1469.42, 1495.58]$

10. X와 Y가 다음과 같은 결합밀도함수일 때, $E(Y|x)$는?

$$f(x,y) = 2 \quad 0 \leq x \leq y \leq 1$$

① $\dfrac{x}{2}$ ② $\dfrac{1+x}{2}$ ③ $\dfrac{x}{3}$ ④ $\dfrac{1+x}{3}$

모의고사 #3

1. 남자 6명과 여자 9명의 그룹에서 5명의 위원을 선출하려고 한다. 만일 선출ㄹ이 무작위로 이루어진다면, 위원회가 남자 3명과 여자2명으로 구성될 확률은?

   ① $\dfrac{240}{1001}$ ② $\dfrac{300}{1003}$ ③ $\dfrac{51}{1010}$ ④ $\dfrac{114}{1107}$

2. 한 개의 주사위를 계속 던져서 처음으로 3 또는 4의 눈이 나오면 던지기를 중단하기로 하였다. 이때 던지는 횟수가 3회 이하일 확률은?

   ① $\dfrac{1}{16}$ ② $\dfrac{3}{16}$ ③ $\dfrac{5}{16}$ ④ $\dfrac{19}{27}$

3. 어느 공장에 동일 제품을 생산하는 생산라인이 3곳(A, B, C)이다. A의 불량률은 2%, B의 불량률은 3%, C의 불량률은 5%이다. 또한 전체 생산량 중에 A에서 생산한 제품은 60%, B는 20%, C는 20%이다. 어떤 제품을 임으로 불량품 검사를 하였더니, 불량품이었다. 이 제품이 C 생산라인에서 생산된 제품일 확률은?

   ① $\dfrac{4}{9}$ ② $\dfrac{3}{11}$ ③ $\dfrac{5}{13}$ ④ $\dfrac{5}{16}$

4. 한 개의 동전을 두 번 던지는 시행에서 앞면이 나올 때마다 100원, 뒷면이 나올 때마다 20원의 상금을 받는다. 이 시행에서 받는 상금의 액수를 X원이라 할 때, X의 기댓값과 분산을 구하여라.

   ① 100, 3000 ② 120, 3200 ③ 150, 3200 ④ 180, 3000

5. 어느 농구선수의 훈련 중 슛의 성공률은 0.8이라 한다. 10번 슛을 성공하기까지 던져야할 슛의 수를 X라 할 때, 이 분포에 대한 X의 평균, 분산은?

   ① 12, 3   ② 12.5, 3.125   ③ 13.5, 3.5   ④ 14, 3.125

6. $N(650, 625)$일 때, $P(|X-650| \leq c) = 0.9544$은?
   (단 $P(z \geq 1) = 0.1587, P(z \geq 2) = 0.0228, P(z \geq 3) = 0.0013$)

   ① 20   ② 30   ③ 40   ④ 50

7. 전화 통화시간은 모수가 $\lambda = \dfrac{1}{10}$인 지수 확률변수라 하자. 만일 어떤 사람이 방금 당신보다 앞서 전화 부스에 도착했다면, 기다리는 시간이 10분 이상 일 때와, 10분과 20분 사이일 확률은? (소수 넷째 자리에서 반올림하시오)

   ① 0.352, 0.255   ② 0.335, 0.225   ③ 0.368, 0.233   ④ 0.357, 0.247

8. 하나의 사발에 8개의 칩이 들어있다.
   3개는 $(0,0)$, 2개는 $(1,0)$, 2개는 $(0,1)$, 1개는 $(1,1)$이 기록 되어있다. 하나의 칩을 임으로 꺼내서 두 숫자의 합의 액수의 돈을 받기로 되어있다. X_1, X_2가 이들의 두 좌표를 나타낼 때, $E(X_1 + X_2)$은?

   ① $\dfrac{3}{4}$ ② $\dfrac{3}{5}$ ③ $\dfrac{1}{3}$ ④ $\dfrac{2}{7}$

9. X와 Y의 결합 밀도함수가 다음과 같을 때, $P(0 \leq X \leq \frac{1}{2}, 0 \leq Y \leq \frac{1}{2})$는?

$$f(x,y) = 2, \ 0 \leq x \leq y \leq 1$$

① $\frac{3}{4}$ ② $\frac{1}{4}$ ③ $\frac{1}{5}$ ④ $\frac{3}{5}$

10. 모 분포 $N(0,1)$로부터 $X_1, X_2, \cdots, X_{50}$ 을 얻었을 때, $P(X_1 - X_2 < 2)$의 값과 $P(X_1 + X_2 < 2)$의 값은? (단, X_i는 서로 독립)

① 둘 다 $P(Z < \sqrt{2})$
② $P(Z < \sqrt{2}), P(Z < 1)$
③ 둘 다 $P(Z < 1)$
④ $P(Z < 0), P(Z < \sqrt{2})$

모의고사 #4

1. 두 사건 A, B에 대하여 $P(A^c \cup B^c) = \dfrac{3}{4}, P(B|A) = \dfrac{1}{3}$일 때, $P(A)$는?

   ① $\dfrac{3}{4}$　　　　② $\dfrac{3}{5}$　　　　③ $\dfrac{1}{4}$　　　　④ $\dfrac{1}{5}$

2. 어떤 야구 선수가 상대팀 투수 A와 대결할 때 안타를 칠 확률은 0.2이고, 투수 B와 대결할 때 안타를 칠 확률은 0.25이다. 한 경기에서 이 선수가 투수 A와 2회 대결한 후 투수 B와 1회 대결할 때, 안타를 2개 칠 확률은?

   ① 0.1　　　　② 0.11　　　　③ 0.2　　　　④ 0.21

3. 한 개의 주사위를 던져서 나오는 눈의 수의 제곱을 5로 나눈 나머지를 확률변수 X라 할 때, X의 평균과 분산을 구하여라.

   ① $\dfrac{11}{6}, \dfrac{89}{26}$　　② $\dfrac{7}{6}, \dfrac{73}{36}$　　③ $\dfrac{5}{6}, \dfrac{79}{35}$　　④ $\dfrac{11}{6}, \dfrac{89}{36}$

4. 어느 고등학교 학생들의 수학 점수 X의 평균은 $E(X) = 40$이었다. X을 $Y = aX + 30$으로 변환하여 변환된 점수 Y의 평균을 $E(Y) = 50$으로 하였다. 원래의 점수가 70인 학생의 변환된 점수는?

   ① 61　　　　② 63　　　　③ 65　　　　④ 67

5. 명중률이 30%인 대공포를 비행물체에 5번 발사하여 1발 이상 맞출 확률은 얼마인가? (소수 셋째 자리까지 구하시오)

   ① 0.784   ② 0.823   ③ 0.854   ④ 0.903

6. 확률변수 X의 확률 질량함수는 $P(i) = \dfrac{c\lambda^i}{i!}$ $i = 0, 1, 2, \cdots$ 이다. 여기서 $\lambda > 0$의 값이다. $P(X=0)$의 값은?

   ① $e^{-\lambda}$ ② e ③ e^λ ④ $\dfrac{1}{e}$

7. X가 모수 $\mu = 3, \sigma^2 = 9$을 갖는 정규 확률변수일 때, $P(|X-3| \geq 6)$은?
   (단, $P(z \geq 1) = 0.1587, P(z \geq 2) = 0.0228, P(z \geq 3) = 0.0013$)

   ① 0.0349   ② 0.0251   ③ 0.0228   ④ 0.0456

8. 어느 특정한 대학에서 1학년 수업의 이상적인 정원은 150명이다. 그 대학은 과거의 경험에 의해 입학한 학생들 중 평균 30%만 실제로 출석한다는 사실을 알았기 때문에, 450명의 학생에게 입학을 승인하는 방침을 세웠다. 이 대학 1학년 학생 중 출석생이 150명을 초과할 확률을 구하라.
   (단, $P(Z \geq 1.53) = 0.0630, P(Z \geq 1.54) = 0.0618, P(Z \geq 1.55) = 0.0606$)

   ① 0.0618   ② 0.0630   ③ 0.0606   ④ 0.0621

9. X, Y의 결합밀도함수가 다음과 같을 때, 확률변수 $\dfrac{X}{Y}$의 밀도함수는?

$$f(x,y) = \begin{cases} e^{-(x+y)} & 0 \leq x \leq \infty, 0 \leq y \leq \infty \\ 0 & \text{그 이외} \end{cases}$$

① $\dfrac{1}{a+2}$ ② $\dfrac{1}{(a+1)^2}$ ③ $\dfrac{1}{a+1}$ ④ $\dfrac{1}{(a+2)^2}$

10. X, Y의 결합 확률밀도함수가 다음과 같을 때, $g(x|y)$은?

$$f(x,y) = \dfrac{x+y}{21} \quad x=1,2,3 \quad y=1,2$$

① $\dfrac{21}{x+y}$ ② $\dfrac{21}{3y+6}$ ③ $\dfrac{x+y}{3y+6}$ ④ $\dfrac{x+y}{2x+3}$

보험계리사 일반수학
(미적분 및 확률통계)

part 5
기초계산 연습

MIRAE Insurance Education Service

1. 다음 등차수열 $\{a_n\}$의 제10항을 구하시오.
(1) $a_1 = -2$, 공차 5
(2) $a_2 = 3$, 공차 -3
(3) $-5, -1, 3, 7, 11, \cdots$

2. 제3항이 9, 제10항이 44인 등차수열에서 제20항을 구하시오.

3. 등차수열 $\{a_n\}$에서 $a_3 + a_7 = 24, a_{14} + a_{18} = 68$일 때, a_{10}의 값을 구하시오.

4. 등차수열 $\{a_n\}$에서 $a_3 = 11, a_6 : a_{10} = 5 : 8$일 때, a_{20}을 구하시오.

5. 제15항이 33, 제45항이 153인 등차수열에서 213은 몇 번째 항인지 구하시오.

6. x에 대한 삼차방정식 $4x^3 - 12x^2 + kx - 3 = 0$의 세 근이 등차수열을 이루도록 상수 k의 값을 정하시오.

7. 다음 등차수열의 합을 구하시오.
(1) 첫째항이 7, 공차가 3, 항수가 13인 등차수열
(2) 첫째항이 14, 끝항이 -24, 항수가 20인 등차수열
(3) 공차가 -2, 끝항이 9, 항수가 21인 등차수열
(4) $2, 4, 6, 8, 10, \cdots, 20$

8. 제2항이 4, 제5항이 22인 등차수열의 첫째항부터 제20항까지의 합을 구하시오.

9. 제2항이 1이고, 제4항과 제7항의 비가 1:3인 등차수열 $\{a_n\}$의 첫째항부터 제10항까지의 합을 구하시오.

10. 제5항이 10이고, 첫째항부터 제10항까지의 합이 115인 등차수열의 첫째항부터 제20항까지의 합을 구하시오.

11. 등차수열 $\{a_n\}$의 일반항이 $a_n = 2n - 5$일 때, $a_{11} + a_{12} + \cdots + a_{20}$의 값을 구하시오.

12. 등차수열 $\{a_n\}$에서 첫째항부터 제n항까지의 합을 S_n이라고 할 때, $S_{12} = 10, S_{24} = 100$일 때, 공차를 구하시오.

13. 등차수열 $\{a_n\}$에서 첫째항부터 제10항까지의 합이 100, 첫째항부터 제20항까지의 합이 400이다. 이 수열의 첫째항부터 제30항까지의 합을 구하시오.

14. 첫째항이 -29, 공차가 4인 등차수열에서 첫째항부터 몇 째 항까지의 합이 최소가 되며, 그 최솟값은 무엇인지 구하시오.

15. 제17항이 16, 제41항이 88인 등차수열은 몇 째 항까지의 합이 최소가 되며, 그 때의 최솟값은 얼마인지 구하시오.

16. 첫째항부터 제n항까지의 합이 $3n^2$인 수열의 일반항을 구하시오.

17. 수열 $\{a_n\}$의 첫째항에서 제n항까지의 합 S_n이 $S_n = 2n^2 - 3n$일 때, 수열 $\{a_n\}$의 일반항을 구하시오.

18. 첫째항부터 제n항까지의 합 S_n이 $S_n = n^2 - 3n$인 등차수열 $\{a_n\}$의 첫째항과 공차를 구하시오.

19. 첫째항부터 제n항까지의 합 S_n이 $S_n = n^2 + 1$이라 할 때, 일반항 a_n을 구하시오.

20. 수열 $\{a_n\}$에서 첫째항부터 제n항까지의 합이 $S_n = n^2 + n + 1$일 때, 일반항 a_n을 구하시오.

21. 다음 등비수열의 첫째항부터 제5항까지 구하시오.

(1) 첫째항 15, 공비 $\dfrac{2}{3}$

(2) 첫째항 $\dfrac{3}{8}$, 공비 -2

(3) $a_1 = 2,\ a_{n+1} = \dfrac{1}{2}a_n$

(4) $a_1 = 5,\ a_{n+1} = -2a_n$

22. 다음 등비수열의 첫째항과 공비를 구하시오.

   (1) $\{2^{n-1}\}$ (2) $\{3^{-n}\}$

   (3) $\{(-1)^n 2^{n+1}\}$ (4) $a_n = \dfrac{2^{n+1}}{3^n}$

23. 각 항이 실수이고 제2항이 3, 제5항이 -24인 등비수열의 일반항을 구하시오.

24. 각 항이 실수이고, 첫째항이 6, 제5항이 486인 등비수열의 제9항을 구하시오.

25. 제3항이 6, 제6항이 48인 등비수열의 첫째항과 공비를 구하시오.(단, 공비는 실수)

26. 등비수열을 이루는 세 실수의 합은 14이고, 곱은 64이다. 이 세 수를 구하시오.

27. 삼차방정식 $x^3 - 7x^2 + kx - 8 = 0$의 세 실근이 등비수열을 이룰 때, 상수 k의 값을 구하시오.

28. 다음 수열의 첫째항부터 제n항까지의 합을 구하시오.

   (1) 9, 99, 999, ⋯   (2) 1, 11, 111, ⋯
   (3) 2, 22, 222, ⋯

29. 첫째항이 a, 공비가 2인 등비수열의 첫째항부터 제6항까지의 합이 21일 때, a의 값을 구하시오.

30. 첫째항이 8, 공비가 -3인 등비수열에서 첫째항부터 제 몇 항까지의 합이 488이 되는지 구하시오.

31. 첫째항이 2, 공비가 3인 등비수열의 첫째항부터 몇 째 항까지의 합이 처음으로 500 보다 크게 되는지 구하시오.

32. 제4항이 6, 제6항이 54인 등비수열의 첫째항에서 제10항까지의 합을 구하시오.

33. 첫째항이 3, 끝항이 192이고, 첫째항에서 끝항까지의 합이 381인 등비수열의 공비와 항수를 구하시오.

34. 각 항이 실수이고 첫째항에서 제3항까지의 합이 7, 첫째항에서 제6항까지의 합이 63인 등비수열의 첫째항과 공비를 구하시오.

35. 첫째항부터 제10항까지의 합이 1, 첫째항부터 제20항까지의 합이 3인 등비수열의 첫째항부터 제30항까지의 합을 구하시오.

36. 다음을 계산하시오.

(1) $\sum_{k=1}^{n} a_k = 3, \sum_{k=1}^{n} b_k = 9$ 일 때, $\sum_{k=1}^{n} (2a_k - 5b_k)$

(2) $\sum_{k=1}^{10} a_k = 8, \sum_{k=1}^{10} b_k = 10$ 일 때, $\sum_{k=1}^{10} (2a_k - b_k + 3)$

37. $\sum_{k=1}^{10} a_k = 6, \sum_{k=1}^{10} a_k^2 = 25$ 일 때, 다음을 구하시오.

(1) $\sum_{k=1}^{10} (a_k + 2)(a_k - 2)$

(2) $\sum_{k=1}^{10} (2a_k + 3)^2$

38. 다음을 계산하시오.

(1) $\sum_{k=1}^{10} a_k = 5, \sum_{k=1}^{10} a_k^2 = 20$ 일 때,

$\sum_{k=1}^{10} (a_k + 1)^3 - \sum_{k=1}^{10} (a_k - 1)^3$

(2) $\sum_{k=1}^{10} (a_k + 1)^2 = 240, \sum_{k=1}^{10} (a_k - 1)^2 = 80$ 일 때, $\sum_{k=1}^{10} a_k$

39. 다음을 계산하시오.

(1) $\sum_{k=1}^{5} (2^{k-1} + 1)$

(2) $\sum_{k=1}^{n} \frac{1 - 3^k}{2^k}$

40. 다음을 계산하시오.

(1) $\sum_{k=1}^{n}(k^2+2) - \sum_{k=1}^{n-1}(k^2-1)$

(2) $\sum_{k=1}^{100}(3k+1) - \sum_{k=2}^{99}(3k+1)$

(3) $\sum_{k=3}^{n}(k^3+1) - \sum_{k=1}^{n-1}(k^3+1)$

41. 다음을 구하시오.

(1) $\sum_{k=1}^{n}(k+2)$

(2) $\sum_{k=2}^{10}(k+1)^2 - \sum_{k=1}^{10}(k-1)^2$

(3) $\sum_{k=1}^{10}(k+5)(k-2) - \sum_{k=1}^{10}(k-5)(k+2)$

42. 다음을 구하시오.

(1) $\sum_{k=1}^{10}k + \sum_{k=11}^{20}k$

(2) $\sum_{k=n+1}^{2n}k$

(3) $\sum_{k=5}^{n+5}4(k-3)$

43. 다음을 계산하시오.

(1) $\sum_{k=1}^{n}(2k-1)(2k+1)$ (2) $\sum_{k=1}^{n}(k-1)^2$

44. 다음 값을 구하시오.

(1) $\sum_{k=1}^{10}(k+1)^2 - 2\sum_{k=1}^{10}(k+2) + \sum_{k=1}^{10}3$

(2) $\sum_{k=1}^{20}\dfrac{k^3}{k+1} + \sum_{k=1}^{20}\dfrac{1}{k+1}$

(3) $\sum_{k=6}^{20}k(k+1)$

45. 다음을 계산하시오.

(1) $\sum_{k=1}^{n}k(3k-1)(3k+1)$

(2) $\sum_{k=1}^{n}k(k+1)(k+2)$

46. 다음을 계산하시오.

(1) $\sum_{i=1}^{5}\left\{\sum_{k=1}^{i}(k+1)\right\}$

(2) $\sum_{n=1}^{10}\left\{\sum_{i=1}^{n}(i+2)\right\}$

(3) $\sum_{k=1}^{6}\left\{\sum_{l=1}^{k}(2l+3k)\right\}$

47. $\sum_{m=1}^{n}\left(\sum_{k=1}^{m}k\right) = 35$일 때, n의 값을 구하시오.

48. 다음 합을 구하시오.

(1) $\dfrac{1}{1\times 2}+\dfrac{1}{2\times 3}+\dfrac{1}{3\times 4}+\cdots+\dfrac{1}{99\times 100}$

(2) $\dfrac{1}{3^2-1}+\dfrac{1}{5^2-1}+\dfrac{1}{7^2-1}+\cdots+\dfrac{1}{(2n+1)^2-1}$

(3) $\dfrac{1}{2^2-1}+\dfrac{1}{4^2-1}+\dfrac{1}{6^2-1}+\cdots+\dfrac{1}{20^2-1}$

(4) $\dfrac{1}{1\times 3}+\dfrac{1}{2\times 4}+\dfrac{1}{3\times 5}+\cdots+\dfrac{1}{n(n+2)}$

49. 다음 합을 구하시오.

$\dfrac{1}{1+\sqrt{2}}+\dfrac{1}{\sqrt{2}+\sqrt{3}}+\dfrac{1}{\sqrt{3}+\sqrt{4}}+\cdots+\dfrac{1}{\sqrt{n}+\sqrt{n+1}}$

50. 다음 합을 구하시오.

$\dfrac{1}{\sqrt{3}+1}+\dfrac{1}{\sqrt{5}+\sqrt{3}}+\dfrac{1}{\sqrt{7}+\sqrt{5}}+\cdots+\dfrac{1}{\sqrt{121}+\sqrt{119}}$

51. $a_2=2, a_5=\dfrac{1}{4}$ 이고, 각 항이 양수인 등비수열 $\{a_n\}$에 대하여 수열 $\{b_n\}$이 $b_n=\log_2 a_{2n}$을 만족할 때, $\displaystyle\sum_{k=1}^{20}b_k$의 값을 구하시오.

52. 다음 수열의 일반항 a_n을 구하시오.
(1) 1, 2, 4, 7, 11, 16, $\cdots$
(2) 1, 4, 11, 22, 37, 56, $\cdots$
(3) 4, 6, 10, 18, 34, $\cdots$
(4) 3, 4, 1, 10, -17, 64, $\cdots$

53. 수열 $\{a_n\}$과 $\{b_n\}$이 다음 조건을 만족할 때, 수열 $\{a_n\}$의 일반항을 구하시오.

(가) 수열 $\{b_n\}$은 수열 $\{a_n\}$의 계차수열이다.
(나) 수열 $\{b_n\}$은 등차수열이다.
(다) $a_1 = 20, a_2 = 6, a_5 = 0$

54. 수열 1, 5, 12, 22, 35, 51, …에서 117은 제 몇 항인지 구하시오.

55. 다음 수열의 첫째항부터 제n항까지의 합 S_n을 구하시오.
(1) 1, 3, 7, 13, 21, …
(2) 1, 2, 5, 10, 17, 26, …
(3) 3, 5, 9, 17, 33, …
(4) 1, 4, 13, 40, 121, …

56. 수열 2, 6, 12, 20, 30, …의 일반항을 a_n이라 할 때, $\sum_{k=1}^{n} \dfrac{1}{a_k}$을 구하시오.

57. 다음 수열의 제10항까지의 합을 구하시오.
$\sqrt{3}, 2\sqrt{3}+1, 3\sqrt{3}+6, 4\sqrt{3}+15, 5\sqrt{3}+28, \cdots$

58. 귀납적으로 정의된 다음 수열의 항을 첫째항부터 제5항까지 나열하시오.
(1) $a_1 = 3, a_{n+1} = a_n + 2n$
(2) $a_1 = 2, a_{n+1} = (a_n)^2 - 2$
(3) $a_1 = 1, a_{n+1} = a_n + 2n + 1$

59. 수열 $\{a_n\}$이 $a_n + a_{n+1} = n+2\,(n=1,2,3,\cdots)$를 만족할 때, $\sum_{k=1}^{30} a_k$의 값을 구하시오.

60. 다음과 같이 귀납적으로 정의된 수열의 일반항을 구하시오.
(1) $a_1 = 2, a_{n+1} = a_n + 3$
(2) $a_1 = 3, a_{n+1} = a_n - 2$

61. 다음과 같이 귀납적으로 정의된 수열 $\{a_n\}$에 대하여 $a_k = 33$을 만족하는 자연수 k의 값을 구하시오.
$a_1 = 1, a_2 = 3, a_{n+2} = 2a_{n+1} - a_n$

62. 수열 $\{a_n\}$이 $a_1 = 2,\ \dfrac{1}{a_{n+1}} = \dfrac{2a_n + 1}{a_n}\,(n=1,2,3,\cdots)$을 만족할 때, a_{20}의 값을 구하시오.

63. 다음과 같이 귀납적으로 정의된 수열 $\{a_n\}$의 일반항을 구하시오.
(1) $a_1 = 3, a_{n+1} = 2a_n\,(n \geq 1$인 자연수$)$
(2) $a_1 = 2, a_2 = 6$이고, $(a_{n+1})^2 = a_n a_{n+2}$

64. 다음과 같이 귀납적으로 정의된 수열 $\{a_n\}$의 일반항을 구하시오.
(1) $a_1 = 2, a_{n+1} = a_n + 2n\,(n=1,2,3,\cdots)$
(2) $a_1 = 1, a_{n+1} = a_n + 2^n\,(n=1,2,3,\cdots)$

65. 다음 식으로 정의된 수열 $\{a_n\}$의 일반항을 구하시오.
$a_1 = 1, a_{n+1} = a_n + 2n - 1 \, (n = 1, 2, 3, \cdots)$

66. 다음 관계식에 의하여 정의된 수열 $\{a_n\}$의 일반항을 구하시오. (단, $n = 1, 2, 3, \cdots$)
$a_1 = 1, a_{n+1} = a_n + 2^n - 1$

67. 다음과 같이 귀납적으로 정의된 수열의 일반항을 구하시오. (단, $n = 1, 2, 3, \cdots$)
(1) $a_1 = 1, a_{n+1} = \dfrac{n+1}{n} a_n$
(2) $a_1 = 1, a_{n+1} = 2^n a_n$

68. 귀납적으로 정의된 다음 수열에 대하여 $\log_3 a_{10}$의 값을 구하시오.
$a_1 = 1, a_{n+1} = 3^n a_n \, (n = 1, 2, 3, \cdots)$

69. $a_1 = 1, (n+2)a_{n+1} = (n+1)a_n$으로 정의된 수열 $\{a_n\}$에 대하여 $\displaystyle\sum_{k=1}^{15} \dfrac{2}{a_k}$의 값을 구하시오.
(단, $n = 1, 2, 3, \cdots$)

70. 수열 $\{a_n\}$을 $a_1 = 1, a_{n+1} = (n+1)a_n \, (n = 1, 2, 3, \cdots)$으로 정의할 때, $\displaystyle\sum_{k=1}^{200} a_k$를 60으로 나눈 나머지를 구하시오.

71. 다음과 같이 귀납적으로 정의된 수열 $\{a_n\}$의 일반항을 구하시오.
(단, $n = 1, 2, 3, \cdots$)
(1) $a_1 = 1, a_{n+1} = 2a_n + 2$
(2) $a_1 = 1, a_{n+1} = 3a_n - 1$
(3) $a_1 = 3, 2a_{n+1} = a_n + 1$

72. 수열 $\{a_n\}$이 $a_1 = 3, a_{n+1} = 2a_n + 1$로 정의 될 때, $\log_4(a_{99} + 1)$의 값을 구하시오.

73. 수열 $\{a_n\}$에서 $a_1 = 1, a_{n+1} = 3a_n - 5 (n \geq 1)$일 때, $a_{100} - a_{99}$의 값을 구하시오.

74. 다음과 같이 귀납적으로 정의된 수열 $\{a_n\}$의 일반항을 구하시오. (단, $n = 1, 2, 3, \cdots$)
(1) $a_1 = 1, a_2 = 5, 2a_{n+2} = 4a_{n+1} - 2a_n$
(2) $a_1 = 1, a_2 = 4, 4a_{n+1} = a_{n+2} + 3a_n$
(3) $a_1 = 1, a_2 = 0, a_{n+2} - 3a_{n+1} + 2a_n = 0$

75. 다음과 같이 귀납적으로 정의된 수열 $\{a_n\}$에 대하여 a_{50}의 값을 구하시오.
$a_1 = 1, a_2 = 2, 2a_{n+2} = 3a_{n+1} - a_n (n = 1, 2, 3, \cdots)$

76. $a_1, a_2, a_3, \cdots$이 $a_2 = 2a_1, a_{n+2} - 2a_{n+1} + a_n = 0$
$(n = 1, 2, 3, \cdots)$을 만족하고, $a_{10} = 20$일 때, a_6의 값을 구하시오.

77. 다음과 같이 귀납적으로 정의된 수열 $\{a_n\}$의 일반항을 구하시오.
(단, $n=1,2,3,\cdots$)

(1) $a_1 = \dfrac{1}{3}, a_{n+1} = \dfrac{a_n}{2a_n+1}$

(2) $a_1 = \dfrac{1}{2}, a_{n+1} = \dfrac{a_n}{3a_n+1}$

78. 수열 $\{a_n\}$이 $a_1 = 1, a_{n+1} = \dfrac{a_n}{1-3a_n}$ $(n=1,2,3,\cdots)$으로 정의될 때, a_{10}의 값을 구하시오.

79. $a_1 = \dfrac{1}{3}, a_{n+1} = \dfrac{a_n}{1+5a_n}$ $(n=1,2,3,\cdots)$으로 정의되는 수열 $\{a_n\}$에서 $\dfrac{1}{53}$은 제몇 항인지 구하시오.

80. $\lim\limits_{n\to\infty} a_n = 2, \lim\limits_{n\to\infty} b_n = -3$일 때, $\lim\limits_{n\to\infty} \dfrac{a_n - 2b_n}{3a_n + b_n}$의 값을 구하시오.

81. 다음 극한값을 구하시오.

(1) $\lim\limits_{n\to\infty}\left(\dfrac{5}{n} - \dfrac{1}{n^2}\right)$

(2) $\lim\limits_{n\to\infty}\left(\dfrac{3}{n} + 2\right)\left(2 - \dfrac{1}{n^2}\right)$

(3) $\lim\limits_{n\to\infty} \dfrac{3 + \dfrac{1}{n}}{\dfrac{1}{n^2} - 3}$

82. 이차방정식 $x^2 - (2n^2+1)x + n^2 = 0$의 두 근이 α_n, β_n이라 할 때, $\lim_{n\to\infty}\left(\dfrac{1}{\alpha_n} + \dfrac{1}{\beta_n}\right)$의 값을 구하시오.

83. 다음 극한을 조사하고 극한이 존재하면 그 극한값을 구하시오.

(1) $\lim_{n\to\infty} \dfrac{2n^3}{5n^2 - 3}$

(2) $\lim_{n\to\infty} \dfrac{n+3}{2n^2 - 1}$

(3) $\lim_{n\to\infty} \dfrac{n-1}{2n+3}$

(4) $\lim_{n\to\infty} \dfrac{3n^2 - 3n + 1}{n^2 + 5n + 1}$

(5) $\lim_{n\to\infty} \dfrac{(n+1)(2n+1)}{n^2}$

84. 다음 극한값을 구하시오.

(1) $\lim_{n\to\infty} \dfrac{1 + 2 + 3 + \cdots + n}{2n^2}$

(2) $\lim_{n\to\infty} \dfrac{1}{n^3} \sum_{k=1}^{n} (n+k)^2$

(3) $\lim_{n\to\infty} \dfrac{1^2 + 2^2 + 3^2 + \cdots + n^2}{n^3}$

85. 다음 극한값을 구하시오.
$\lim_{n\to\infty} \left\{\left(1 - \dfrac{1}{2}\right)\left(1 - \dfrac{1}{3}\right)\cdots\left(1 - \dfrac{1}{n}\right)\right\}^3 \times (1^2 + 2^2 + 3^2 + \cdots + n^2)$

86. 다음 극한값을 구하시오.

(1) $\lim_{n\to\infty} \dfrac{\sqrt{n-1}+\sqrt{n+2}}{\sqrt{n}}$

(2) $\lim_{n\to\infty} \dfrac{n}{\sqrt{4n^2+1}+\sqrt{n^2+2}}$

(3) $\lim_{n\to\infty} \dfrac{2}{\sqrt{n^2+2n}-\sqrt{n^2+1}}$

(4) $\lim_{n\to\infty} \dfrac{\sqrt{4n^2-2n+1}+\sqrt{n^2-n}}{n+3}$

87. 다음 등식이 성립하도록 상수 a, b의 값을 정하시오.

(1) $\lim_{n\to\infty} \dfrac{an^2+bn+1}{3n+2} = 2$

(2) $\lim_{n\to\infty} \dfrac{bn+1}{an^2+3n+2} = 3$

(3) $\lim_{n\to\infty} \dfrac{an^2+bn+5}{\sqrt{4n^2-1}} = 7$

88. 다음 극한값을 구하시오.

(1) $\lim_{n\to\infty} (n^2-3n+1)$

(2) $\lim_{n\to\infty} (4-2n-3n^3)$

(3) $\lim_{n\to\infty} (3+2n)(n^2-n-1)$

89. 다음 극한값을 구하시오.

(1) $\lim_{n\to\infty} (\sqrt{n^2+15n+13}-\sqrt{n^2-13n})$

(2) $\lim_{n\to\infty} (\sqrt{n^2+6n+4}-n)$

90. 다음 극한값을 구하시오.

(1) $\lim_{n \to \infty} \{\log(n+2) - \log n\}$

(2) $\lim_{n \to \infty} (\log_3 \sqrt{n} - \log_3 \sqrt{3n+2})$

(3) $\lim_{n \to \infty} \{\log_2 n^2 - 2\log_2(n+2)\}$

91. 수열 $\{a_n\}$이 모든 자연수 n에 대하여
$2n-1 < na_n < 2n+4$를 만족할 때, $\lim_{n \to \infty} a_n$의 값을 구하시오.

92. 모든 자연수 n에 대하여 다음이 성립할 때, $\lim_{n \to \infty} a_n$의 값을 구하시오.

$$\frac{1}{5n+4} \leq \frac{a_n}{2n+1} \leq \frac{1}{5n-1}$$

93. 수열 $\{a_n\}$에서 $\lim_{n \to \infty} \frac{3a_n + 2}{2a_n - 1} = 3$일 때, $\lim_{n \to \infty} a_n$의 값을 구하시오.

94. 수렴하는 무한수열 $\{a_n\}$에 대하여
$\lim_{n \to \infty} (n^2 - 1)a_n = 2012$일 때, $\lim_{n \to \infty} \left(\frac{1}{2}n^2 + 1\right)a_n$의 값을 구하시오.

95. 두 수열 $\{a_n\}$, $\{b_n\}$에 대하여
$\lim_{n \to \infty}(a_n - b_n) = 0$, $\lim_{n \to \infty} a_n = 3$일 때, $\lim_{n \to \infty}(a_n + 2b_n)$의 값을 구하시오.

96. 다음 극한값을 구하시오.
$$\lim_{n\to\infty} \frac{2^{2n}-3^n}{1+4+4^2+4^3+\cdots+4^{n-1}}$$

97. 수열 $\{a_n\}$이 $\lim_{n\to\infty}\dfrac{4\times 3^n-2^{n+1}a_n}{3^na_n+2^n}=3$을 만족시킬 때, $\lim_{n\to\infty}a_n$의 값을 구하시오.

98. 다음 무한등비수열이 수렴하기 위한 x의 범위를 구하시오.
(1) $\{(2x-1)^n\}$
(2) $\{(x^2-x-1)^n\}$
(3) $\{(2\cos x)^{n-1}\}$(단, $0<x\leq\pi$)

99. 무한수열 $\{a_n\}$의 첫째항부터 제n항까지의 합 S_n이
$S_n=\sum_{k=1}^{n}\left(\dfrac{2k-1}{2k+1}-\dfrac{2k+1}{2k+3}\right)$일 때, 무한급수 $\sum_{n=1}^{\infty}a_n$의 합을 구하시오.

100. 수열 $\{a_n\}$에 대하여 첫째항부터 제n항까지의 합이
$S_n=\dfrac{1+2+3+\cdots+n}{n^2+3n}$일 때, $\sum_{n=1}^{\infty}a_n$의 값을 구하시오.

101. 수열 $\{a_n\}$에 대하여 $a_1=1$, $\lim_{n\to\infty}a_n=3$이고, 수열 $\{b_n\}$의 일반항을 $b_n=a_{n+1}-a_n$이라고 정의할 때, 무한급수 $\sum_{n=1}^{\infty}b_n$의 합을 구하시오.

102. 다음 무한급수의 합을 구하시오.

(1) $\dfrac{1}{3}+\dfrac{1}{8}+\dfrac{1}{15}+\cdots+\dfrac{1}{n(n+2)}+\cdots$

(2) $\dfrac{1}{2\times 4}+\dfrac{1}{4\times 6}+\dfrac{1}{6\times 8}+\cdots$

(3) $\left(\dfrac{1}{2}-\dfrac{2}{3}\right)+\left(\dfrac{2}{3}-\dfrac{3}{4}\right)+\left(\dfrac{3}{4}-\dfrac{4}{5}\right)+\cdots$

103. 무한급수 $1+\dfrac{1}{1+2}+\dfrac{1}{1+2+3}+\dfrac{1}{1+2+3+4}+\cdots$의 합을 구하시오.

104. 무한급수 $\dfrac{1}{2^2-1}+\dfrac{1}{3^2-1}+\dfrac{1}{4^2-1}+\cdots$의 합을 구하시오.

105. 다음 무한급수의 합을 구하시오.

$\dfrac{6}{2^2\times 4^2}+\dfrac{8}{3^2\times 5^2}+\dfrac{10}{4^2\times 6^2}+\dfrac{12}{5^2\times 7^2}+\cdots$

106. 다음 무한급수의 수렴과 발산을 조사하고, 수렴하면 그 합을 구하시오.

(1) $\displaystyle\sum_{n=1}^{\infty}\log\dfrac{n+1}{n}$

(2) $\displaystyle\sum_{n=1}^{\infty}\log\dfrac{n+1}{n+2}$

(3) $\displaystyle\sum_{n=2}^{\infty}\log\dfrac{n^2-1}{n^2}$

107. $\sum_{n=1}^{\infty}(a_n-2)=5$, $\sum_{n=1}^{\infty}(a_n-b_n)=8$일 때, $\lim_{n\to\infty}(3a_n-2b_n+1)$의 값을 구하시오.

108. 무한급수 $a_1+\left(a_2-\dfrac{1}{2}\right)+\left(a_3-\dfrac{2}{3}\right)+\left(a_4-\dfrac{3}{4}\right)+\cdots$가 수렴할 때, $\lim_{n\to\infty}a_n$의 값을 구하시오.

109. 다음 무한등비급수의 합을 구하시오.

(1) $3-\dfrac{3}{4}+\dfrac{3}{16}-\dfrac{3}{64}+\cdots$

(2) $(\sqrt{3}-1)+(\sqrt{3}-2)+\dfrac{3\sqrt{3}-5}{2}+\cdots$

(3) $\log_9\sqrt{3}+\log_9\sqrt{\sqrt{3}}+\log_9\sqrt{\sqrt{\sqrt{3}}}+\cdots$

(4) $x^2+\dfrac{x^2}{1+x^2}+\dfrac{x^2}{(1+x^2)^2}+\dfrac{x^2}{(1+x^2)^3}+\cdots$

110. 다음 무한등비급수의 합을 구하시오.

(1) $\sum_{n=1}^{\infty}(\sqrt{2}+1)(3-2\sqrt{2})^{n-1}$

(2) $\sum_{n=1}^{\infty}\left(-\dfrac{1}{3}\right)^n\left(\dfrac{3}{2}\right)^{2n}$

(3) $\sum_{n=1}^{\infty}3^{n-1}\left(\dfrac{1}{4}\right)^n$

(4) $\sum_{n=1}^{\infty}\left\{\dfrac{1}{3^n}-\dfrac{1}{n(n+1)}\right\}$

111. 다음 무한급수의 합을 구하시오.

(1) $\displaystyle\sum_{n=1}^{\infty} \frac{1+3^n}{6^n}$

(2) $\displaystyle\sum_{n=1}^{\infty} (3\times 2^{-n} + 14\times 8^{-n})$

(3) $\displaystyle\sum_{n=1}^{\infty} \frac{5^{n+2} - 4^{n+2}}{6^n}$

(4) $\displaystyle\sum_{n=1}^{\infty} \left(\frac{3}{2^{n-1}} + \frac{4^{n-1}}{5^n} \right)$

112. 다음 무한급수의 합을 구하시오.

(1) $\displaystyle\sum_{n=1}^{\infty} \left\{ \frac{1}{2^n} + \frac{2^n}{3^{2n}} - \left(\frac{1}{3}\right)^{n+1} \right\}$

(2) $\displaystyle\sum_{n=1}^{\infty} \frac{1 + 3 + 3^2 + \cdots + 3^{n-1}}{5^n}$

(3) $\dfrac{2+3}{6} + \dfrac{2^2+3^2}{6^2} + \dfrac{2^3+3^3}{6^3} + \cdots$

(4) $\dfrac{1}{3} + \dfrac{3}{3^2} + \dfrac{7}{3^3} + \dfrac{15}{3^4} + \cdots$

113. 다음 분수방정식을 해를 구하시오.

(1) $x + \dfrac{1}{x} = 4$

(2) $\dfrac{3}{x-1} - x = 1$

(3) $\dfrac{6x+7}{15} - \dfrac{2(x-1)}{7x-6} = \dfrac{2x+1}{5}$

(4) $\dfrac{7x}{3-2x} = \dfrac{6}{x+1} + 4$

114. 다음 분수방정식의 해를 구하시오.

(1) $\dfrac{1}{x} - \dfrac{1}{x+2} = \dfrac{1}{x+1} - \dfrac{1}{x+3}$

(2) $\dfrac{1}{x} + \dfrac{1}{x+1} + \dfrac{1}{x+2} + \dfrac{1}{x+3} = 0$

115. 다음 분수방정식의 해를 구하시오.

(1) $\dfrac{x-1}{x-4} + \dfrac{x+1}{x+2} + \dfrac{x+2}{x+4} = 3$

(2) $\dfrac{x+3}{x+1} + \dfrac{x-6}{x-4} = \dfrac{x+4}{x+2} + \dfrac{x-5}{x-3}$

(3) $\dfrac{2x-9}{x-4} + \dfrac{x+4}{x+6} = \dfrac{2x+9}{x+5} + \dfrac{x-5}{x-3}$

(4) $\dfrac{1}{x(x+1)} + \dfrac{1}{(x+1)(x+2)} + \dfrac{1}{(x+2)(x+3)} = \dfrac{3}{2}x$

116. 다음 분수방정식의 해를 구하시오.

(1) $x^2 - 3x - \dfrac{8}{x^2 - 3x} = 2$

(2) $\dfrac{6}{2(x^2 - 4x + 3)} = 2x^2 - 8x + 1$

(3) $\dfrac{x^2}{x+2} + \dfrac{2(x+2)}{x^2} = 3$

(4) $\dfrac{x}{x^2+1} - \dfrac{x^2+1}{x} + \dfrac{3}{2} = 0$

117. 다음 무리방정식의 해를 구하시오.

(1) $2x + \sqrt{2x^2+1} - 7 = 0$

(2) $3\sqrt{x-5} = \sqrt{x+3}$

(3) $\sqrt{x+9} - \dfrac{10}{\sqrt{x+9}} = 3$

(4) $\sqrt{x+5} - \sqrt{2x+3} = 1$

(5) $\sqrt{3x-10} - \sqrt{x+2} = \sqrt{2x-3} - \sqrt{2x-5}$

(6) $\sqrt{2x+3} - \sqrt{x+1} = \sqrt{4x-3} - \sqrt{3x-5}$

(7) $\sqrt{2x-1} - \sqrt{5x-4} = \sqrt{4x-3} - \sqrt{3x-2}$

(8) $\sqrt{x+8} + \sqrt{3x-2} = \sqrt{2x+1} + \sqrt{2x+5}$

118. 다음 무리방정식의 해를 구하시오.

(1) $x^2 - 2x + \sqrt{x^2-2x+10} = 20$

(2) $\sqrt{x^2+2x-3} + \sqrt{x^2+2x-2} = 1$

(3) $x^2 - 5x + 2\sqrt{x^2-5x+3} = 12$

(4) $\sqrt{x^2-4x+1} - \sqrt{x^2-3x-4} = 1$

119. 다음 극한값을 구하시오.

(1) $\lim\limits_{x \to 2} \dfrac{x^2-5x+6}{x-2}$

(2) $\lim\limits_{x \to \sqrt{2}} \dfrac{x^2-2}{x-\sqrt{2}}$

(3) $\lim\limits_{x \to 2} \dfrac{1-\sqrt{x-1}}{x-2}$

(4) $\lim\limits_{x \to 0} \dfrac{\sqrt{x^2+3}-\sqrt{3}}{x^2}$

120. 다음 극한값을 구하시오.

(1) $\lim_{x \to \infty} \dfrac{2x}{\sqrt{x^2+1}-1}$
(2) $\lim_{x \to -\infty} \dfrac{2x+1}{\sqrt{x^2+1}-x}$
(3) $\lim_{x \to \infty} (\sqrt{x^2+x}-x)$
(4) $\lim_{x \to -\infty} (\sqrt{x^2+x+1}+x)$

121. 다음 극한값을 구하시오.

(1) $\lim_{x \to 1+} \dfrac{|x^2-1|}{x-1}$
(2) $\lim_{x \to 1+} \dfrac{|x^2-1|}{|x-1|}$
(3) $\lim_{x \to 1-} \dfrac{|x^2-1|}{|x-1|}$
(4) $\lim_{x \to 2} \dfrac{x^2-4}{|x-2|}$

122. 다음 등식이 성립하도록 상수 a, b의 값을 정하시오.

(1) $\lim_{x \to 1} \dfrac{ax+b}{x-1} = 1$
(2) $\lim_{x \to 1} \dfrac{ax+1}{x-1} = b$
(3) $\lim_{x \to 2} \dfrac{x^2+ax+b}{x-2} = 5$
(4) $\lim_{x \to 2} \dfrac{x^2+ax+b}{x^2-4} = 5$

123. 다음 등식이 성립하도록 상수 a, b의 값을 구하시오.

(1) $\lim_{x \to \infty} \dfrac{ax^2+bx-1}{2x+3} = 2$

(2) $\lim_{x \to 1} \dfrac{3x^2-8x+a}{x^2+x-2} = -\dfrac{b}{3}$

(3) $\lim_{x \to \infty} \dfrac{ax^2+3x-2}{x+1} = b$

(4) $\lim_{x \to 1} \dfrac{x^2+x-2}{ax^2-7x+b} = 1$

124. 다음 등식이 성립하도록 상수 a, b의 값을 구하시오.
(1) $\lim\limits_{x \to 1} \dfrac{\sqrt{x+a}-b}{x-1} = \dfrac{1}{6}$
(2) $\lim\limits_{x \to 1} \dfrac{a\sqrt{x+3}-b}{x-1} = 1$
(3) $\lim\limits_{x \to 1} \dfrac{a\sqrt{x+1}-b}{x-1} = \sqrt{2}$

125. 다음 함수의 연속성을 조사하시오.
(1) $f(x) = \begin{cases} \dfrac{-x^2+2x}{x} & (x \neq 0) \\ 2 & (x = 0) \end{cases}$
(2) $f(x) = \begin{cases} \dfrac{|x|}{x} & (x \neq 0) \\ 0 & (x = 0) \end{cases}$
(3) $f(x) = \begin{cases} \sqrt{x} & (x \geq 0) \\ -x & (x < 0) \end{cases}$

126. $x \neq 1$일 때, $f(x) = \dfrac{x^3+x^2-2}{x-1}$로 정의된 함수가 실수 전체에서 연속이 되도록 $f(1)$의 값을 정하시오.

127. 다음 함수가 모든 실수에 대하여 연속이 되도록 a의 값을 정하시오.
$f(x) = \begin{cases} \dfrac{x^2-(2+a)x+2a}{x-2} & (x \neq 2) \\ 1 & (x = 2) \end{cases}$

128. 함수 $f(x) = \begin{cases} \dfrac{x^2-1}{x^3+1} & (x \neq -1) \\ a & (x = -1) \end{cases}$ 이 $x = -1$에서 연속이 되기 위한 a의 값을 구하시오.

129. 함수 $f(x)$는 임의의 실수 x에서 연속이다. $x \neq 0$에서 $f(x) = 2x+1$로 정의될 때, $f(0)$의 값을 구하시오.

130. $f'(4) = 3$인 함수 $f(x)$에 대하여 다음을 구하시오.
$$\lim_{x \to 2} \frac{f(x^2) - f(4)}{x - 2}$$

131. $f'(1) = 4$인 함수 $y = f(x)$에 대하여
$$\lim_{x \to 1} \frac{f(x^2) - f(1)}{x - 1}$$ 을 구하시오.

132. $f'(1) = a$일 때, 다음 극한값을 구하시오.
(1) $\lim_{x \to 1} \dfrac{f(x) - f(1)}{x^2 - 1}$
(2) $\lim_{h \to 0} \dfrac{f(1+h) - f(1-h)}{h}$

133. $f(a) = -1, f'(a) = 3$인 함수 $f(x)$에 대하여 다음 극한값을 구하시오.
$$\lim_{x \to a} \frac{af(x) - xf(a)}{x - a}$$

134. 다음 함수를 미분하시오.

(1) $y = (3 - 5x^2)^2$ (2) $y = (x^2 + 2x + 1)^3$

(3) $y = (x+1)(2x+1)^2$ (4) $y = (x+1)^2(x+2)^2$

135. 다음 극한값을 $f'(a)$를 써서 나타내시오.

(1) $\lim_{h \to 0} \dfrac{f(a+2h) - f(a)}{h}$

(2) $\lim_{h \to 0} \dfrac{f(a+2h) - f(a-3h)}{h}$

(3) $\lim_{h \to 0} \dfrac{f(a+h) - f(a-h)}{h}$

(4) $\lim_{h \to 0} \dfrac{f(a+3h) - f(a-h)}{h}$

136. $f'(1) = 2$일 때, 다음 극한값을 구하시오.

(1) $\lim_{x \to 1} \dfrac{f(x) - f(1)}{x^3 - 1}$ (2) $\lim_{x \to 1} \dfrac{f(x^2) - f(1)}{x - 1}$

137. 다음 곡선 위의 점에서의 접선의 방정식을 구하시오.

(1) $y = x^2 - 2x - 1 \; (3, 2)$

(2) $y = x^3 - 1 \; (1, 0)$

(3) $y = 2x^2 + x - 3 \; (1, 0)$

(4) $y = x^3 - 3x^2 + x + 5 \; (2, 3)$

138. 함수 $f(x) = x^3 + 3x^2 + ax + 3$이 실수의 전체에서 증가하기 위한 실수 a의 범위를 구하시오.

139. 함수 $f(x) = x^3 - 2kx^2 + kx$가 모든 실수에서 증가함수가 되기 위한 상수 k의 값의 범위를 구하시오.

140. 함수 $f(x) = x^3 - ax^2 + ax$가 모든 실수에서 증가함수가 되기 위한 실수 a의 값의 범위를 구하시오.

141. 함수 $y = x^3 + ax^2 + bx$가 감소하는 x의 구간이 $(-2, 3)$일 때, 상수 a, b의 값을 구하시오.

142. 함수 $f(x) = -x^3 + 6x^2 + ax$가 구간 $(1, 3)$에서 감소할 때, a의 값의 범위를 구하시오.

143. 다음 함수의 극값을 구하시오.
(1) $f(x) = x^3 + 3x^2$
(2) $f(x) = x^3 - 3x^2 - 9x + 4$
(3) $f(x) = x^3 - 6x^2 + 9x - 1$
(4) $f(x) = -x^3 + 3x$

144. 함수 $f(x) = x^3 + ax^2 + bx + c$는 $x = -1$에서 극댓값 6을 갖고, $x = 3$에서 극솟값을 갖는다. 이때 a, b, c의 값과 극솟값을 구하시오.

145. 함수 $f(x) = x^3 + ax^2 + bx + c$가 $x = -1$에서 극댓값을 갖고, $x = 1$에서 극솟값 -3을 가질 때, 상수 a, b, c의 값과 이 함수의 극댓값을 구하시오.

146. 다음 함수의 최댓값과 최솟값을 구하시오.
(1) $f(x) = 2x^3 + 3x^2 - 12x + 4 \, (-3 \leq x \leq 2)$
(2) $f(x) = -x^3 + 3x^2 \, (-1 \leq x \leq 3)$
(3) $f(x) = x^4 - 2x^2 + 3 \, (-2 \leq x \leq 2)$

147. 함수 $f(x) = x^3 - 3a^2 x$의 구간 $[0, 1]$에서의 최솟값을 구하시오. 단, a는 양수이다.

148. 함수 $f(x) = 3x^2 - ax^3$의 구간 $[0, 2]$에서의 최솟값이 -4일 때, a의 값을 구하시오.(단, $a > 1$)

149. 다음 방정식의 실근의 개수를 조사하시오.
(1) $x^3 - 3x^2 + 1 = 0$
(2) $x^3 - 3x^2 + 3 = 0$
(3) $x^3 - 6x^2 + 9x - 5 = 0$

150. 초속 55m의 속도로 지면에서 똑바로 위로 던진 물체의 t초 후의 높이를 hm라 하면 $h = 55t - 4.9t^2$의 관계가 있다. t초 후의 이 물체의 가속도를 구하시오.

151. 수직선 위를 움직이는 점 P의 좌표가 $x = t^3 - 4t^2$으로 주어질 때, $t = 2$에서의 속도와 가속도를 구하시오.

152. 수직선 위를 움직이는 점 P의 좌표 x와 시각 t 사이에 $x = t^3 + 3t + 1$인 관계가 있을 때, 속도가 6이 되는 순간의 시각과 그 때의 가속도를 구하시오.

153. x축 위를 움직이는 물체의 t초 후의 위치 $x$cm가 $x = \frac{1}{3}t^3 - 4t^2 + 7t$로 나타내어질 때, 다음 물음에 답하시오.
(1) 운동 방향이 변하는 시각을 구하시오.
(2) $0 \leq t \leq 6$일 때, 이 물체의 속력이 최대가 되는 시각과 그 속력을 구하시오.

154. 정적분을 이용하여 다음 극한값을 구하시오.

(1) $\lim_{n \to \infty} \sum_{k=1}^{n} \left(\frac{3k}{n}\right)\frac{2}{n}$
(2) $\lim_{n \to \infty} \sum_{k=1}^{n} \frac{k-1}{n^2}$
(3) $\lim_{n \to \infty} \sum_{k=1}^{n} \frac{k^3}{n^4}$
(4) $\lim_{n \to \infty} \sum_{k=1}^{n} \left(\frac{2k}{n}\right)^2 \frac{2}{n}$
(5) $\lim_{n \to \infty} \sum_{k=1}^{n} \left(\frac{k}{n}\right)^3 \frac{1}{n}$
(6) $\lim_{n \to \infty} \sum_{k=1}^{n} \left(\frac{2k}{n}\right)^3 \frac{2}{n}$
(7) $\lim_{n \to \infty} \frac{2}{n} \sum_{k=1}^{n} \left(\frac{3k}{n}\right)^2$
(8) $\lim_{n \to \infty} \sum_{k=1}^{n} \frac{1}{n}\left(1 + \frac{k-1}{n}\right)^2$
(9) $\lim_{n \to \infty} \sum_{k=1}^{n} \left(1 + \frac{3k}{n}\right)\frac{3}{n}$
(10) $\lim_{n \to \infty} \sum_{k=1}^{n} \left(2 + \frac{k}{n}\right)^2 \frac{1}{n}$

155. 정적분을 이용하여 다음 극한값을 구하시오.
(1) $\lim_{n \to \infty} \frac{1}{n}\left\{0^3 + \left(\frac{1}{n}\right)^3 + \left(\frac{2}{n}\right)^3 + \cdots + \left(\frac{n-1}{n}\right)^3\right\}$
(2) $\lim_{n \to \infty} \frac{1}{n}\left\{\left(\frac{2}{n}\right)^3 + \left(\frac{4}{n}\right)^3 + \cdots + \left(\frac{2n}{n}\right)^3\right\}$
(3) $\lim_{n \to \infty} \frac{1}{n^4}\{n^3 + (n+1)^3 + \cdots + (2n-1)^3\}$
(4) $\lim_{n \to \infty} \frac{(n+1)^3 + (n+2)^3 + \cdots + (n+n)^3}{n^4}$

156. $f(x) = 3x^2 - 2x + 1$에 대하여 다음 극한값을 구하시오.

$$\lim_{x \to 0} \frac{1}{x} \int_2^{2+x} f(t)dt$$

157. $f(x) = (x+1)(2x-1)^2$일 때, 다음 극한값을 구하시오.

$$\lim_{x \to 1} \frac{1}{x-1} \int_1^x f(t)dt$$

158. $f(x) = x^3 - 2x^2 + x + 1$일 때, 다음 극한값을 구하시오.

$$\lim_{x \to 2} \frac{1}{x-2} \int_2^x f(t)dt$$

159. 다음 극한값을 구하시오.

(1) $\lim\limits_{x \to 0} \dfrac{\tan 2x}{\sin 2x}$

(2) $\lim\limits_{x \to 0} \dfrac{\sin^2 x}{1 - \cos x}$

(3) $\lim\limits_{x \to \frac{\pi}{4}} \dfrac{\tan^2 x - 1}{\sin x - \cos x}$

(4) $\lim\limits_{x \to \frac{\pi}{4}} \dfrac{1 - \tan x}{\sin x - \cos x}$

(5) $\lim\limits_{x \to \frac{\pi}{2}} \cos x \sin \dfrac{1}{x}$

(6) $\lim\limits_{x \to 0} \tan x \cos \dfrac{1}{x^2}$

(7) $\lim\limits_{x \to 0} \sin x \cos \dfrac{1}{x}$

(8) $\lim\limits_{x \to \infty} \dfrac{\cos x}{x}$

(9) $\lim\limits_{x \to 0} \dfrac{\sin x}{\tan 2x}$

(10) $\lim\limits_{x \to 0} \dfrac{2\sin x - \sin 2x}{1 - \cos^2 x}$

160. 다음 극한값을 구하시오.

(1) $\lim_{x \to 0} \dfrac{\sin 2x}{x}$ (2) $\lim_{x \to 0} \dfrac{\sin 4x}{x}$

(3) $\lim_{x \to 0} \dfrac{\sin(-3x)}{3x}$ (4) $\lim_{x \to 0} \dfrac{\sin x}{5x}$

161. 다음 극한값을 구하시오.

(1) $\lim_{x \to 0} \dfrac{\sin 3x}{6x}$ (2) $\lim_{x \to 0} \dfrac{2x}{\sin 4x}$

(3) $\lim_{x \to 0} \dfrac{\sin 2x}{\sin 3x}$ (4) $\lim_{x \to 0} \left(\dfrac{\sin 3x}{\sin 2x} \times \cos 2x \right)$

(5) $\lim_{x \to 0} \dfrac{\cos x \tan x}{x}$ (6) $\lim_{x \to 0} \dfrac{\tan x}{x}$

162. 다음 극한값을 구하시오.

(1) $\lim_{x \to 0} \dfrac{\sec x - 1}{x \sec x}$ (2) $\lim_{x \to 0} \dfrac{1 - \cos x}{1 - \cos \dfrac{x}{2}}$

(3) $\lim_{x \to 0} \dfrac{1 - \cos x}{x^2}$ (4) $\lim_{x \to 0} \dfrac{x^2}{1 - \cos^2 x}$

163. 다음 식을 만족하는 실수 a, b의 값을 구하시오.

(1) $\lim_{x \to 0} \dfrac{\sin 2x}{ax + b} = 3$ (2) $\lim_{x \to \frac{\pi}{2}} \dfrac{ax + b}{\cos x} = \dfrac{1}{2}$

164. 다음 극한값을 구하시오.

(1) $\lim_{x \to \infty} \dfrac{5^x}{1 - 5^{x+1}}$

(2) $\lim_{x \to \infty} (3^x + 2^x)^{\frac{1}{x}}$

(3) $\lim_{x \to \infty} \dfrac{2^x + 3^x}{2^x - 3^x}$

(4) $\lim_{x \to \infty} \dfrac{4^{x+1} - 2^{-x}}{4^x + 2^x}$

(5) $\lim_{x \to \infty} \dfrac{e^{\sqrt{x+1}}}{e^{\sqrt{x}}}$

(6) $\lim_{x \to \infty} (5^x + 4^x)^{\frac{1}{x}}$

165. 다음 극한값을 구하시오.

(1) $\lim_{x \to 0} (1 + 2x)^{\frac{2}{x}}$

(2) $\lim_{x \to 0} (1 + 2x)^{\frac{3}{x}}$

(3) $\lim_{x \to 0} (1 + 3x)^{\frac{1}{x}}$

(4) $\lim_{x \to 0} (1 + 6x)^{\frac{1}{3x}}$

(5) $\lim_{x \to 0} \left(1 + \dfrac{x}{2}\right)^{\frac{1}{x}}$

(6) $\lim_{x \to 0} \left(1 + \dfrac{x}{2}\right)^{\frac{3}{x}}$

166. 다음 극한값을 구하시오.

(1) $\lim_{x \to \infty} \left(1 + \dfrac{1}{x}\right)^{3x}$

(2) $\lim_{x \to \infty} \left(1 + \dfrac{2}{x}\right)^{x}$

(3) $\lim_{x \to \infty} \left(1 + \dfrac{2}{x}\right)^{2x}$

(4) $\lim_{x \to \infty} \left(1 + \dfrac{3}{x}\right)^{x}$

(5) $\lim_{x \to \infty} \left(1 + \dfrac{3}{x}\right)^{2x}$

(6) $\lim_{x \to \infty} \left(1 + \dfrac{1}{2x}\right)^{4x}$

167. 다음 값을 구하시오.

(1) $\ln \sqrt{e}$ (2) $\ln \dfrac{1}{e^5}$ (3) $\ln \dfrac{1}{\sqrt[3]{e}}$

168. 다음 등식을 만족하는 x의 값을 구하시오.

(1) $\ln x = -1$ (2) $\ln x = -3$
(3) $\ln e^2 = x$ (4) $\ln(x+1) = 2$

169. 다음 극한값을 구하시오.

(1) $\lim\limits_{x \to 1+} \{\log_3(x^2-1) - \log_3(x-1)\}$

(2) $\lim\limits_{x \to \infty} \log_2(x - \sqrt{x^2-1})$

(3) $\lim\limits_{x \to \infty} \{\log_2 2^{x+1} - \log_2(2^x+2)\}$

(4) $\lim\limits_{x \to \infty} (\ln\sqrt{2x^2+x} - \ln x)$

(5) $\lim\limits_{x \to 0} \{\ln(x\sin x) - \ln(1-\cos x)\}$

170. 다음 극한값을 구하시오.

(1) $\lim\limits_{x \to 0} \dfrac{\ln(x+3x^2) - \ln x}{x}$

(2) $\lim\limits_{x \to 0} \dfrac{\ln(2+x) - \ln 2}{x}$

(3) $\lim\limits_{x \to 0} \dfrac{1}{x}\{\ln(3+x) - \ln 3\}$

(4) $\lim\limits_{x \to 0} \dfrac{\ln(a+x) - \ln a}{x}$

171. 다음 극한값을 구하시오.

(1) $\lim_{x \to 0} \dfrac{\ln(1+x)}{x}$

(2) $\lim_{x \to 0} \dfrac{\ln(1+2x)}{x}$

(3) $\lim_{x \to 0} \dfrac{\ln(1+3x)}{x}$

(4) $\lim_{x \to 0} \dfrac{\ln(1+x)}{2x}$

(5) $\lim_{x \to 0} \dfrac{\ln(1+x)}{4x}$

(6) $\lim_{x \to 0} \dfrac{\ln(1-x)}{x}$

172. 다음 극한값을 구하시오.

(1) $\lim_{x \to 0} \dfrac{e^x - 1}{x}$

(2) $\lim_{x \to 0} \dfrac{e^{2x} - 1}{x}$

(3) $\lim_{x \to 0} \dfrac{e^{2x} - 1}{3x}$

(4) $\lim_{x \to 0} \dfrac{e^{2x} - e^x}{2x}$

173. 다음 극한값을 구하시오.

(1) $\lim_{x \to 0} \dfrac{2^x - 1}{x}$

(2) $\lim_{x \to 0} \dfrac{4^x - 2^x}{x}$

(3) $\lim_{x \to 0} \dfrac{\sin 3x}{e^{2x} - 1}$

(4) $\lim_{x \to 0} \dfrac{3^x - 1}{\sin x}$

174. 다음 함수를 미분하시오.

(1) $y = 3x^{-5}$

(2) $y = \dfrac{-4}{x^3}$

(3) $y = 2x^3 - \dfrac{3}{x^4}$

(4) $y = \dfrac{x^2 + 1}{x^3}$

(5) $y = \dfrac{1}{\sqrt[3]{x^2}}$

(6) $y = \sqrt{(x+1)^3}$

(7) $y = \sqrt[3]{5x - 3}$

(8) $y = \sqrt{3x^2 + 1}$

175. 다음 함수를 미분하시오.

(1) $y = \dfrac{-x+2}{3x-1}$ (2) $y = \dfrac{2x-1}{3x+1}$

(3) $y = \dfrac{x^2}{x+1}$ (4) $y = \dfrac{x^2-2}{x+1}$

(5) $y = \dfrac{x-1}{x^2+2}$ (6) $y = \dfrac{x-1}{(x+1)^2}$

(7) $y = \dfrac{2x+1}{x^2+x-1}$ (8) $y = \dfrac{3x+2}{x^2+2x+3}$

176. 다음 함수를 미분하시오.

(1) $y = (x^2+x+1)^3$ (2) $y = \left(x+\dfrac{1}{x}\right)^2$

(3) $y = \dfrac{1}{(1-2x)^2}$ (4) $y = \dfrac{1}{(3x+2)^2}$

(5) $y = (x^2+1)(x+1)^2$ (6) $y = (3x^2+2)^4(2x+1)$

(7) $y = \dfrac{x}{(x^2-x+1)^2}$ (8) $y = \dfrac{(2x+1)^2}{(x^2+1)^3}$

177. 다음 함수의 도함수 $\dfrac{dy}{dx}$ 를 구하시오.

(1) $x^2 + y^2 = 9$ (2) $x^3 + 2y^3 = 1$

(3) $4x^2 + y^2 = 4y$ (4) $\dfrac{x^2}{4} - \dfrac{y^2}{9} = 1$

(5) $\dfrac{y}{x} + \dfrac{x}{y} = 1$ (6) $y = -\dfrac{2}{3}\sqrt{9-x^2}$

(7) $x = \sqrt{a^2-y^2}$ (8) $x = y\sqrt{1-y}$

178. 다음 함수를 미분하시오.

(1) $y = 2\sin 3x$ (2) $y = \sin(x^2+1)$

(3) $y = \sin\sqrt{1-x^2}$ (4) $y = \sin^2 x$

(5) $y = \sqrt{1+\sin x}$ (6) $y = \cos(2x-1)$

(7) $y = \cos\left(\dfrac{\pi}{3}-2x\right)$ (8) $y = \cos^2 x$

179. 다음 함수를 미분하시오.

(1) $y = \tan(x^2+1)$ (2) $y = \tan^2 3x$

(3) $y = \operatorname{cosec}^2 x$ (4) $y = \dfrac{1}{\cos 2x}$

(5) $y = \cot^2(2x+3)$ (6) $y = \cos x - \sin x$

(7) $y = \sin^2 x - 2\cos^2 x$ (8) $y = \sin(\cos x)$

180. 다음 함수를 미분하시오.

(1) $y = xe^x$ (2) $y = x^2 e^{2x}$

(3) $y = x^{100} e^x$ (4) $y = e^x \sin x$

(5) $y = \dfrac{e^{-x}-1}{e^x+1}$ (6) $y = \dfrac{e^x - e^{-x}}{e^x + e^{-x}}$

(7) $y = 2^{3x}$ (8) $y = 2^{-2x}$

181. 다음 함수를 미분하시오.

(1) $y = \ln|x^2+3x+1|$ (2) $y = \ln\left(x+\dfrac{1}{x}\right)$

(3) $y = \ln\sqrt{x}$ (4) $y = \ln(x+\sqrt{x^2+1})$

(5) $y = (\ln x)^2$ (6) $y = x^3 \ln x$

(7) $y = e^{-x} \ln x$ (8) $y = e^{\tan x} \ln x$

182. 다음 함수를 미분하시오.

(1) $y = x \log_2 x$ (2) $y = e^{-3x} \log_3 2x$

(3) $y = (x+1)^2(2x-3)$ (4) $y = (x^2+1)(x-2)^3$

(5) $y = \dfrac{x+4}{(x-2)(x-3)}$ (6) $y = \dfrac{x(x-1)^2}{(x-2)^3}$

183. 다음 부정적분을 구하시오.

(1) $\displaystyle\int \dfrac{1}{x^5} dx$ (2) $\displaystyle\int \left(x + \dfrac{1}{x}\right)^2 dx$

(3) $\displaystyle\int \left(2x + \dfrac{1}{x}\right)^2 dx$ (4) $\displaystyle\int x\sqrt{x}\, dx$

(5) $\displaystyle\int \dfrac{x^2 - x}{\sqrt{x}} dx$ (6) $\displaystyle\int \dfrac{x-1}{\sqrt[3]{x}}$

(7) $\displaystyle\int (\sqrt{x}+3)(\sqrt{x}-1) dx$ (8) $\displaystyle\int \sqrt{x+3}\, dx$

184. 다음 부정적분을 구하시오.

(1) $\displaystyle\int \dfrac{\cos^2 x}{1 - \sin x} dx$ (2) $\displaystyle\int \dfrac{\sin^2 x}{1 + \cos x} dx$

(3) $\displaystyle\int (3\cos x - 2\sec^2 x) dx$ (4) $\displaystyle\int \tan^2 x\, dx$

(5) $\displaystyle\int \dfrac{1 - \sin^2 x}{1 - \cos^2 x} dx$ (6) $\displaystyle\int (\tan x + \cot x)^2 dx$

(7) $\displaystyle\int \dfrac{\sin 2x}{\sin x} dx$ (8) $\displaystyle\int \cos^2 \dfrac{x}{2} dx$

185. 다음 부정적분을 구하시오.

(1) $\int e^{x+5} dx$

(2) $\int \dfrac{e^{2x} - x^2}{e^x + x} dx$

(3) $\int (x + \sin x - 5e^x) dx$

(4) $\int 2^{x-1} dx$

(5) $\int \left(3e^x - \dfrac{4^x}{5}\right) dx$

(6) $\int (e^x - \sin x) dx$

(7) $\int (2^x + \cos x) dx$

(8) $\int (1 + e^x)^2 dx$

186. 다음 부정적분을 구하시오.

(1) $\int \dfrac{x+3}{x+2} dx$

(2) $\int \dfrac{x^3 + 2}{x+1} dx$

(3) $\int \dfrac{x^3}{x^2 - 4} dx$

(4) $\int \dfrac{2x + \sqrt{x}}{x\sqrt{x}} dx$

(5) $\int \dfrac{dx}{x^2 - 4}$

(6) $\int \dfrac{2}{x^2 - 2x - 3} dx$

(7) $\int \dfrac{4x - 5}{x^2 - 5x + 6} dx$

(8) $\int \dfrac{2x}{x^2 - 4x + 3} dx$

187. 다음 부정적분을 구하시오.

(1) $\int 2x(x^2 + 1)^{10} dx$

(2) $\int x^2 (x^3 + 1)^4 dx$

(3) $\int x\sqrt{3x - 2}\, dx$

(4) $\int \dfrac{x}{\sqrt{2x - 1}} dx$

(5) $\int \sec x\, dx$

(6) $\int \dfrac{\cos x}{1 + \sin x} dx$

(7) $\int (1 + \cos x)^2 dx$

(8) $\int \sin^2 x \cos^2 x\, dx$

(9) $\int \cos 3x \cos x\, dx$

(10) $\int \sin 5x \sin 3x\, dx$

(11) $\int \dfrac{e^x - e^{-x}}{e^x + e^{-x}} dx$

(12) $\int \dfrac{\ln x}{x} dx$

188. 다음 부정적분을 구하시오.

(1) $\int (2x+1)\cos x\, dx$ (2) $\int x\sin x\, dx$

(3) $\int xe^{x+2}\, dx$ (4) $\int xe^{2x}\, dx$

(5) $\int 3xe^{3x}\, dx$ (6) $\int e^{-x}\sin x\, dx$

(7) $\int e^x \sin 2x\, dx$ (8) $\int x^2 \ln x\, dx$

(9) $\int \ln(x+2)\, dx$ (10) $\int \sqrt{x}\ln x\, dx$

189. 다음 정적분의 값을 구하시오.

(1) $\int_1^4 \left(\sqrt{x} - \dfrac{1}{\sqrt{x}}\right) dx$ (2) $\int_0^2 |\sqrt{x}-1|\, dx$

(3) $\int_3^5 \dfrac{x-3}{(x-1)(x-2)}\, dx$ $\int_0^1 e^{-2x}\, dx$

(4) $\int_0^{\frac{\pi}{4}} \sin x\, dx$

(5) $\int_0^{\pi} (\sin x + \cos x)^2\, dx$ (6) $\int_0^{\frac{\pi}{4}} \cos^2 x\, dx$

(7) $\int_0^{\frac{\pi}{2}} (\sin x - \sin^2 x)\, dx$ (8) $\int_0^{\ln 2} (e^x + 1)\, dx$

(9) (10) $\int_0^{-1} \dfrac{e^x + e^{-x}}{2}\, dx$

190. 다음 정적분의 값을 구하시오.

(1) $\int_0^3 \dfrac{x}{x^2+1}dx$
(2) $\int_2^3 \dfrac{2x}{(x^2-1)^3}dx$

(3) $\int_0^{\sqrt{2}} x\sqrt{x^2+1}\,dx$
(4) $\int_0^1 x\sqrt{1-x^2}\,dx$

(5) $\int_0^1 x\sqrt{5x^2+4}\,dx$
(6) $\int_{-\pi}^{\pi} x^2 \sin x\,dx$

(7) $\int_0^{\frac{\pi}{3}} \tan\theta\,d\theta$
(8) $\int_0^{\frac{\pi}{2}} \dfrac{\sin\theta}{1+\cos^2\theta}d\theta$

(9) $\int_0^a \sqrt{a^2-x^2}\,dx\,(a>0)$
(10) $\int_0^1 \sqrt{1-x^2}\,dx$

191. 다음 정적분의 값을 구하시오.

(1) $\int_0^2 \dfrac{1}{\sqrt{4-x^2}}dx$
(2) $\int_{-2}^2 (e^x - e^{-x})dx$

(3) $\int_0^2 xe^{x^2}dx$
(4) $\int_0^1 \ln(1+x)dx$

192. 다음 정적분의 값을 구하시오.

(1) $\int_0^1 xe^{-x}dx$
(2) $\int_0^1 x\,3^x dx$

(3) $\int_0^1 (2x+1)e^x dx$
(4) $\int_0^1 x^2 e^x dx$

(5) $\int_1^3 \dfrac{1-\ln x}{x^2}dx$
(6) $\int_1^e x^2 \ln x\,dx$

(7) $\int_0^{\frac{\pi}{2}} x\sin x\,dx$
(8) $\int_0^{\frac{\pi}{2}} x\cos x\,dx$

193. 다음 조건을 만족하는 함수 $f(x)$를 구하시오.
$$f(x) = \frac{1}{x} + \int_1^2 tf(t)dt$$

194. 다음 조건을 만족하는 함수 $f(x)$를 구하시오.
$$f(x) = \sin x + \int_0^{\frac{\pi}{2}} f(t)dt$$

195. 다음 극한값을 구하시오.
(1) $\displaystyle\lim_{x \to 0} \frac{1}{x} \int_0^x (\cos t + 1)dt$
(2) $\displaystyle\lim_{x \to 1} \frac{1}{x-1} \int_1^x \sqrt{1+3^t}\, dt$

196. 다음 극한값을 구하시오.
(1) $\displaystyle\lim_{n \to \infty} \frac{1}{n}\left(\sin\frac{\pi}{n} + \sin\frac{2\pi}{n} + \cdots + \sin\frac{n\pi}{n}\right)$
(2) $\displaystyle\lim_{n \to \infty} \frac{1}{n}(e^{\frac{1}{n}} + e^{\frac{2}{n}} + \cdots + e^{\frac{n}{n}})$

197. 다음 곡선과 직선으로 둘러싸인 도형의 넓이를 구하시오.
(1) $y = \dfrac{1}{x+1}$, x축, y축, $x = 1$
(2) $xy = 2, y$축, $y = 1, y = 3$
(3) $x = y^2 - 3, y$축
(4) $x = \sqrt{y^3}, y$축, $y = 1$
(5) $y = \sin x (0 \leq x \leq \pi), x$축
(6) $y = \sin x (1 - \cos x)(0 \leq x \leq \pi), x$축
(7) $y = e^x, x$축, y축, $x = 1$
(8) $y = e^{2x}, x$축, $x = 0, x = 2$
(9) $y = \ln x, x$축, $x = e$
(10) $y = \ln x, y = 1, y = -1, y$축

198. 어떤 입체를 x축으로 수직인 평면으로 자른 단면의 넓이가 $S(x) = \sqrt{4-x^2}$ 이라고 할 때, 이 입체의 부피를 구하시오.

199. 바닥에서부터 높이가 $x(0 \leq x \leq \pi)$인 지점에서 수평으로 자른 단면이 한 변의 길이가 $\sin x$인 정사각형일 때, 이 입체도형의 부피를 구하시오.

200. 어떤 그릇에 물을 채우는 데 물의 깊이가 $x$cm일 때, 수면의 넓이가 $\ln(x+1)$cm²라고 한다. 깊이가 10cm일 때, 물의 부피를 구하시오.

201. 곡선 $y = \dfrac{1-x}{x+1}$과 x축, y축으로 둘러싸인 부분을 y축으로 회전시킬 때 생기는 회전체의 부피를 구하시오.

202. 다음 이중적분을 계산하시오. 단, 주어진 순서로 적분이 되지 않는 경우에 이중적분의 적분영역을 좌표평면 위에 나타내고 적분 순서를 바꾸어 계산하시오.

(1) $\int_0^\pi \int_x^\pi \frac{\sin y}{y} dy dx$

(2) $\int_0^2 \int_x^2 2y^2 \sin xy\, dy dx$

(3) $\int_0^1 \int_y^1 x^2 e^{xy} dx dy$

(4) $\int_0^2 \int_0^{4-x^2} \frac{xe^{2y}}{4-y} dy dx$

(5) $\int_0^{2\sqrt{\ln 3}} \int_{\frac{y}{2}}^{\sqrt{\ln 3}} e^{x^2} dx dy$

(6) $\int_0^3 \int_{\sqrt{\frac{x}{3}}}^1 e^{y^3} dy dx$

(7) $\int_0^{\frac{1}{16}} \int_{y^{\frac{1}{4}}}^{\frac{1}{2}} \cos(16\pi x^5) dx dy$

(8) $\int_0^8 \int_{\sqrt[3]{x}}^2 \frac{1}{y^4+1} dy dx$

정답

1. (1) 43 (2) -21 (3) 31
2. 94
3. 22
4. 62
5. 60번째
6. 11
7. (1) 325 (2) -100 (3) 609 (4) 110
8. 1100
9. -60
10. 530
11. 260
12. $\dfrac{5}{9}$
13. 900
14. 제8항, -120
15. 제11항, -187
16. $a_n = 6n - 3$
17. $a_n = 4n - 5$
18. $a = -2, d = 2$
19. $a_1 = 2, a_n = 2n - 1 (n \geq 2)$
20. $a_1 = 3, a_n = 2n (n \geq 2)$
21. (1) $15, 10, \dfrac{20}{3}, \dfrac{40}{9}, \dfrac{80}{27}$

    (2) $\dfrac{3}{8}, -\dfrac{3}{4}, \dfrac{3}{2}, -3, 6$

    (3) $2, 1, \dfrac{1}{2}, \dfrac{1}{4}, \dfrac{1}{8}$

    (4) $5, -10, 20, -40, 80$
22. (1) $a = 1, r = 2$ (2) $a = \dfrac{1}{3}, r = \dfrac{1}{3}$

    (3) $a = -4, r = -2$ (4) $a = \dfrac{4}{3}, r = \dfrac{2}{3}$
23. $a_n = 3(-2)^{n-2}$

24. 39366
25. $a = \dfrac{3}{2}, r = 2$
26. 2, 4, 8
27. $k = 14$
28. (1) $\dfrac{1}{9}(10^{n+1} - 10 - 9n)$ (2) $\dfrac{1}{81}(10^{n+1} - 10 - 9n)$

    (3) $\dfrac{2}{81}(10^{n+1} - 10 - 9n)$

29. $\dfrac{1}{3}$
30. 제5항
31. 제6항
32. ① $r = 3$일 때, $\dfrac{1}{9}(3^{10} - 1)$

    ② $r = -3$일 때, $\dfrac{1}{18}(3^{10} - 1)$

33. $r = 2, n = 7$
34. $a = 1, r = 2$
35. 7
36. (1) -39 (2) 36
37. (1) -15 (2) 262
38. (1) 140 (2) 40
39. (1) 36 (2) $4 - \dfrac{1 + 3^{n+1}}{2^n}$
40. (1) $n^2 + 3n - 1$ (2) 305 (3) $n^3 - 10$
41. (1) $\dfrac{n(n+5)}{2}$ (2) 216 (3) 330
42. (1) 210 (2) $\dfrac{n(3n+1)}{2}$ (3) $2n^2 + 10n + 8$
43. (1) $\dfrac{n(4n^2 + 6n - 1)}{3}$ (2) $\dfrac{n(2n-1)(n-1)}{6}$
44. (1) 385 (2) 2680 (3) 3010
45. (1) $\dfrac{n(n+1)(9n^2 + 9n - 2)}{4}$

    (2) $\dfrac{n(n+1)(n+2)(n+3)}{4}$

46. (1) 50 (2) 330 (3) 385

part 5 기초계산 연습

47. 5
48. (1) $\dfrac{99}{100}$ (2) $\dfrac{n}{4(n+1)}$ (3) $\dfrac{10}{21}$ (4) $\dfrac{3n^2+5n}{4(n+1)(n+2)}$
49. $\sqrt{n+1}-1$
50. 5
51. -360
52. (1) $\dfrac{1}{2}(n^2-n+2)$ (2) $2n^2-3n+2$ (3) 2^n+2
    (4) $\dfrac{1}{4}\{13-(-3)^{n-1}\}$
53. $3n^2-23n+40$
54. 제9항
55. (1) $\dfrac{1}{3}n(n^2+2)$ (2) $\dfrac{n(2n^2-3n+7)}{6}$
    (3) $2^{n+1}+n-2$ (4) $\dfrac{1}{4}(3^{n+1}-2n-3)$
56. $\dfrac{n}{n+1}$
57. $525+55\sqrt{3}$
58. (1) 3, 5, 9, 15, 23 (2) 2, 2, 2, 2, 2
    (3) 1, 4, 9, 16, 25
59. 255
60. (1) $3n-1$ (2) $-2n+5$
61. 17
62. $\dfrac{2}{77}$
63. (1) $3\times 2^{n-1}$ (2) $2\times 3^{n-1}$
64. (1) n^2-n+2 (2) 2^n-1
65. n^2-2n+2
66. 2^n-n
67. (1) n (2) $2^{\frac{(n-1)n}{2}}$
68. 45
69. 135
70. 33
71. (1) $3\times 2^{n-1}-2$ (2) $\dfrac{1}{2}(3^{n-1}+1)$ (3) $1+\left(\dfrac{1}{2}\right)^{n-2}$

72. 50

73. -3^{99}

74. (1) $4n-3$ (2) $\frac{1}{2}(3^n-1)$ (3) $2-2^{n-1}$

75. $3-\left(\frac{1}{2}\right)^{48}$

76. 12

77. (1) $\frac{1}{2n+1}$ (2) $\frac{1}{3n-1}$

78. $-\frac{1}{26}$

79. 제11항

80. $\frac{8}{3}$

81. (1) 0 (2) 4 (3) -1

82. 2

83. (1) ∞ (2) 0 (3) $\frac{1}{2}$ (4) 3 (5) 2

84. (1) $\frac{1}{4}$ (2) $\frac{7}{3}$ (3) $\frac{1}{3}$

85. $\frac{1}{3}$

86. (1) 2 (2) $\frac{1}{3}$ (3) 2 (4) 3

87. (1) $a=0, b=6$ (2) $a=0, b=9$ (3) $a=0, b=14$

88. (1) ∞ (2) $-\infty$ (3) ∞

89. (1) 14 (2) 3

90. (1) 0 (2) $-\frac{1}{2}$ (3) 0

91. 2

92. $\frac{2}{5}$

93. $\frac{5}{3}$

94. 1006

95. 9

96. 3

97. $\dfrac{4}{3}$

98. (1) $0 < x \leq 1$ (2) $-1 \leq x < 0$ 또는 $1 < x \leq 2$
    (3) $\dfrac{\pi}{3} \leq x < \dfrac{2}{3}\pi$

99. $-\dfrac{2}{3}$

100. $\dfrac{1}{2}$

101. 2

102. (1) $\dfrac{3}{4}$ (2) $\dfrac{1}{4}$ (3) $-\dfrac{1}{2}$

103. 2

104. $\dfrac{3}{4}$

105. $\dfrac{13}{72}$

106. (1) ∞(발산) (2) $-\infty$(발산) (3) $-\log 2$(수렴)

107. 3

108. 1

109. (1) $\dfrac{12}{5}$ (2) $4 - 2\sqrt{3}$ (3) $\dfrac{1}{2}$ (4) 0 또는 $x^2 + 1$

110. (1) $\dfrac{3 + 2\sqrt{2}}{2}$ (2) $-\dfrac{3}{7}$ (3) 1 (4) $-\dfrac{1}{2}$

111. (1) $\dfrac{6}{5}$ (2) 5 (3) 93 (4) 7

112. (1) $\dfrac{47}{42}$ (2) $\dfrac{5}{8}$ (3) $\dfrac{3}{2}$ (4) $\dfrac{3}{2}$

113. (1) $2 \pm \sqrt{3}$ (2) -2 또는 2 (3) 3 (4) 1 또는 -2

114. (1) $-\dfrac{3}{2}$ (2) $-\dfrac{3}{2}$ 또는 $\dfrac{-3 \pm \sqrt{5}}{2}$

115. (1) $-\dfrac{28}{11}$ (2) 1 (3) $\dfrac{1 \pm \sqrt{89}}{2}$ (4) $-1 \pm \sqrt{3}$

116. (1) -1 또는 4 또는 1 또는 2
    (2) 0 또는 4 또는 $\dfrac{4 \pm \sqrt{2}}{2}$
    (3) -1 또는 2 또는 $1 \pm \sqrt{5}$

(4) 1 또는 $\dfrac{-1 \pm \sqrt{15}\,i}{4}$

117. (1) 2 (2) 6 (3) 16 (4) -1
     (5) 7 (6) 3 (7) 1 (8) 3 또는 7
118. (1) -3 또는 5 (2) 1 또는 -3
     (3) -1 또는 6 (4) $-\dfrac{8}{3}$ 또는 4
119. (1) -1 (2) $2\sqrt{2}$ (3) $-\dfrac{1}{2}$ (4) $\dfrac{\sqrt{3}}{6}$
120. (1) 2 (2) -1 (3) $\dfrac{1}{2}$ (4) $-\dfrac{1}{2}$
121. (1) 2 (2) 2 (3) 2 (4) 존재하지 않는다.
122. (1) $a=1, b=-1$ (2) $a=-1, b=-1$
     (3) $a=1, b=-6$ (4) $a=16, b=-36$
123. (1) $a=0, b=4$ (2) $a=5, b=2$
     (3) $a=0, b=3$ (4) $a=5, b=2$
124. (1) $a=8, b=3$ (2) $a=4, b=8$ (3) $a=4, b=4\sqrt{2}$
125. (1) 모든 실수에서 연속 (2) $x=0$에서 불연속
     (3) 모든 실수에서 연속
126. 5
127. 1
128. $-\dfrac{2}{3}$
129. 1
130. 12
131. 8
132. (1) $\dfrac{a}{2}$ (2) $2a$
133. $3a+1$
134. (1) $-20x(3-5x^2)$ (2) $6(x^2+2x+1)^2(x+1)$
     (3) $(2x+1)(6x+5)$ (4) $2(x+1)(x+2)(2x+3)$
135. (1) $2f'(a)$ (2) $5f'(a)$ (3) $2f'(a)$ (4) $4f'(a)$
136. (1) $\dfrac{2}{3}$ (2) 4
137. (1) $y=4x-10$ (2) $y=3x-3$
     (3) $y=5x-5$ (4) $y=x+1$

138. $a \geq 3$

139. $0 \leq k \leq \dfrac{3}{4}$

140. $0 \leq a \leq 3$

141. $a = -\dfrac{3}{2}, b = -18$

142. $a \leq -12$

143. (1) $x = -2$에서 극댓값 4, $x = 0$에서 극솟값 0
     (2) $x = -1$에서 극댓값 9, $x = 3$에서 극솟값 -23
     (3) $x = 1$에서 극댓값 3, $x = 3$에서 극솟값 -1
     (4) $x = -1$에서 극솟값 -2, $x = 1$에서 극댓값 2

144. $a = -3, b = -9, c = 1$, 극솟값 -26

145. $a = 0, b = -3, c = -1$, 극댓값 1

146. (1) 24, -3 (2) 4, 0 (3) 11, 2

147. ① $0 < a < 1$일 때, 최솟값 $f(a) = -2a^3$
     ② $a \geq 1$일 때, 최솟값 $f(1) = 1 - 3a^2$

148. 2

149. (1) 3개 (2) 3개 (3) 1개

150. $-9.8 m/s^2$

151. 속도 -4, 가속도 4

152. $t = 1$, 가속도 6

153. (1) 1초, 7초 (2) $t = 4$일 때, 속력 9m/s

154. (1) 3 (2) $\dfrac{1}{2}$ (3) $\dfrac{1}{4}$ (4) $\dfrac{8}{3}$ (5) $\dfrac{1}{4}$
     (6) 4 (7) 6 (8) $\dfrac{7}{3}$ (9) $\dfrac{15}{2}$ (10) $\dfrac{19}{3}$

155. (1) $\dfrac{1}{4}$ (2) 2 (3) $\dfrac{15}{4}$ (4) $\dfrac{15}{4}$

156. 9

157. 2

158. 3

159. (1) 1 (2) 2 (3) $2\sqrt{2}$ (4) $-\sqrt{2}$ (5) 0
     (6) 0 (7) 0 (8) 0 (9) $\dfrac{1}{2}$ (10) 0

160. (1) 2 (2) 4 (3) -1 (4) $\dfrac{1}{5}$

161. (1) $\dfrac{1}{2}$ (2) $\dfrac{1}{2}$ (3) $\dfrac{2}{3}$ (4) $\dfrac{3}{2}$ (5) 1 (6) 1

162. (1) 0 (2) 4 (3) $\dfrac{1}{2}$ (4) 1

163. (1) $a=\dfrac{2}{3}, b=0$ (2) $a=-\dfrac{1}{2}, b=\dfrac{\pi}{4}$

164. (1) $-\dfrac{1}{5}$ (2) 3 (3) -1 (4) 4 (5) 1 (6) 5

165. (1) e^4 (2) e^6 (3) e^3 (4) e^2 (5) $\sqrt{e}$ (6) $e^{\frac{3}{2}}$

166. (1) e^3 (2) e^2 (3) e^4 (4) e^3 (5) e^6 (6) e^2

167. (1) $\dfrac{1}{2}$ (2) -5 (3) $-\dfrac{1}{3}$

168. (1) $\dfrac{1}{e}$ (2) $\dfrac{1}{e^3}$ (3) 2 (4) e^2-1

169. (1) $\log_3 2$ (2) $-\infty$ (3) 1 (4) $\dfrac{1}{2}\ln 2$ (5) $\ln 2$

170. (1) 3 (2) $\dfrac{1}{2}$ (3) $\dfrac{1}{3}$ (4) $\dfrac{1}{a}$

171. (1) 1 (2) 2 (3) 3 (4) $\dfrac{1}{2}$ (5) $\dfrac{1}{4}$ (6) -1

172. (1) 1 (2) 2 (3) $\dfrac{2}{3}$ (4) $\dfrac{1}{2}$

173. (1) $\ln 2$ (2) $\ln 2$ (3) $\dfrac{3}{2}$ (4) $\ln 3$

174. (1) $-15x^{-6}$ (2) $\dfrac{12}{x^4}$ (3) $6x^2+\dfrac{12}{x^5}$ (4) $\dfrac{-x^2-3}{x^4}$

　　(5) $-\dfrac{2}{3x\sqrt[3]{x^2}}$ (6) $\dfrac{3\sqrt{x}+1}{2}$ (7) $\dfrac{5}{3\sqrt[3]{(5x-3)^2}}$

　　(8) $\dfrac{3x}{\sqrt{3x^2+1}}$

175. (1) $-\dfrac{5}{(3x-1)^2}$ (2) $\dfrac{5}{(3x+1)^2}$ (3) $\dfrac{x^2+2x}{(x+1)^2}$

　　(4) $\dfrac{x^2+2x+2}{(x+1)^2}$ (5) $\dfrac{-x^2+2x+2}{(x^2+2)^2}$ (6) $\dfrac{-x+3}{(x+1)^3}$

　　(7) $-\dfrac{2x^2+2x+3}{(x^2+x-1)^2}$ (8) $\dfrac{-3x^2-4x+5}{(x^2+2x+3)^2}$

176. (1) $3(x^2+x+1)^2(2x+1)$ (2) $2\left(x+\dfrac{1}{x}\right)\left(1-\dfrac{1}{x^2}\right)$

(3) $\dfrac{4}{(1-2x)^3}$ (4) $-\dfrac{6}{(3x+2)^3}$

(5) $2(x+1)(2x^2+x+1)$

(6) $2(3x^2+2)^3(27x^2+12x+2)$

(7) $-\dfrac{3x^2-x-1}{(x^2-x+1)^3}$

(8) $-\dfrac{2(2x+1)(4x^2+3x-2)}{(x^2+1)^4}$

177. (1) $-\dfrac{x}{y}$ (2) $-\dfrac{x^2}{2y^2}(y\neq 0)$ (3) $\dfrac{4x}{2-y}$ (4) $\dfrac{9x}{4y}$

(5) $\dfrac{2x-y}{x-2y}$ (6) $\dfrac{2x}{3\sqrt{9-x^2}}$ (7) $-\dfrac{x}{y}$

(8) $\dfrac{2\sqrt{1-y}}{2-3y}$

178. (1) $6\cos 3x$ (2) $2x\cos(x^2+1)$

(3) $\dfrac{-x\cos\sqrt{1-x^2}}{\sqrt{1-x^2}}$ (4) $2\sin x\cos x$

(5) $\dfrac{\cos x}{2\sqrt{1+\sin x}}$ (6) $-2\sin(2x-1)$

(7) $2\sin\left(\dfrac{\pi}{3}-2x\right)$ (8) $-\sin 2x$

179. (1) $2x\sec^2(x^2+1)$ (2) $6\tan 3x\sec^2 3x$

(3) $-2\csc^2 x\cot x$ (4) $2\sec 2x\tan 2x$

(5) $-4\cot(2x+3)\csc^2(2x+3)$

(6) $-\sin x-\cos x$ (7) $6\sin x\cos x$

(8) $-\sin x\cos(\cos x)$

180. (1) $e^x(x+1)$ (2) $2xe^{2x}(x+1)$ (3) $x^{99}e^x(x+100)$

(4) $e^x(\sin x+\cos x)$ (5) $\dfrac{e^x-e^{-x}-2}{(e^x+1)^2}$

(6) $\dfrac{4}{(e^x+e^{-x})^2}$ (7) $3\times 2^{3x}\ln 2$ (8) $-2^{-2x+1}\ln 2$

181. (1) $\dfrac{2x+3}{x^2+3x+1}$ (2) $\dfrac{x^2-1}{x(x^2+1)}$ (3) $\dfrac{1}{2x}$

(4) $\dfrac{1}{\sqrt{x^2+1}}$ (5) $\dfrac{2\ln x}{x}$ (6) $3x^2\ln x + x^2$

(7) $e^{-x}\left(\dfrac{1}{x} - \ln x\right)$ (8) $e^{\tan x}\left(\sec^2 x \ln x + \dfrac{1}{x}\right)$

182. (1) $\log_2 x + \dfrac{1}{\ln 2}$ (2) $e^{-3x}\left(-3\log_3 2x + \dfrac{1}{x\ln 3}\right)$

(3) $2(x+1)(3x-2)$ (4) $(x-2)^2(5x^2-4x+3)$

(5) $\dfrac{-x^2-8x+26}{(x-2)^2(x-3)^2}$ (6) $-\dfrac{2(x-1)(2x-1)}{(x-2)^4}$

183. (1) $-\dfrac{1}{4x^4} + C$ (2) $\dfrac{1}{3}x^3 + 2x - \dfrac{1}{x} + C$

(3) $\dfrac{4}{3}x^3 + 4x - \dfrac{1}{x} + C$ (4) $\dfrac{2}{5}x^2\sqrt{x} + C$

(5) $\dfrac{2}{5}x^2\sqrt{x} - \dfrac{2}{3}x\sqrt{x} + C$

(6) $\dfrac{3x\sqrt[3]{x^2}}{5} - \dfrac{3\sqrt[3]{x^2}}{2} + C$

(7) $\dfrac{1}{2}x^2 + \dfrac{4}{3}x\sqrt{x} - 3x + C$

(8) $\dfrac{2}{3}(x+3)\sqrt{x+3} + C$

184. (1) $x - \cos x + C$ (2) $x - \sin x + C$

(3) $3\sin x - 2\tan x + C$ (4) $\tan x - x + C$

(5) $-\cot x - x + C$ (6) $\tan x - \cot x + C$

(7) $2\sin x + C$ (8) $\dfrac{1}{2}x + \dfrac{1}{2}\sin x + C$

185. (1) $e^{x+5} + C$ (2) $e^x - \dfrac{x^2}{2} + C$

(3) $\dfrac{1}{2}x^2 - \cos x - 5e^x + C$ (4) $\dfrac{2^{x-1}}{\ln 2} + C$

(5) $3e^x - \dfrac{4^x}{5\ln 4} + C$ (6) $e^x + \cos x + C$

(7) $\dfrac{2^x}{\ln 2} + \sin x + C$ (8) $x + 2e^x + \dfrac{1}{2}e^{2x} + C$

186. (1) $x + \ln|x+2| + C$

(2) $\dfrac{1}{3}x^3 - \dfrac{1}{2}x^2 + x + \ln|x+1| + C$

(3) $\dfrac{1}{2}x^2 + 2\ln|x^2-4| + C$

(4) $4\sqrt{x} + \ln x + C$

(5) $-\dfrac{1}{4}\ln\left|\dfrac{x+2}{x-2}\right| + C$

(6) $\dfrac{1}{2}\ln\left|\dfrac{x-3}{x+1}\right| + C$

(7) $\ln\left|\dfrac{(x-3)^7}{(x-2)^3}\right| + C$

(8) $\ln\left|\dfrac{(x-3)^3}{x-1}\right| + C$

187. (1) $\dfrac{(x^2+1)^{11}}{11} + C$

(2) $\dfrac{1}{15}(x^3+1)^5 + C$

(3) $\dfrac{2}{45}(3x-2)^2\sqrt{3x-2} + \dfrac{4}{27}(3x-2)\sqrt{3x-2} + C$

(4) $\dfrac{1}{6}(2x-1)\sqrt{2x-1} + \dfrac{1}{2}\sqrt{2x-1} + C$

(5) $\dfrac{1}{2}\ln\left|\dfrac{1+\sin x}{1-\sin x}\right| + C = \ln|\sec x + \tan x| + C$

(6) $\ln|1+\sin x| + C$

(7) $\dfrac{3}{2}x + 2\sin x + \dfrac{\sin 2x}{4} + C$

(8) $\dfrac{1}{8}x - \dfrac{\sin 4x}{32} + C$

(9) $\dfrac{1}{8}\sin 4x + \dfrac{1}{4}\sin 2x + C$

(10) $-\dfrac{1}{16}\sin 8x + \dfrac{1}{4}\sin 2x + C$

(11) $\ln(e^x + e^{-x}) + C$

(12) $\dfrac{1}{2}(\ln x)^2 + C$

188. (1) $(2x+1)\sin x + 2\cos x + C$

(2) $-x\cos x + \sin x + C$

(3) $xe^{x+2} - e^{x+2} + C$

(4) $\dfrac{1}{2}xe^{2x} - \dfrac{1}{4}e^{2x} + C$

(5) $xe^{3x} - \dfrac{1}{3}e^{3x} + C$

(6) $-\dfrac{1}{2}e^{-x}(\sin x + \cos x) + C$

(7) $\dfrac{1}{5}e^x(\sin 2x - 2\cos 2x) + C$

(8) $\dfrac{1}{3}x^3 \ln x - \dfrac{1}{9}x^3 + C$

(9) $(x+2)\ln(x+2) - x + C$

(10) $\dfrac{2}{3}x\sqrt{x}\ln x - \dfrac{4}{9}x\sqrt{x} + C$

189. (1) $\dfrac{8}{3}$ (2) $\dfrac{4(\sqrt{2}-1)}{3}$ (3) $2\ln 2 - \ln 3$

   (4) $-\dfrac{\sqrt{2}}{2} + 1$ (5) π (6) $\dfrac{\pi}{8} + \dfrac{1}{4}$ (7) $1 - \dfrac{\pi}{4}$

   (8) $1 + \ln 2$ (9) $\dfrac{1}{2} - \dfrac{1}{2e^2}$ (10) $\dfrac{1}{2e} - \dfrac{e}{2}$

190. (1) $\dfrac{1}{2}\ln 10$ (2) $\dfrac{55}{1152}$ (3) $\sqrt{3} - \dfrac{1}{3}$ (4) $\dfrac{1}{3}$ (5) $\dfrac{19}{15}$

   (6) 0 (7) $\ln 2$ (8) $\dfrac{\pi}{4}$ (9) $\dfrac{\pi a^2}{4}$ (10) $\dfrac{\pi}{4}$

191. (1) $\dfrac{\pi}{2}$ (2) 0 (3) $\dfrac{1}{2}(e^4 - 1)$ (4) $2\ln 2 - 1$

192. (1) $1 - \dfrac{2}{e}$ (2) $\dfrac{3}{\ln 3} - \dfrac{2}{(\ln 3)^2}$ (3) $e + 1$ (4) $e - 2$

   (5) $\dfrac{\ln 3}{3}$ (6) $\dfrac{1}{9}(2e^3 + 1)$ (7) 1 (8) $\dfrac{\pi}{2} - 1$

193. $f(x) = \dfrac{1}{x} - 2$

194. $f(x) = \sin x + \dfrac{2}{2 - \pi}$

195. (1) 2 (2) 2

196. (1) $\dfrac{2}{\pi}$ (2) $e - 1$

197. (1) $\ln 2$ (2) $2\ln 3$ (3) $4\sqrt{3}$ (4) $\dfrac{2}{5}$ (5) 2

   (6) 2 (7) $e - 1$ (8) $\dfrac{1}{2}(e^4 - 1)$ (9) 1 (10) $e - \dfrac{1}{e}$

198. 2π

199. $\dfrac{\pi}{2}$

200. $11\ln 11 - 10$

201. $(3 - 4\ln 2)\pi$

202. (1) 2 (2) $4 - \sin 4$ (3) $\dfrac{1}{2}e - 1$ (4) $\dfrac{1}{4}(e^8 - 1)$

　　(5) 2 (6) $e - 1$ (7) $\dfrac{1}{80\pi}$ (8) $\dfrac{1}{4}\ln 17$

보험계리사 일반수학
(미적분 및 확률통계)

part 6
미적분 유제 및 모의고사 풀이

MIRAE Insurance Education Service

제 1장

유제1-1) 정답 ④
[풀이]
집합 $A = \{1, 2, \{1, 2,\}\}$의 원소는 1, 2, $\{1, 2\}$이므로
$$1 \in A, \{1,2\} \in A, \{2\} \subset A, \{1, 2\} \subset A$$
집합 A의 원소의 개수는 3개이므로 옳지 않은 것은 ④이다.

유제1-2) 정답 ③
[풀이]
10의 양의 약수는 1, 2, 5, 10 이므로
$$X = \{1, 2, 5, 10\}$$
ㄱ. 0은 집합 X의 원소가 아니므로 $0 \not\in X$ (거짓)
ㄴ. 4는 집합 X의 원소가 아니므로 $4 \not\in A$ (참)
ㄷ. 1, 10은 집합 X의 원소이므로 $\{1,10\} \subset X$ (참)
따라서 옳은 것은 ㄴ, ㄷ이다.

유제1-3) 정답 ②
[풀이] 집합 Z의 원소는 $2^n 3^m$ (n, m은 자연수)의 꼴이다.
  각각의 수를 소인수분해하면
  ① $108 = 2^2 \times 3^3$ ② $126 = 2 \times 3^2 \times 7$
  ③ $144 = 2^4 \times 3^2$ ④ $162 = 2 \times 3^4$
  ⑤ $216 = 2^3 \times 3^3$
  따라서 집합 Z의 원소가 아닌 것은 126이다.

유제1-4) 정답 6
[풀이] $a \in A$, $b \in A$에 대하여 $a+b$의 값을 구하면 오른쪽 표와 같으므로 집합 X는 $X = \{-2, -1, 0, 1, 2, 4\}$
따라서 집합 X의 원소의 개수는 6이다.

$a \diagdown b$	-1	0	2
-1	-2	-1	1
0	-1	0	2
2	1	2	4

유제1-5) 정답 32
[풀이]
 A = {1, 2, 3,. ⋯, 10}에서 3의 배수는 3, 6, 9이고 4의 배수는 4, 8이다.
따라서 구하는 부분집합은 원소 3, 6, 9, 4, 8을 제외한 집합 {1, 2, 5, 7, 10}의 각 부분집합에 3, 6, 9를 포함시키면 된다.
∴ $2^5 = 32$(개)

유제1-6) 정답 4
[풀이] 구하는 집합 X는 {1, 2, 3, 4, 5, 6, 7}의 부분집합 중 원소 3, 4, 5는 반드시 포함하고 1, 2는 포함하지 않는 집합이다.
따라서 집합 X의 개수는 $2^{7-3-2} = 2^2 = 4$

유제1-7) 정답 ④
[풀이] $(A-B)-(A-C)$
$= (A \cap B^C) \cap (A \cap C^C)^C$
$= (A \cap B^C) \cap (A^C \cup C)$
$= \{(A \cap B^C) \cap A^C\} \cup \{(A \cap B^C) \cap C\}$
$= \phi \cup \{(A \cap C) \cap B^C\}$
$= (A \cap C) - B$

유제1-8) 정답 ④
[풀이] $(A \cup B) \cup (A^C \cup B^C)^C = (A \cup B) \cup (A \cap B) = A \cup B$
$= \{1, 3, 4, 5, 6, 7\}$
따라서 구하는 집합의 원소의 개수는 6이다.

유제1-9) 정답 25
[풀이] $n(A \cap B) = n(A) - n(A-B) = 20 - 15 = 5$
∴ $n(A \cup B) = n(A) + n(B) - n(A \cap B) = 20 + 10 - 5 = 25$

유제1-10) 정답 ③

[풀이] 40명의 주부 전체의 집합을 U, 두 종류의 통조림 A, B를 구입해 본 경험이 있는 주부의 집합을 각각 A, B라 하면

$n(U) = 40$, $n(A) = 23$, $n(B) = 27$

$n(A \cup B) \leq n(U)$ 이므로

$n(A) + n(B) - n(A \cap B) \leq n(U)$

$23 + 27 - n(A \cap B) \leq 40$

$\therefore n(A \cap B) \geq 10$

따라서 두 종류의 통조림을 모두 구입해 본 경험이 있는 주부는 최소 10명이다.

유제1-11) 정답 ①

[풀이]

양의 정수 a, b에 대하여

역 : a 또는 b가 짝수이면 ab가 짝수이다. (참)

이 : ab가 홀수이면 a와 b 모두 홀수이다. (참)

대우 : a와 b 모두 홀수이면 ab도 홀수이다. (참)

참고 : 주어진 명제가 참이므로 대우도 참이고 역이 참이므로 이도 참이다.

유제1-12) 정답 ③

[풀이]

① $x^2 + y^2 = 0$ 이면 $x = 0$, $y = 0$ 이면 $p \Rightarrow q$, $q \not\Rightarrow p$ 이다.
따라서, p는 q이기 위한 충분조건이다.

② $x > y$ 의 양변에 양수 z를 곱하면 $xz > yz$ 이므로 $p \Rightarrow q$

$xz > yz$ 의 양변에 양수 $\frac{1}{z}$를 곱하면 $x > y$ 이므로 $q \Rightarrow p$

따라서 p는 q이기 위한 필요충분조건이다.

③ $xy = |xy|$ 이면 $xy \geq 0$ 이므로 $x \geq 0$ 이고 $y \geq 0$ 또는 $x \leq 0$ 이고 $y \leq 0$ 이다. 따라서 $p \not\Rightarrow q$, $q \Rightarrow p$ 이므로 p는 q이기 위한 필요조건이다.

④ $x^2 = x$ 이면 $x = 0$ 또는 $x = 1$ 이므로 $p \Rightarrow q$, $q \not\Rightarrow p$ 이다.
따라서, p는 q이기 위한 충분조건이다.

이상에서 p가 q이기 위한 필요조건이지만 충분조건이 아닌 것은 ③ 이다.

제 2장

유제2-1) 정답 ②
[풀이]
$a^2 - (1+x)a + 2x - 2 = 0$ 에서
$a^2 - a - ax + 2x - 2 = 0$, $(a-2)x = a^2 - a - 2$
$\therefore (a-2)x = (a-2)(a+1)$
집합 A가 무한집합이므로 $a = 2$
$(x+5)a = x + a^2 + 6$ 에 $a = 2$를 대입하면
$2x + 10 = x + 4 + 6 \qquad \therefore x = 0$

유제2-2) 정답 ③
[풀이]
$x^2 - |x| - 2 = \sqrt{(x-1)^2}$ 에서 $\sqrt{(x-1)^2} = |x-1|$ 이므로
$x^2 - |x| - 2 = |x-1|$
(i) $x < 0$일 때, $x^2 + x - 2 = -(x-1)$
$x^2 + 2x - 3 = 0$, $(x+3)(x-1) = 0$
$\therefore x = -3$ ($\because x < 0$)
(ii) $0 \leq x < 1$일 때, $x^2 - x - 2 = -(x-1)$
$x^2 - 3 = 0 \qquad \therefore x = \pm\sqrt{3}$
그런데 $0 \leq x < 1$이므로 해가 존재하지 않는다.
(iii) $x \geq 1$일 때, $x^2 - x - 2 = x - 1$
$x^2 - 2x - 1 = 0 \quad \therefore x = 1 \pm \sqrt{2}$
그런데 $x \geq 1$이므로 $x = 1 + \sqrt{2}$
(i), (ii), (iii)에서 $x = -3$ 또는 $x = 1 + \sqrt{2}$ 이므로 모든 근의 합은 $-2 + \sqrt{2}$ 이다.

유제2-3) 정답 ④
[풀이]
$x^2 - 2kx + (k^2 - 2k + 3) = 0$ 의 두 근의 비가 $1 : 3$ 이므로
$r_2 = 3r_1$ 라 한다면, 두 근의 합과 곱의 공식에 의하여
$r_1 + r_2 = 4r_1 = 2k$, $r_1 \times r_2 = 3(r_1)^2 = k^2 - 2k + 3$ 이므로
$3\left(\dfrac{k}{2}\right)^2 = k^2 - 2k + 3 \Rightarrow k^2 - 8k + 12 = 0 \qquad \therefore k = 2 \text{ or } 6$

유제2-4) 정답 12
[풀이]
이차방정식 $x^2 - 2(k-a)x + (k^2 - 6k + b) = 0$ 이 중근을 가지므로

$$\frac{D}{4} = (k-a)^2 - (k^2 - 6k + b) = 0$$

$$k^2 - 2ak + a^2 - k^2 + 6k - b = 0$$

$$(6-2a)k + a^2 - b = 0$$

이 식이 k의 값에 관계없이 성립해야 하므로

$$6 - 2a = 0, \ a^2 - b = 0$$

$$\therefore a = 3, \ b = 9 \quad \therefore a + b = 12$$

유제2-5) 정답 ②
[풀이]
$x^2 + xy - 6y^2 - x + 7y - k$ 를 x에 대한 방정식으로 만들면
$x^2 + (y-1)x - (6y^2 - 7y + k) = 0$
근의 공식에 의하여 $x = \dfrac{-(y-1) \pm \sqrt{D}}{2}$

$$D = (y-1)^2 - 4(-6y^2 + 7y - k) = 25y^2 - 30y + 4k + 1$$

이므로 주어진 식이 두 일차식의 곱으로 인수분해되려면 D가 완전제곱식일 때이다. 즉, D가 완전제곱식일 때, x가 y의 일차식으로 나타내어질 수 있으므로
$D = 0$의 판별식 $\dfrac{D'}{4} = 15^2 - 25(4k+1) = 0$

$$225 - 100k - 25 = 0 \quad \therefore k = 2$$

유제2-6) 정답 ②
[풀이]
삼차방정식의 근과 계수의 관계에 의하여
$\alpha + \beta + \gamma = -3, \ \alpha\beta + \beta\gamma + \gamma\alpha = 4, \ \alpha\beta\gamma = 8$
$\therefore (\alpha-1)(\beta-1)(\gamma-1)$
$= \alpha\beta\gamma - (\alpha\beta + \beta\gamma + \gamma\alpha) + (\alpha + \beta + \gamma) - 1$
$= 8 - 4 + (-3) - 1 = 0$

유제2-7) 정답 -25
[풀이] 주어진 삼차방정식의 계수가 유리수이므로 $2+\sqrt{3}$이 근이면 $2-\sqrt{3}$도 근이다. 따라서 주어진 방정식의 세 근이 1, $2+\sqrt{3}$, $2-\sqrt{3}$이므로 삼차방정식의 근과 계수의 관계에 의하여

$$1+(2+\sqrt{3})+(2-\sqrt{3})=-\frac{b}{a}$$

$$1\cdot(2+\sqrt{3})+(2+\sqrt{3})(2-\sqrt{3})+1\cdot(2-\sqrt{3})=\frac{c}{a}$$

$$1\cdot(2+\sqrt{3})(2-\sqrt{3})=\frac{1}{a}$$

위의 세 식을 연립하여 풀면 $a=1$, $b=-5$, $c=5$
∴ $abc=-25$

유제2-8) 정답 ①
[풀이] $\frac{2}{x-a}+\frac{2}{x-b}+\frac{2}{x-c}=0$의 양변에 $(x-a)(x-b)(x-c)$를 곱해서 정리하면 $3x^2-2(a+b+c)x+ab+bc+ca=0$이다. -----(1)

$$\frac{D}{4}=(a+b+c)^2-3\times(ab+bc+ca)$$
$$=a^2+b^2+c^2-ab-bc-ca$$
$$=\frac{1}{2}\{(a-b)^2+(b-c)^2+(c-a)^2\}>0$$

($a>b>c$ 이므로 등호는 성립하지 않는다.)
그리고 a,b,c는 (1)식의 근이 되지 않는다.
따라서 $\frac{2}{x-a}+\frac{2}{x-b}+\frac{2}{x-c}=0$는 서로 다른 두 실근을 갖는다.

유제2-9) 정답 16
[풀이] 주어진 방정식을 변형하면

$$\left(2-\frac{4}{x+5}\right)+\left(1-\frac{4}{x+3}\right)=\left(1-\frac{4}{x+1}\right)+\left(2-\frac{4}{x+7}\right)$$

$$\frac{1}{x+5}+\frac{1}{x+3}=\frac{1}{x+1}+\frac{1}{x+7}$$

$$\frac{1}{x+5}-\frac{1}{x+7}=\frac{1}{x+1}-\frac{1}{x+3}$$

$$\frac{2}{(x+5)(x+7)}=\frac{2}{(x+1)(x+3)}$$

양변에 분모의 최소공배수 $(x+1)(x+3)(x+5)(x+7)$을 곱하여 정리하면

$$(x+1)(x+3) = (x+5)(x+7)$$
$$-8x = 32 \quad \therefore x = -4$$

이 때, $x=-4$는 주어진 분수방정식의 분모를 0이 되게 하지 않으므로 주어진 방정식의 근이다.

따라서 $\alpha = -4$ 이므로 $\alpha^2 = 16$

유제2-10) 정답 ②

[풀이] $f(x) = t$라 하면
$(f \circ f)(x) = f(f(x)) = f(t) = 5$ 이므로
$$t - 1 + 2\sqrt{5-t} = 5$$
$$2\sqrt{5-t} = 6 - t \quad \cdots\cdots \text{㉠}$$

양변을 제곱하여 정리하면
$$t^2 - 8t + 16 = 0$$
$$(t-4)^2 = 0$$
$$\therefore t = 4$$

$t=4$는 ㉠을 만족하므로 ㉠의 근이다.

즉, $t = f(x) = x - 1 + 2\sqrt{5-x} = 4$이므로
$$2\sqrt{5-x} = 5 - x \quad \cdots\cdots \text{㉡}$$

양변을 제곱하여 정리하면
$$x^2 - 6x + 5 = 0$$
$$(x-1)(x-5) = 0$$
$$\therefore x = 1 \text{ 또는 } x = 5$$

이 때, $x=1$과 $x=5$는 모두 ㉡을 만족하므로 ㉡의 근이다. 따라서 구하는 모든 근의 합은 $1 + 5 = 6$

유제2-11) 정답 1

[풀이] $\sqrt{x+2+2\sqrt{x+1}} = \sqrt{x+1}+1$ 이므로 주어진 방정식은

$$\sqrt{x+1}+1 = 1+\sqrt{2-x}$$
$$\sqrt{x+1} = \sqrt{2-x}$$

양변을 제곱하면 $x+1 = 2-x$

$$2x = 1 \quad \therefore \quad x = \frac{1}{2}$$

$x = \frac{1}{2}$ 은 주어진 방정식을 만족하므로 $\alpha = \frac{1}{2}$

$$\therefore \quad 8\alpha^2 - 2\alpha = 8\left(\frac{1}{2}\right)^2 - 2 \cdot \frac{1}{2} = 1$$

유제2-12) 정답 ①

[풀이] $x^3 - 3x^2 - x + 3 < 0$ 의 좌변을 인수분해하면

$$(x+1)(x-1)(x-3) < 0$$
$$x < -1 \text{ 또는 } 1 < x < 3 \quad \cdots\cdots \text{ ㉠}$$

$x^4 - 3x^2 - 4 \geq 0$ 의 좌변을 인수분해하면

$$(x+2)(x-2)(x^2+1) \geq 0$$

그런데 $x^2 + 1 > 0$ 이므로 위의 부등식은

$$(x+2)(x-2) \geq 0$$
$$\therefore x \leq -2 \text{ 또는 } x \geq 2 \quad \cdots\cdots \text{ ㉡}$$

따라서 식 ㉠,㉡의 공통범위는

$$x \leq -2 \text{ 또는 } 2 \leq x < 3$$

따라서 구하는 자연수 x 는 2 의 1 개뿐이다.

유제2-13) 정답 ④

[풀이] 우변을 좌변으로 이항하면

$$\frac{2}{x}+\frac{2}{x+1}-3>0, \qquad \frac{-3x^2+x+2}{x(x+1)}>0$$

$$\frac{3x^2-x-2}{x(x+1)}<0, \qquad \frac{(3x+2)(x-1)}{x(x+1)}<0$$

$x \neq 0$, $x \neq -1$이므로 양변에 $x^2(x+1)^2$을 곱하면

$$x(x+1)(3x+2)(x-1)<0$$

오른쪽 그림에서 주어진 부등식의 해는

$$-1<x<-\frac{2}{3} \text{ 또는 } 0<x<1$$

$$\therefore \alpha+\beta+\gamma+\delta=(-1)+\left(-\frac{2}{3}\right)+0+1=-\frac{2}{3}$$

제 3장

유제3-1) 정답 ③
[풀이]
두 점 $A(6, -4), B(1, 1)$에 대하여 $\overline{AB}$를 $2:3$으로 내분하는 점 P의 좌표는
$$\left(\frac{2 \cdot 1 + 3 \cdot 6}{2+3}, \frac{2 \cdot 1 + 3 \cdot (-4)}{2+3}\right) = (4, -2)$$
즉, 점 $P(4, -2)$와 점 $(-1, 3)$을 지나는 직선의 방정식은
$$y - (-2) = \frac{3 - (-2)}{-1 - 4}(x - 4) \qquad \therefore y = -x + 2$$
따라서 y절편은 2이다.

유제3-2) 정답 ③
[풀이]
세 점 A, B, C가 한 직선 위에 있으려면 직선 AB의 기울기와 직선 BC의 기울기가 같아야 한다.
$$(\text{직선 AB의 기울기}) = \frac{3-5}{-1-k}$$
$$(\text{직선 BC의 기울기}) = \frac{-1-3}{-k-(-1)}$$
즉, $\dfrac{-2}{-1-k} = \dfrac{-4}{-k+1}$, $2k - 2 = 4 + 4k$
$$\therefore k = -3$$

유제3-3) 정답 (1) $a = -1, -21$ (2) $-21 < a < 1$
$x^2 + y^2 - 6x + 8y + 5 = 0$ ……①
$x - 2y + a = 0$ ……②
①에서 $(x-3)^2 + (y+4)^2 = (2\sqrt{5})^2$이므로 ①은 중심이 $(3, -4)$이고 반지름이 $2\sqrt{5}$인 원이다.

(1) ①과 ②가 접할 때, 중심과 직선 사이의 거리가 반지름과 같으므로
$$\frac{|3 - 2 \cdot (-4) + a|}{\sqrt{1^2 + (-2)^2}} = 2\sqrt{5} \qquad \therefore |a + 11| = 10$$
$\therefore a + 11 = \pm 10 \qquad \therefore a = -1, -21$

(2) ①과 ②가 두 점에서 만날 때, 중심과 직선 사이의 거리가 반지름보다 작아야 하므로 $\dfrac{|3-2\cdot(-4)+a|}{\sqrt{1^2+(-2)^2}} < 2\sqrt{5}$ ∴ $|a+11| < 10$
∴ $-10 < a+11 < 10$ ∴ $-21 < a < -1$

유제3-4) 정답 ③

[풀이] 점 $(1, 2)$를 지나는 직선의 기울기를 m이라고 하면 직선의 방정식은
$y-2 = m(x-1)$
$mx-y-m+2 = 0$ ……㉠
원과 직선이 접하려면 원의 중심 $(-2, 1)$에서 직선 ㉠에 이르는 거리가 원의 반지름의 길이와 같아야 한다. 즉,
$\dfrac{|-2m-1-m+2|}{\sqrt{m^2+(-1)^2}} = 1$
$|1-3m| = \sqrt{m^2+1}$
양변을 제곱하면 $1-6m+9m^2 = m^2+1$, $8m^2-6m = 0$
$2m(4m-3) = 0$ ∴ $m=0$ 또는 $m=\dfrac{3}{4}$

따라서 모든 기울기의 합은 $\dfrac{3}{4}$이다.

제 4장

유제4-1) 정답 ①
[풀이]
임의의 실수 a에 대하여 y축에 평행한 직선 $x=a$를 그었을 때, 그래프와 한 점에서 만나면 함수의 그래프이다.

유제4-2) 정답 ①
[풀이] 각 대응을 그림으로 나타내면 다음과 같다.

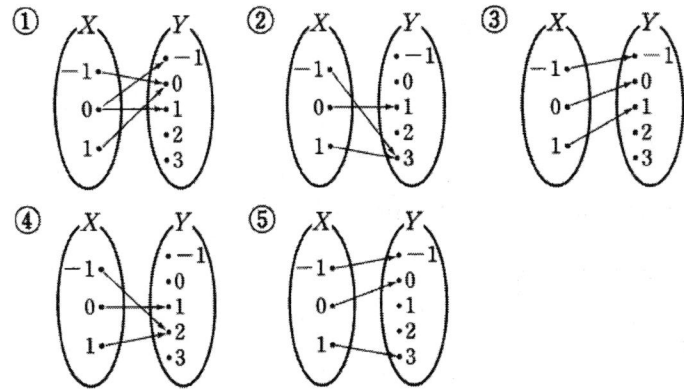

따라서 보기 중 X에서 Y로의 함수가 아닌 것은 ①이다.

유제4-3) 정답 ①

[풀이] $g\left(\dfrac{1}{2}\right) - \dfrac{1}{12} = \dfrac{\left(\dfrac{1}{2}\right)^3 + 3}{\left(\dfrac{1}{2}\right) + 1} - \dfrac{1}{12} = 2$

$f\left\{\dfrac{2}{g\left(\dfrac{1}{2}\right) - \dfrac{1}{12}}\right\} = f\left\{\dfrac{2}{2}\right\} = 1 - 2 + 1 - 7 = -7$

유제4-4) 정답. ③
음이 아닌 정수 k에 대하여
(i) $x = 2k$일 때,
$x^2 = (2k)^2 = 4k^2$이므로 $f(x) = 0$

(ii) $x = 2k+1$일 때,
$x^2 = (2k+1)^2 = 4k^2+4k+1 = 4(k^2+k)+1$이므로
$f(x) = 1$
따라서 함수 f의 치역은 $\{0, 1\}$

유제4-5) 정답 ④
[풀이]
$$\begin{aligned}(f \circ g)(2)+(g \circ f)(0) &= f(g(2))+g(f(0)) \\ &= f(2)+g(3) \\ &= 0+7 = 7\end{aligned}$$

유제4-6) 정답 $f(x) = \dfrac{1}{2}x-3$
[풀이]
$$\begin{aligned}(h \circ (g \circ f))(x) &= ((h \circ g) \circ f)(x) \\ &= (h \circ g)(f(x)) \\ &= 2f(x)+1 = x-5\end{aligned}$$
$2f(x) = x-6$ $\qquad\therefore f(x) = \dfrac{1}{2}x-3$

유제4-7) 정답 7
[풀이]
$f(1) = 7$ 이므로
$a+b = 7$ $\qquad \cdots\cdots$ ㉠
$f^{-1}(10) = 4$에서 $f(4) = 10$ 이므로
$4a+b = 10$ $\qquad \cdots\cdots$ ㉡
㉠, ㉡에서 $a = 1, b = 6$ $\qquad \therefore a+b = 7$

유제4-8) 정답 $-\dfrac{3}{2}$
[풀이]
$(g \circ f)^{-1}(1) = k$로 놓으면 $(g \circ f)(k) = 1$
$$\begin{aligned}(g \circ f)(k) &= g(f(k)) = g(-2k+6) \\ &= (-2k+6)-8 = -2k-2\end{aligned}$$
이므로 $-2k-2 = 1$에서 $k = -\dfrac{3}{2}$

유제4-9) 정답 ①

[풀이] $y = \dfrac{2x-1}{x-1} = \dfrac{2(x-1)+1}{x-1} = \dfrac{1}{x-1} + 2$

따라서 주어진 함수의 그래프는 $y = \dfrac{1}{x}$의 그래프를 x축의 방향으로 1만큼, y축의 방향으로 2만큼 평행이동한 것이다.

$0 \leq x < 1$ 또는 $1 < x \leq 3$에서 $y = \dfrac{2x-1}{x-1}$의 그래프는 오른쪽 그림과 같으므로 $\left\{ y \mid y \leq 1 \text{ 또는 } y \geq \dfrac{5}{2} \right\}$

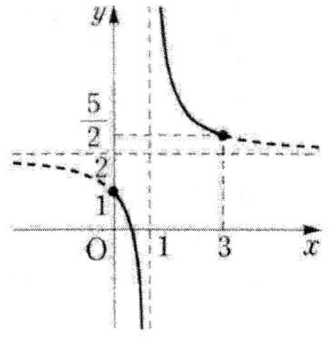

유제4-10) 정답 ④

[풀이]

함수 $y = \sqrt{x-1} + 1$의 치역은 $\{y \mid y \geq 1\}$이므로 역함수의 정의역은 $\{x \mid x \geq 1\}$이다.

$y = \sqrt{x-1} + 1$에서 $y - 1 = \sqrt{x-1}$

양변을 제곱하면 $(y-1)^2 = x-1$

$x = (y-1)^2 + 1$

x와 y를 서로 바꾸면 역함수는

$y = (x-1)^2 + 1 = x^2 - 2x + 2 \ (x \geq 1)$

따라서, $a = -2, b = 2, c = 1$이므로

$a + b + c = 1$

제 5장

유제5-1) 정답 ③

[풀이] $(3+2\sqrt{2})^x + (3-2\sqrt{2})^x = 6$ 에서 $(3+2\sqrt{2})^x = p$로 치환하면 주어진 지수방정식은 $p + \frac{1}{p} = 6$이다.

정리하면 $p^2 - 6p + 1 = 0$이다. 따라서 $p = 3 \pm \sqrt{9-1} = 3 \pm 2\sqrt{2}$이다.

따라서 $x = 1, -1$이다.

유제5-2) 정답 ②

[풀이] $67^m = 27$에서 $3^{\frac{3}{m}} = 67$, $603^n = 81$에서 $3^{\frac{4}{n}} = 603$이다. 각 변을 나누어 지수에서 원하는 식이 나오게 유도한다. 즉, $3^{\frac{3}{m}} \div 3^{\frac{4}{n}} = 67 \div 603 \Rightarrow 3^{\frac{3}{m} - \frac{4}{n}} = 3^{-2}$이다. 따라서 $\frac{3}{m} - \frac{4}{n} = -2$이다.

유제5-3) 정답 13

[풀이]

$2^x = X$, $2^y = Y$로 놓으면 주어진 방정식은

$\begin{cases} 2X + 2Y = 24 \\ \frac{1}{4}XY = 8 \end{cases}$, 즉 $\begin{cases} X + Y = 12 \\ XY = 32 \end{cases}$

두 식을 연립하여 풀면

$X=4$, $Y=8$ 또는 $X=8$, $Y=4$

즉 $\alpha=2$, $\beta=3$ 또는 $\alpha=3$, $\beta=2$이므로

$\alpha^2 + \beta^2 = 13$

유제5-4) 정답 ③

[풀이] $a_1 = \sqrt{3} = 3^{\frac{1}{2}}$, $a_2 = \sqrt{3\sqrt{3}} = 3^{\frac{1}{2}} \times 3^{\frac{1}{4}} = 3^{\frac{3}{4}}$, $a_3 = \sqrt{3\sqrt{3\sqrt{3}}} = 3^{\frac{7}{8}}$, …… 이므로 수열의 n번째 항은 $a_n = 3^{\sum_{k=1}^{n}\left(\frac{1}{2}\right)^k} = 3^{\frac{1}{2} \times \frac{1-0.5^n}{1-0.5}} = 3^{1-0.5^n}$이다. 따라서,

$$\log_{10}(a_1) + \log_{10}(a_2) + \cdots + \log_{10}(a_{10}) = \sum_{k=1}^{10} \log_{10}(a_k)$$
$$= \sum_{k=1}^{10} \log_{10}(3^{1-0.5^k}) = \sum_{k=1}^{10} \{(1-0.5^k)\log_{10}3\} = \log_{10}3 \times \sum_{k=1}^{10} (1-0.5^k)$$
$$= \log_{10}3 \times \left\{10 - \frac{0.5(1-0.5^{10})}{1-0.5}\right\} = \log_{10}3 \times (9 + 0.5^{10})$$

유제5-5) 정답 ①

[풀이] $\log_a y + \log_{a^2} y + \log_{a^4} y + \cdots = 2$

$$\Rightarrow \frac{\log y}{\log a} + \frac{\log y}{2\log a} + \frac{\log y}{4\log a} + \cdots = \frac{\log y}{\log a}\left(1 + \left(\frac{1}{2}\right) + \left(\frac{1}{2}\right)^2 + \cdots\right) = \frac{\log y}{\log a}\left(\sum_{k=1}^{\infty}\left(\frac{1}{2}\right)^{k-1}\right)$$
$$= \frac{\log y}{\log a}\left(\frac{1}{1-\frac{1}{2}}\right) = 2\frac{\log y}{\log a}$$

$2\dfrac{\log y}{\log a} = 2$ 이므로 $y = a$이다.

유제5-6) 정답 ①

[풀이] $27^x = 25^y = 15^z \Rightarrow x\ln 27 = y\ln 25 = z\ln 15 \Rightarrow x = \dfrac{z\ln 15}{\ln 27},\ y = \dfrac{z\ln 15}{\ln 25}$

$$\frac{(3xz+2yz)}{xy} = \frac{3\left(\dfrac{z\ln 15}{\ln 27}\right)z + 2\left(\dfrac{z\ln 15}{\ln 25}\right)z}{\dfrac{z\ln 15}{\ln 27} \times \dfrac{z\ln 15}{\ln 25}} = 6$$

유제5-7) 정답 ③

[풀이] 매번 인상률을 α라 한다면 $(1+\alpha)^6 = 4$이다.
양변에 상용로그를 취하면
$\log(1+\alpha)^6 = \log 4 \Rightarrow \log(1+\alpha) = \dfrac{2\log 2}{6} = 0.10$
따라서 $(1+\alpha) = 1.26$이고 인상률은 26%이다.

유제5-8) 정답 ④

[풀이] $y = \log_{\frac{1}{a}} x$에서 $y = -\log_a x$ 이므로 $y = \log_a x$의 그래프와 $y = \log_{\frac{1}{a}} x$의 그래프는 x축에 대하여 대칭이다.

제 6장

유제6-1) 정답 ④
[풀이] $x^2 - x + k = 0$의 두 근이 $\sin\theta, \cos\theta$이므로 이차방정식의 근과 계수와의 관계에 의해 $\sin\theta + \cos\theta = 1$이고, $\sin\theta \cos\theta = k$이다. 따라서
그래서 $1 = (\sin\theta + \cos\theta)^2 = \sin^2\theta + \cos^2\theta + 2\sin\theta\cos\theta = 1 + 2k$
따라서 $1 = 1 + 2k, \quad k = 0$이다.

유제6-2) 정답 ③
[풀이] 헤론의 공식을 이용하면 삼각형 넓이는
$s = \dfrac{13 + 14 + 15}{2}$, $S = \sqrt{21(21-13)(21-14)(21-15)} = 84$ 이다.

유제6-3) 정답 $\dfrac{1}{2}\{2 - \sqrt{3} + (1 + 2\sqrt{3})i\}$
[풀이] 구하는 복소수를 z라 하면
$$z = (2+i)(\cos 60° + i\sin 60°) = (2+i)\left(\dfrac{1}{2} + \dfrac{\sqrt{3}}{2}i\right)$$
$$= \dfrac{1}{2}\{2 - \sqrt{3} + (1 + 2\sqrt{3})i\}$$

제 7장

유제7-1) 정답 ②

[풀이]

$a_{n+1} = \dfrac{a_n}{2a_n+1}$ 에서 $\dfrac{1}{a_{n+1}} = \dfrac{2a_n+1}{a_n} = \dfrac{1}{a_n} + 2$

$\dfrac{1}{a_n} = b_n$ 으로 놓으면 $b_{n+1} = b_n + 2$, $b_1 = \dfrac{1}{a_1} = 1$

따라서 수열 $\{b_n\}$ 은 첫째항이 1, 공차가 2 인 등차수열이므로

$$b_n = 1 + (n-1) \cdot 2 = 2n - 1$$

$\therefore\ a_n = \dfrac{1}{b_n} = \dfrac{1}{2n-1}$

$\therefore\ a_{100} = \dfrac{1}{2 \cdot 100 - 1} = \dfrac{1}{199}$

유제7-2) 정답 ②

[풀이]

$\dfrac{1}{a_{n+1}} = \dfrac{1-3a_n}{a_n} = \dfrac{1}{a_n} - 3$

$\dfrac{1}{a_n} = b_n$ 으로 놓으면 $b_{n+1} = b_n - 3$, $b_1 = \dfrac{1}{a_1} = 1$

따라서 수열 $\{b_n\}$ 은 첫째항이 1, 공차가 -3 인 등차수열이므로

$$b_n = 1 + (n-1) \cdot (-3) = -3n + 4$$

$\therefore\ a_n = \dfrac{1}{b_n} = \dfrac{1}{4-3n}$

유제7-3) 정답 12

[풀이]

$a_{n+1} - a_n = \dfrac{1}{\sqrt{n+1}+\sqrt{n}} = \sqrt{n+1}-\sqrt{n}$ 이므로 수열 $\{a_n\}$ 의 계차수열을 $\{b_n\}$ 이라 하면 $b_n = \sqrt{n+1}-\sqrt{n}$

$\therefore a_n = a_1 + \sum_{k=1}^{n-1} b_k = 3 + \sum_{k=1}^{n-1}(\sqrt{k+1}-\sqrt{k})$

$= 3 + \{(\sqrt{2}-\sqrt{1})+(\sqrt{3}-\sqrt{2})+\cdots+(\sqrt{n}-\sqrt{n-1})\}$

$= 3 - 1 + \sqrt{n} = 2 + \sqrt{n}$

$a_{100} = 2 + \sqrt{100} = 12$

유제7-4) 정답 ①

[풀이] $na_{n+1}-(n+1)a_n = 1$ $(n \geq 1)$에서 양변을 $n(n+1)$로 나누면

$\dfrac{a_{n+1}}{n+1} - \dfrac{a_n}{n} = \dfrac{1}{n(n+1)}$ $(n \geq 1)$이다.

이를 정리하면 $\dfrac{a_{n+1}}{n+1} - \dfrac{a_n}{n} = \dfrac{1}{n} - \dfrac{1}{n+1}$ $(n \geq 1)$이다.

여기에 $n = 1, 2, 3, \cdots, k-1$을 대입하면

$\dfrac{a_2}{2} - \dfrac{a_1}{1} = \dfrac{1}{1} - \dfrac{1}{2}$

$\dfrac{a_3}{3} - \dfrac{a_2}{2} = \dfrac{1}{2} - \dfrac{1}{3}$

$\dfrac{a_4}{4} - \dfrac{a_3}{3} = \dfrac{1}{3} - \dfrac{1}{4}$

$\cdots$

$\dfrac{a_k}{k} - \dfrac{a_{k-1}}{k-1} = \dfrac{1}{k-1} - \dfrac{1}{k}$

위 식을 변변 더하면 $\dfrac{a_k}{k} - \dfrac{a_1}{1} = \dfrac{1}{1} - \dfrac{1}{k}$ 이다.

정리하면 $a_k = (a+1)k - 1$이다.

따라서 $a_n = (a+1) \cdot n - 1$이다.

유제7-5) 정답 ④

[풀이]

$a_{n+1} = n a_n$ 의 양변에 n 대신 $1, 2, 3, \cdots, n-1$ 을 대입하여 변변끼리 곱하면

$a_2 = 1 \cdot a_1$
$a_3 = 2 \cdot a_2$
$\vdots$
$a_n = (n-1) a_{n-1}$

$\therefore a_n = 1 \cdot 2 \cdot 3 \cdot \cdots\cdots (n-1) \cdot a_1$
$\quad\quad = 1 \cdot 2 \cdot 3 \cdot \cdots\cdots (n-1)$

이 때, $120 = 1 \cdot 2 \cdot 3 \cdot 4 \cdot 5$ 이므로 $a_6, a_7, \cdots, a_{2010}$ 은 모두 120 으로 나누어 떨어진다. 따라서 $a_1 + a_2 + a_3 + \cdots + a_{2010}$ 을 120 으로 나눈 나머지는
$a_1 + a_2 + a_3 + a_4 + a_5$ 를 120 으로 나눈 나머지와 같다.
$a_1 + a_2 + a_3 + a_4 + a_5 = 1 + 1 + 2 + 6 + 24 = 34$ 이므로 구하는 나머지는 34 이다.

유제7-6) 정답 $\dfrac{1}{35}$

[풀이]

$\sqrt{n+2}\, a_{n+1} = \sqrt{n}\, a_n$ 에서 $a_{n+1} = \sqrt{\dfrac{n}{n+2}}\, a_n$

양변에 n 대신 $1, 2, 3, \cdots, n-1$ 을 차례로 대입하여 변끼리 곱하면

$a_n = \sqrt{\dfrac{1}{3}} \cdot \sqrt{\dfrac{2}{4}} \cdot \sqrt{\dfrac{3}{5}} \cdots \sqrt{\dfrac{n-2}{n}} \cdot \sqrt{\dfrac{n-1}{n+1}} \cdot a_1$

$\quad = \dfrac{\sqrt{1}}{\sqrt{n}} \dfrac{\sqrt{2}}{\sqrt{n+1}} \cdot 1 = \dfrac{\sqrt{2}}{\sqrt{n}\sqrt{n+1}}$

$a_{49} = \dfrac{\sqrt{2}}{\sqrt{49}\sqrt{50}} = \dfrac{1}{35}$

유제7-7) 정답 8

[풀이]
$a_{n+1} = 2a_n + 5$ 에서
$$a_{n+1} + 5 = 2(a_n + 5)$$
$a_n + 5$ 를 b_n 으로 놓으면 $b_{n+1} = 2b_n$, $b_1 = a_1 + 5 = 3$
따라서 수열 $\{b_n\}$ 은 첫째항이 3 , 공비가 2 인 등비수열이므로
$$b_n = 3 \cdot 2^{n-1}$$
$$\therefore a_n = b_n - 5 = 3 \cdot 2^{n-1} - 5$$
$a_{k+1} - a_k \geq 300$ 에서
$$(3 \cdot 2^k - 5) - (3 \cdot 2^{k-1} - 5) \geq 300$$
$$3 \cdot 2^{k-1} \geq 300 , \quad 2^{k-1} \geq 100$$
$2^6 = 64$, $2^7 = 128$ 이므로 $k-1 \geq 7$ $\therefore k \geq 8$
따라서 자연수 k 의 최솟값은 8이다.

유제7-8) 정답 ②

[풀이] $(S_{n+1} - S_{n-1}) = a_n + a_{n+1}$ 을 이용하면,

$(a_n + a_{n+1})^2 = 4a_n \cdot a_{n+1} + 16$
$\Rightarrow a_{n+1}^2 - 2a_n \cdot a_{n+1} + a_n^2 = 16$
$\Rightarrow (a_{n+1} - a_n)^2 = 16$
$\Rightarrow a_{n+1} - a_n = 4 \, (\because a_{n+1} > a_n)$

따라서, $\sum_{n=1}^{29}(a_{n+1} - a_n) = \sum_{n=1}^{29} 4$
$\Rightarrow a_{30} - a_1 = 4 \times 29$
$\Rightarrow a_{30} = 117$

유제7-9) 정답 ②

[풀이]

$4a_{n+1} = a_{n+2} + 3a_n$ 에서 $a_{n+2} - 4a_{n+1} + 3a_n = 0$

$$\therefore a_{n+2} - a_{n+1} = 3(a_{n+1} - a_n)$$

$a_{n+1} - a_n = b_n$ 으로 놓으면 $b_{n+1} = 3b_n$, $b_1 = a_2 - a_1 = 3$

따라서 수열 $\{a_n\}$ 의 계차수열 $\{b_n\}$ 은 첫째항이 3, 공비가 3인 등비수열이므로

$$b_n = 3 \cdot 3^{n-1} = 3^n$$

$$\therefore a_n = a_1 + \sum_{k=1}^{n-1} b_k = 2 + \sum_{k=1}^{n-1} 3^k$$

$$= 2 + \frac{3 \cdot (3^{n-1} - 1)}{3 - 1}$$

$$= \frac{1}{2}(3^n + 1)$$

$a_n \geq 100$ 에서 $\frac{1}{2}(3^n + 1) \geq 100$

$$3^n + 1 \geq 200, \quad 3^n \geq 199$$

이 때 $3^4 = 81$, $3^5 = 243$ 이므로 $n \geq 5$

따라서 처음으로 100 이상이 되는 항은 제5항이다.

유제7-10) 정답 -10

[풀이]

$3a_{n+2} - 4a_{n+1} + a_n = 0$ 에서 $3(a_{n+2} - a_{n+1}) = a_{n+1} - a_n$

$$\therefore a_{n+2} - a_{n+1} = \frac{1}{3}(a_{n+1} - a_n)$$

$a_{n+1} - a_n = b_n$ 으로 놓으면 $b_{n+1} = \frac{1}{3}b_n$, $b_1 = a_2 - a_1 = 1$

따라서 수열 $\{a_n\}$ 의 계차수열 $\{b_n\}$ 은 첫째항이 1, 공비가 $\frac{1}{3}$ 인 등비수열이므로

$$b_n = 1 \cdot \left(\frac{1}{3}\right)^{n-1} = \left(\frac{1}{3}\right)^{n-1}$$

$$\therefore a_n = a_1 + \sum_{k=1}^{n-1} b_k = 1 + \sum_{k=1}^{n-1} \left(\frac{1}{3}\right)^{k-1}$$

$$= 1 + \frac{1 \cdot \left\{1 - \left(\frac{1}{3}\right)^{n-1}\right\}}{1 - \frac{1}{3}}$$

$$= 1 + \frac{3}{2}\left\{1 - \left(\frac{1}{3}\right)^{n-1}\right\}$$

$$= \frac{5}{2} - \frac{3}{2} \cdot \left(\frac{1}{3}\right)^{n-1} = \frac{1}{2}\left(5 - \frac{1}{3^{n-2}}\right)$$

따라서 $5 - 2a_n = \frac{1}{3^{n-2}}$ 이므로

$$\log_3 (5 - 2a_{12}) = \log_3 \frac{1}{3^{10}} = -10$$

유제 7-11) 정답 6

[풀이]

$a_{n+1} = 3a_n^{\ 2}$ 의 양변에 밑이 3 인 로그를 취하면

$$\log_3 a_{n+1} = \log_3 3a_n^{\ 2} = 1 + 2\log_3 a_n$$

$\log_3 a_n = b_n$ 으로 놓으면 $b_{n+1} = 2b_n + 1$

$$\therefore\ b_{n+1} + 1 = 2(b_n + 1)$$

따라서 수열 $\{b_n + 1\}$ 은 공비가 2 인 등비수열이고

$$b_1 + 1 = \log_3 a_1 + 1 = \log_3 1 + 1 = 1$$

이므로 $b_{n+1} = 1 \cdot 2^{n-1} = 2^{n-1}$

$$\therefore\ b_n = 2^{n-1} - 1,\ \text{즉}\ \log_3 a_n = 2^{n-1} - 1$$

$a_k = 3^{31}$ 이므로

$$\log_3 a_k = \log_3 3^{31} = 2^{k-1} - 1$$

$$31 = 2^{k-1} - 1,\ 2^{k-1} = 32 = 2^5$$

$$k - 1 = 5\ \ \therefore\ k = 6$$

유제7-12) 정답 ②

[풀이]

$a_{n+1} = \sqrt{10a_n}$ 의 양변에 상용로그를 취하면

$$\log a_{n+1} = \frac{1}{2}\log 10a_n = \frac{1}{2}(1+\log a_n)$$

$\log a_n = b_n$ 으로 놓으면 $b_{n+1} = \frac{1}{2}b_n + \frac{1}{2}$

$$\therefore b_{n+1} - 1 = \frac{1}{2}(b_n - 1)$$

따라서 수열 $\{b_n - 1\}$ 은 공비가 $\frac{1}{2}$ 인 등비수열이고,

$$b_1 - 1 = \log a_1 - 1 = \log 1 - 1 = -1$$

이므로

$$b_n - 1 = (-1) \cdot \left(\frac{1}{2}\right)^{n-1} = -\left(\frac{1}{2}\right)^{n-1}$$

$$\therefore b_n = 1 - \left(\frac{1}{2}\right)^{n-1}$$

$$\therefore \log(a_1 a_2 a_3 \cdots a_{10})$$
$$= \log a_1 + \log a_2 + \log a_3 + \cdots + \log a_{10}$$
$$= b_1 + b_2 + b_3 + \cdots + b_{10}$$
$$= \sum_{k=1}^{10}\left\{1 - \left(\frac{1}{2}\right)^{k-1}\right\} = 10 - \frac{1 \cdot \left\{1 - \left(\frac{1}{2}\right)^{10}\right\}}{1 - \frac{1}{2}}$$
$$= 10 - 2\left\{1 - \left(\frac{1}{2}\right)^{10}\right\}$$
$$= 8 + \left(\frac{1}{2}\right)^9$$

유제7-13) 정답 ②

[풀이] $x^2 - nx + (n+1)^2 = 0$에서 이차방정식의 근과 계수와의 관계를 이용하면
$a_n + b_n = n$, $a_n b_n = (n+1)^2$이 성립한다.

$$\sum_{n=1}^{\infty} \frac{1}{(a_n+1)(b_n+1)} = \sum_{n=1}^{\infty} \frac{1}{(a_n b_n + a_n + b_n + 1)} = \sum_{n=1}^{\infty} \frac{1}{(n+1)^2 + n + 1}$$

$$= \sum_{n=1}^{\infty} \frac{1}{(n+1)(n+2)} = \sum_{n=1}^{\infty} \left\{ \frac{1}{n+1} - \frac{1}{n+2} \right\}$$

$$= \left(\frac{1}{2} + \frac{1}{3} + \frac{1}{4} + \frac{1}{5} + \cdots \right) - \left(\frac{1}{3} + \frac{1}{4} + \frac{1}{5} + \cdots \right) = \frac{1}{2}$$

유제7-14) 정답 ④

[풀이] $\frac{1}{n(n+1)} = \frac{1}{n} - \frac{1}{n+1}$ 이므로

$$\frac{1}{1 \cdot 2} + \frac{1}{2 \cdot 3} + \frac{1}{3 \cdot 4} + \cdots + \frac{1}{n(n+1)} + \cdots$$

$$= \sum_{n=1}^{\infty} \frac{1}{n(n+1)}$$

$$= \sum_{n=1}^{\infty} \left(\frac{1}{n} - \frac{1}{n+1} \right)$$

$$= \lim_{n \to \infty} \left(\left(\frac{1}{1} - \frac{1}{2} \right) + \left(\frac{1}{2} - \frac{1}{3} \right) + \left(\frac{1}{3} - \frac{1}{4} \right) + \cdots + \left(\frac{1}{n} - \frac{1}{n+1} \right) \right)$$

$$= \lim_{n \to \infty} \left(\frac{1}{1} - \frac{1}{n+1} \right)$$

$$= 1$$

유제7-15) 정답 ①

[풀이] $\frac{1}{(2n-1)(2n+1)}$

$$= \frac{1}{(2n+1)-(2n-1)} \times \frac{(2n+1)-(2n-1)}{(2n-1)(2n+1)}$$

$$= \frac{1}{2} \times \left(\frac{1}{2n-1} - \frac{1}{2n+1} \right) \text{이므로}$$

$$\sum_{n=1}^{\infty} \frac{1}{(2n-1)(2n+1)} = \frac{1}{2} \sum_{n=1}^{\infty} \left(\frac{1}{2n-1} - \frac{1}{2n+1} \right)$$

$$\frac{1}{2} \left[\left(\frac{1}{1} + \frac{1}{3} + \frac{1}{5} + \frac{1}{7} + \cdots \right) - \left(\frac{1}{3} + \frac{1}{5} + \frac{1}{7} + \cdots \right) \right] = \frac{1}{2} \text{ 이다.}$$

유제7-16) 정답 ②

[풀이] $3n < \sqrt{9n^2+1} < 3n+1$ 이므로 $f(n) = \sqrt{9n^2+1} - 3n$ 이다.

따라서 $\lim_{n\to\infty} 2nf(n) = \lim_{n\to\infty} 2n(\sqrt{9n^2+1} - 3n)$ 이다. 이를 정리하면

$$\lim_{n\to\infty} 2n(\sqrt{9n^2+1} - 3n) = \lim_{n\to\infty} \frac{2n(9n^2+1-9n^2)}{(\sqrt{9n^2+1}+3n)}$$

$$= \lim_{n\to\infty} \frac{2n}{(\sqrt{9n^2+1}+3n)} = \lim_{n\to\infty} \frac{2}{(\sqrt{9+\frac{1}{n^2}}+3)} = \frac{1}{3}$$

유제7-17) 정답 4

[풀이]

$$\lim_{n\to\infty} \frac{1}{\sqrt{4n^2+an}-2n+a}$$

$$= \lim_{n\to\infty} \frac{\sqrt{4n^2+an}+2n-a}{\{\sqrt{4n^2+an}-(2n-a)\}\{\sqrt{4n^2+an}+(2n-a)\}}$$

$$= \lim_{n\to\infty} \frac{\sqrt{4n^2+an}+2n-a}{5an-a^2} = \lim_{n\to\infty} \frac{\sqrt{4+\frac{a}{n}}+2-\frac{a}{n}}{5a-\frac{a^2}{n}} = \frac{4}{5a}$$

따라서 $\frac{4}{5a} = \frac{1}{5}$ 이므로 $a = 4$

유제7-18) 정답 ④

[풀이] $f(x) = \sqrt{x}$ 일 때

$f'(x) = \frac{1}{2}x^{-\frac{1}{2}}$ 에서 $f'(1) = \frac{1}{2}$

$f''(x) = -\frac{1}{4}x^{-\frac{3}{2}}$ 에서 $f''(1) = -\frac{1}{4}$ 이다.

테일러 함수는 $f(x) = \sum_{k=0}^{\infty} f^{(k)}(a) \frac{(x-a)^k}{k!}$ 이므로 2차 테일러함수는

$f(x) = \frac{f(1)}{0!}(x-1)^0 + \frac{f'(1)}{1!}(x-1) + \frac{f''(1)}{2!}(x-1)^2$

$= 1 + \frac{1}{2}(x-1) - \frac{1}{8}(x-1)^2$ 이다.

유제7-19) 정답 ②

[풀이] $\dfrac{1}{1+x} = 1+(-x)^1+(-x)^2+(-x)^3+\cdots$

$\Rightarrow \displaystyle\int \dfrac{1}{1+x}dx = x-\dfrac{x^2}{2}+\dfrac{x^3}{3}-\dfrac{x^4}{4}+\cdots$

제 8장

유제8-1) 정답 ②
[풀이]
$$\lim_{x \to 3} (x-1)(2x^2 - 3x - 1) = (3-1)(2 \cdot 3^2 - 3 \cdot 3 - 1) = 2 \cdot 8 = 16$$

유제8-2) 정답 ①
[풀이]
$$\lim_{x \to -2} \frac{x^2 + x - 2}{x^2 + 5x + 6} = \lim_{x \to -2} \frac{(x+2)(x-1)}{(x+2)(x+3)}$$
$$= \lim_{x \to -2} \frac{x-1}{x+3} = -3$$

유제8-3) 정답 ①
[풀이]
$$f(x) = \begin{cases} -\dfrac{1}{x} & (x < 0) \\ \dfrac{1}{x} & (x > 0) \end{cases}$$

i. $a = 1$일 때, $xf(x) = \begin{cases} -1 & (x < 0) \\ 1 & (x > 0) \end{cases}$ 이므로 $\lim_{x \to 0-} xf(x) = -1$, $\lim_{x \to 0+} xf(x) = 1$이다. $\lim_{x \to 0-} xf(x) \neq \lim_{x \to 0+} xf(x)$으로 $x = 0$에서 극한값을 갖지 않는다.

ii. $a = 2$일 때, $x^2 f(x) = \begin{cases} -x & (x < 0) \\ x & (x > 0) \end{cases}$ 이므로 $\lim_{x \to 0-} x^2 f(x) = 0$, $\lim_{x \to 0+} x^2 f(x) = 0$이다. $\lim_{x \to 0-} x^2 f(x) = \lim_{x \to 0+} x^2 f(x)$으로 $x = 0$에서 극한값을 갖는다.

iii. $a \geq 3$일 때, $x^a f(x) = \begin{cases} -x^{a-1} & (x < 0) \\ x^{a-1} & (x > 0) \end{cases}$ 이므로 $\lim_{x \to 0-} x^a f(x) = 0$, $\lim_{x \to 0+} x^a f(x) = 0$이다. $\lim_{x \to 0-} x^a f(x) = \lim_{x \to 0+} x^a f(x)$으로 $x = 0$에서 극한값을 갖는다.

i, ii, iii에서 자연수 a의 최솟값은 2이다.

유제8-4) 정답 ④
[풀이] $\lim_{x \to 1-} f(x) = \lim_{x \to 1-} x = 1$, $\lim_{x \to 1+} f(x) = \lim_{x \to 1+} (-x + k) = -1 + k$에서 두 극한값은 같아야 하므로 $1 = -1 + k$, $k = 2$

유제8-5) 정답 ②

[풀이] $\lim\limits_{x \to 1} \dfrac{\sqrt{\dfrac{x^2+x+1}{3}}-1}{x-1}$ 의 분자 분모에 $\sqrt{\dfrac{x^2+x+1}{3}}+1$ 를 곱해주면

$$\lim_{x \to 1} \dfrac{\sqrt{\dfrac{x^2+x+1}{3}}-1}{x-1} = \lim_{x \to 1} \dfrac{\dfrac{x^2+x+1}{3}-1}{(x-1)\left(\sqrt{\dfrac{x^2+x+1}{3}}+1\right)}$$

$$= \lim_{x \to 1} \dfrac{\dfrac{(x-1)(x+2)}{3}}{(x-1)\left(\sqrt{\dfrac{x^2+x+1}{3}}+1\right)} = \lim_{x \to 1} \dfrac{\dfrac{(x+2)}{3}}{\sqrt{\dfrac{x^2+x+1}{3}}+1} = \dfrac{1}{2}$$

유제8-6) 정답 ②

[풀이] $\lim\limits_{x \to 3} \dfrac{a\sqrt{2x+3}+b}{x-3} = 2$ 와 같이 극한이 존재하기 위해서는 분모의 극한이 0 으로 수렴하므로 분자의 극한도 0 으로 수렴하여야 한다.

따라서, $a\sqrt{2 \times 3 + 3} + b = 0 => 3a + b = 0$ 이다.

$\lim\limits_{x \to 3} \dfrac{a(2x+3-9)}{(x-3)(\sqrt{2x+3}+3)} = \lim\limits_{x \to 3} \dfrac{2a(x-3)}{(x-3)(\sqrt{2x+3}+3)} = \lim\limits_{x \to 3} \dfrac{2a}{\sqrt{2x+3}+3} = \dfrac{2a}{6}$ 이다.

여기서 $\dfrac{2a}{6} = 2$ 이므로 $a = 2$ 이다. 또한 $3a + b = 0$ 이므로 $b = -18$ 이다.

즉, $a + b = 6 - 18 = -12$

유제8-7) 정답 ①

[풀이]

극한값이 존재하므로 $\lim\limits_{x \to 0} \dfrac{\sqrt{x+a}-1}{x} \Rightarrow \dfrac{0}{0}$ 꼴이어야 한다.

따라서 $\sqrt{0+a} - 1 = 0$. 그러므로 $a = 1$ 이다.

$\lim\limits_{x \to 0} \dfrac{\sqrt{x+1}-1}{x} = \lim\limits_{x \to 0} \dfrac{x+1-1}{x(\sqrt{x+1}+1)} = \lim\limits_{x \to 0} \dfrac{1}{\sqrt{x+1}+1} = \dfrac{1}{2} = b$

$\therefore a + b = \dfrac{3}{2}$

유제8-8) 정답 ④

[풀이] x가 0에 가까워짐에 따라 $\cos^{-1}x$는 $\dfrac{\pi}{2}$에 가까워지고 $2x$는 0에 가까워진다.

따라서 $\lim\limits_{x\to 0}\dfrac{\cos^{-1}x}{2x}=\dfrac{\frac{\pi}{2}}{0}=\infty$ 이다.

유제8-9) 정답 ③

[풀이]
$$\lim_{x\to 0}\frac{2\sin x-\sin 2x}{\sin^2 x}=\lim_{x\to 0}\frac{2\sin x-2\sin x\cos x}{1-\cos^2 x}$$

$$=\lim_{x\to 0}\frac{2\sin x(1-\cos x)}{(1+\cos x)(1-\cos x)}=\lim_{x\to 0}\frac{2\sin x}{1+\cos x}=0$$

유제8-10) 정답 ③

[풀이]
$$\lim_{x\to 0}\frac{\cos x-1}{x}=\lim_{x\to 0}\frac{-\sin x}{1}=0\,(L'Hospital\text{정리를 이용})$$

유제8-11) 정답 ③

$$\lim_{x\to 0}\left\{\frac{1}{x}-\frac{1}{e^x-1}\right\}=\lim_{x\to 0}\frac{e^x-1-x}{x(e^x-1)}=\lim_{x\to 0}\frac{e^x-1}{(e^x-1)+xe^x}=\lim_{x\to 0}\frac{e^x}{2e^x+xe^x}=\frac{1}{2}$$

($L'Hospital$ 정리를 두 번 이용)

유제8-12) 정답 π

[풀이]
함수 $f(x)$가 $x=1$에서 연속이므로
$$f(1)=\lim_{x\to 1}f(x)=\lim_{x\to 1}\frac{\sin(x-1)\pi}{x-1}$$
$x-1=t$로 놓으면 $x\to 1$일 때 $t\to 0$이므로
$$\lim_{x\to 1}\frac{\sin(x-1)\pi}{x-1}=\lim_{t\to 0}\frac{\sin \pi t}{t}=\lim_{t\to 0}\frac{\sin \pi t}{\pi t}\cdot \pi$$

$$= 1 \cdot \pi = \pi$$
따라서 $f(1) = a$ 이므로 $a = \pi$

유제8-13) 7) 정답 ④
[풀이]
$x \neq -1$일 때,
$$f(x) = \frac{x^5 + 1}{x + 1} = x^4 - x^3 + x^2 - x + 1$$
함수 $f(x)$가 $x = -1$에서 연속이므로
$$f(-1) = \lim_{x \to -1} f(x)$$
$$= \lim_{x \to -1} (x^4 - x^3 + x^2 - x + 1) = 5$$

제 9장

유제9-1) 정답 ①

[풀이] $\lim_{x \to 3} \dfrac{f(x)-2}{x-3} = 1, \lim_{x \to 3} \dfrac{g(x)-1}{x-3} = 2$ 이므로

$f'(3) = 1$, $g'(3) = 2$ 이고 $f(3) = 2$, $g(3) = 1$ 이다.

$y = f(x) \cdot g(x)$ 를 미분하면 $y' = f'(x) \cdot g(x) + f(x) \cdot g'(x)$ 이므로

함수 $y = f(x) \cdot g(x)$ 의 $x = 3$ 에서의 미분계수는

$y' = f'(3) \cdot g(3) + f(3) \cdot g'(3) = 1 \times 1 + 2 \times 2 = 5$ 이다.

유제9-2) 정답 ②

[풀이]

$f'(0) = \lim_{x \to 0} \dfrac{\{f(x)-f(0)\}}{x-0} = \lim_{x \to 0} \dfrac{\ln(1+3x^2)}{x^2} = \lim_{x \to 0} \dfrac{6x/(1+3x^2)}{2x} = \lim_{x \to 0} \dfrac{3}{1+3x^2} = 3$

유제9-3) 정답 ①

[풀이] $g(x) = e^{-x} f(x)$ 이므로 $g'(x) = -e^{-x} f(x) + e^{-x} f'(x)$ 이다.

한편 $f'(3) = \lim_{h \to 0} \dfrac{f(3+h)-f(3)}{h} = \lim_{h \to 0} \dfrac{3 \times 3^2 h + 3 \times 3h^2 + h^3 + 2h}{h} = 29$

$f(x+h) - f(x) = 3x^2 h + 3xh^2 + h^3 + 2h$ 에서 $x = 0$, $h = 3$ 을 대입하면

$f(3) - f(0) = 3^3 + 2 \times 3 = 33$ 이다. 따라서 $f(3) = 34$ 이다.

$g'(3) = -e^{-3} f(3) + e^{-3} f'(3)$

$= -e^{-3} \times 34 + e^{-3} \times 29$

$= -5e^{-3}$

유제9-4) 정답 ④

[풀이] $f'(0) = 3$이므로 미분계수의 정의에 의해서

$$f'(0) = \lim_{h \to 0} \frac{f(0+h) - f(0)}{h} = \lim_{h \to 0} \frac{f(0) + f(h) - f(0)}{h} = \lim_{h \to 0} \frac{f(h)}{h} = 3 \quad \text{이다.}$$

한편 도함수 $f'(x)$를 구하면

$$f'(x) = \lim_{h \to 0} \frac{f(x+h) - f(x)}{h} = \lim_{h \to 0} \frac{f(x) + f(h) - f(x)}{h} = \lim_{h \to 0} \frac{f(h)}{h} \quad \text{이므로}$$

$f'(x) = 3 \cdots$ ① 이다.

또한 모든 x, y에 대해 $f(x+y) = f(x) + f(y)$가 성립하므로

$x = y = 0$을 대입하여 정리하면 $f(0) = 0 \cdots$ ② 이다.

①, ②에 의해 $f(x) = 3x$이다. 따라서 $f(2) = 6$이다.

유제9-5) 정답 ③

[풀이]

$h(x) = (f \circ g)(x)$를 미분하면 $h'(x) = f'(g(x))g'(x)$ 이고,

$g'(x) = \dfrac{(1 - \ln x)}{x^2}$ 이므로

$2 = h'(1) = f'(g(1))g'(1) = f'(0)$ 따라서 $f'(0) = 2$이다.

유제9-6) 정답 -48

[풀이]

$f(x) = (4x-3)^2(x^2+2)$로 놓으면

$$\begin{aligned} f'(x) &= \{(4x-3)^2\}'(x^2+2) + (4x-3)^2(x^2+2)' \\ &= 8(4x-3)(x^2+2) + 2x(4x-3)^2 \\ &= 2(4x-3)(8x^2 - 3x + 8) \end{aligned}$$

이므로 $x = 0$인 점에서의 곡선 $y = f(x)$의 접선의 기울기는

$f'(0) = 2 \cdot (-3) \cdot 8 = -48$

유제9-7) 정답 $y' = -5\sin x(1+\cos x)^4$
[풀이]
$$y' = 5(1+\cos x)^4 \cdot (1+\cos x)'$$
$$= -5\sin x(1+\cos x)^4$$

유제9-8) 정답 ④
[풀이]
$\dfrac{dx}{dt} = a(1-\cos t),\ \dfrac{dy}{dt} = a\sin t$ 이므로

$$\dfrac{dx}{dt} = \dfrac{a\sin t}{a(1-\cos t)} = \dfrac{2\sin\dfrac{t}{2}\cos\dfrac{t}{2}}{2\sin^2\dfrac{t}{2}}$$

$$= \dfrac{\cos\dfrac{t}{2}}{\sin\dfrac{t}{2}} = \cot\dfrac{t}{2}$$

유제9-9) 정답 ④
[풀이]
주어진 식의 양변을 x 에 대하여 미분하면
$$3x^2 - 3y^2\dfrac{dy}{dx} + ay + ax\dfrac{dy}{dx} = 0$$
$$(3y^2 - ax)\dfrac{dy}{dx} = 3x^2 + ay$$
$$\therefore \dfrac{dy}{dx} = \dfrac{3x^2 + ay}{3y^2 - ax}$$

$x=0, y=-1$ 에서의 $\dfrac{dy}{dx}$ 의 값이 2 이므로

$-\dfrac{a}{3} = 2 \qquad \therefore a = -6$

또, 곡선이 점 $(0, -1)$ 을 지나므로
$1 + b = 0 \qquad \therefore b = -1$
$\therefore ab = (-6) \cdot (-1) = 6$

유제9-10) 정답 ①

[풀이]

$y^3 + y = x^2 y$의 양변을 x에 대하여 미분하면

$3y^2 \dfrac{dy}{dx} + \dfrac{dy}{dx} = 2xy + x^2 \dfrac{dy}{dx}$

$(3y^2 + 1 - x^2) \dfrac{dy}{dx} = 2xy$

$\therefore \dfrac{dy}{dx} = \dfrac{2xy}{3y^2 + 1 - x^2}$ (단, $3y^2 + 1 - x^2 \neq 0$)

유제9-11) 정답 ②

$\dfrac{\partial f(x,y)}{\partial x} = \dfrac{15x^4}{3x^5 + 2y^3} + 2e^{2x}$　　$\dfrac{\partial f(x,y)}{\partial y} = \dfrac{6y^2}{3x^5 + 2y^3}$

유제9-12) 정답 ④

[풀이] $y = \ln\left(x^3 \sqrt{\dfrac{x-1}{x+1}}\right) = 3\ln x + \dfrac{1}{2}\ln(x-1) - \dfrac{1}{2}\ln(x+1)$

양변을 x에 관해 미분하면 $\dfrac{dy}{dx} = \dfrac{3}{x} + \dfrac{1}{2(x-1)} - \dfrac{1}{2(x+1)}$ 이다.

유제9-13) 정답 ②

[풀이] $f(t) = t^2 + 4t - 1$이므로 $f(1) = 4$, $f(3) = 20$이다.

따라서 $t = 1$에서 $t = 3$까지의 평균속도는 $\dfrac{20 - 4}{3 - 1} = 8 = a$이고,

$t = 1$일때의 속도는 $6 = b$이다. ($\because f'(t) = 2t + 4$)

따라서 $a + b = 14$이다.

유제9-14) 정답 ②

[풀이]

부피가 $V = 2x^3 - 4x^2 + x$이므로,

$Area = \dfrac{d}{dx} V = \dfrac{d}{dx}(2x^3 - 4x^2 + x) = 6x^2 - 8x + 1$ 이다.

물의 깊이가 $x = 5$일 때의 수면의 넓이는 111이다.

제 10장

유제10-1) 정답 3

[풀이]
함수 $f(x)$의 한 부정적분을 $F(x)$라 하면
$$\frac{d}{dx}\int f(x)dx = \frac{d}{dx}\{F(x)+C_1\}(단, C_1은 \ 적분상수) = F'(x) = f(x)$$
또, $\int\left\{\frac{d}{dx}g(x)\right\}dx = \int g'(x)dx = g(x) + C_2$ (단, C_2는 적분상수)
조건 (가)에서 $f(x) = g(x) + C_2, f(x) - g(x) = C_2$
즉, 함수 $f(x) - g(x)$는 상수함수이다.
따라서 조건 (나)에서 $f(1) - g(1) = 10 - 7 = 3$이므로 $f(2) - g(2) = 3$이다.

유제10-2) 정답 $\frac{3}{2}$

[풀이]
$f(x) = F'(x) = 3x^2 + 2ax + b$이므로
$f(0) = b = 3$
$f'(x) = 6x + 2a$이므로
$f'(0) = 2a = 1 \quad \therefore a = \frac{1}{2}$
$\therefore ab = \frac{1}{2} \cdot 3 = \frac{3}{2}$

유제10-3) 정답 ①

[풀이] $\int_1^x f(t)dt = axe^x + e$ ----①를
x에 관하여 미분하면 $f(x) = ae^x + axe^x$이다.
①식의 x에 1을 대입하면 $a \times 1 \times e + e = 0$ ($\because$ 적분 범위가 $[1,1]$이므로)
따라서 $a = -1$ 그리고 $f(1) = -e - e = -2e$이다.

유제10-4) 정답 ①

[풀이] $f(x)=\int_1^x (t^2-2t)dt$ 이므로 $f'(x)=x^2-2x$ 이다.

한편 $\lim_{h\to 0}\dfrac{f(2+h)-f(2)}{h}=f'(2)$ 이므로 $\lim_{h\to 0}\dfrac{f(2+h)-f(2)}{h}=0$

유제10-5) 정답 ①

[풀이] 주어진 식 $\int_a^x f(t)dt=x^2-(a+1)x+4$ 를 미분하면 $f(x)=2x-(a+1)$ 이다.

$f(x)=2x-(a+1)$ 를 $\int_a^x f(t)dt=x^2-(a+1)x+4$ 의 (좌변)에 대입하면

$\int_a^x 2t-(a+1)dt=[t^2-(a+1)t]_a^x=\{x^2-(a+1)x\}-\{a^2-(a+1)a\}$ 이다.

따라서 $\{x^2-(a+1)x\}-\{a^2-(a+1)a\}=x^2-(a+1)x+4$ 이고 정리하면 $a=4$ 이다.
그러므로 $f(x)=2x-5$ 이고, $f(2)=-1$ 이다.

유제10-6) 정답 15

[풀이] (주어진 식) $=\lim_{n\to\infty}\dfrac{4}{n}\sum_{k=1}^{n}\left(1+\dfrac{k}{n}\right)^3$

$=4\int_1^2 x^3\,dx$

유제10-7) 정답 $\dfrac{4}{3}$

[풀이] $\lim_{n\to\infty}\dfrac{1}{n}\left\{f\left(\dfrac{2}{n}\right)+f\left(\dfrac{2}{n}\right)+\cdots+f\left(\dfrac{2n}{n}\right)\right\}$

$=\lim_{n\to\infty}\dfrac{1}{n}\sum_{k=1}^{n}f\left(\dfrac{2k}{n}\right)=\dfrac{1}{2}\lim_{n\to\infty}\sum_{k=1}^{n}f\left(\dfrac{2k}{n}\right)\cdot\dfrac{2}{n}$

$=\dfrac{1}{2}\int_0^2 f(x)\,dx=\dfrac{1}{2}\int_0^2 x^2\,dx$

$=\dfrac{1}{2}\left[\dfrac{1}{3}x^3\right]_0^2=\dfrac{1}{2}\times\dfrac{8}{3}=\dfrac{4}{3}$

유제10-8) 정답 ①

[풀이] $x^2+x-1=t$로 놓으면 $\dfrac{dt}{dx}=2x+1$이므로

$$f(x)=\int (2x+1)(x^2+x-1)^5 dx$$
$$=\int t^5 dt = \frac{1}{6}t^6+C$$
$$=\frac{1}{6}(x^2+x-1)^6+C$$

$f(0)=1$이므로 $C=\dfrac{5}{6}$

따라서 $f(x)=\dfrac{1}{6}(x^2+x-1)^6+\dfrac{5}{6}$이므로 $f(1)=\dfrac{1}{6}+\dfrac{5}{6}=1$

유제10-9) 정답 $\dfrac{2}{3}$

[풀이]

$\cos x = t$로 놓으면 $\dfrac{dt}{dx}=-\sin x$

또한, $x=0$일 때 $t=1$, $x=\pi$일 때 $t=-1$이므로

$$\int_0^\pi \sin x \cos^2 x\, dx = \int_1^{-1} t^2 \cdot (-1) dt$$
$$= \int_{-1}^1 t^2 \cdot dt$$
$$= \left[\frac{1}{3}t^3\right]_{-1}^1 = \frac{2}{3}$$

유제10-10) 정답 ④

[풀이]

$u(x)=x, v'(x)=\cos 2x$로 놓으면

$u'(x)=1, v(x)=\dfrac{1}{2}\sin 2x$

$$\therefore \int x\cos 2x\, dx = x\cdot \frac{1}{2}\sin 2x - \int \frac{1}{2}\sin 2x\, dx$$
$$=\frac{1}{2}x\sin 2x + \frac{1}{4}\cos 2x + C$$

따라서 $a=\dfrac{1}{2}$, $b=\dfrac{1}{4}$이므로 $\dfrac{a}{b}=2$

유제10-11) 정답 -2

[풀이] $f(x)=(\ln x)^2, g'(x)=1$으로 놓으면 $f'(x)=\dfrac{2}{x}\ln x, g(x)=x$이다. 그러므로

$$\int_1^e (\ln x)^2 dx = [x(\ln x)^2]_1^e - \int_1^e \left(x \times \dfrac{2}{x}\ln x\right)dx = e-2\int_1^e \ln x dx \cdots \text{㉠}$$ 이다.

$\int_1^e \ln x dx$에서 $u(x)=\ln x, v'(x)=1$로 놓으면 $u'(x)=\dfrac{1}{x}, v(x)=x$이다. 그러므로

$$\int_1^e \ln x dx = [x\ln x]_1^e - \int_1^e \left(x \times \dfrac{1}{x}\right)dx = e-[x]_1^e = 1 \cdots \text{㉡}$$ 이다.

식 ㉡을 ㉠에 대입하면 $\int_1^e (\ln x)^2 dx = e-2$가 된다. 즉, $p=1, q=-2$이다.

∴ $pq=-2$

유제10-12) 정답 ③

[풀이] $\int_0^3 f(y)dy = c$라 하면 $f(x)=x^2-x+c$

$$\int_0^3 f(y)dy = \int_0^3 (y^2-y+c)dy = \left[\dfrac{y^3}{3}-\dfrac{y^2}{2}+cy\right]_0^3 = 9-\dfrac{9}{2}+3c$$ 이다.

여기서 $\dfrac{9}{2}+3c=c$이므로 $c=-\dfrac{9}{4}$이다.

유제10-13) 정답 40

[풀이]

주어진 등식의 적분구간에 변수 x가 있으므로 양변을 x에 대하여 미분하면
$2xf(x)+x^2f'(x)=12x^5-4x^3+12xf(x) \Rightarrow x^2f'(x)=12x^5-4x^3=x^2(12x^3-4x)$
위의 등식은 x에 대한 항등식이므로 $f'(x)=12x^3-4x$이다.

그런데, $f(x)=\int f'(x)dx$이므로 $f(x)=\int (12x^3-4x)dx = 3x^4-2x^2+C$ (C는 적분상수) ⋯㉠

주어진 등식의 양변에 $x=1$을 대입하면

$f(1)=2-1+2\int_1^1 tf(t)dt = 2-1+0=1 \cdots \text{㉡}$

㉠의 양변에 $x=1$을 대입하면 $f(1)=3-2+C=1+C \cdots \text{㉢}$

㉡=㉢이므로 $1=1+C$에서 $C=0$

$C=0$을 ㉠에 대입하면 $f(x)=3x^4-2x^2$가 된다.

따라서 구하는 $f(2)$의 값은 $f(2)=48-8=40$이다.

유제10-14) 정답 ①
[풀이]

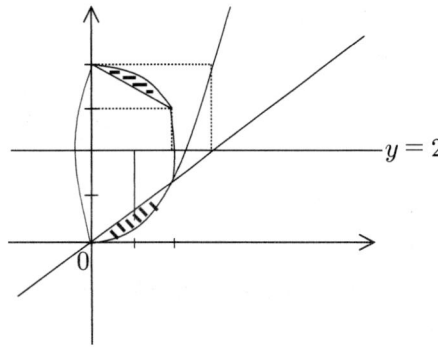

$$\text{Vol} = \int_0^1 \pi\left[(2-x^2)^2 - (2-x)^2\right]dx$$
$$= \int_0^1 \pi\left[4 - 4x^2 + x^4 - (4 - 4x + x^2)\right]dx = \int_0^1 \pi\left[x^4 - 5x^2 + 4x\right]dx = \frac{8}{15}\pi$$

유제10-15) 정답 $\frac{\pi}{2}(e^6 - 1)$
[풀이]

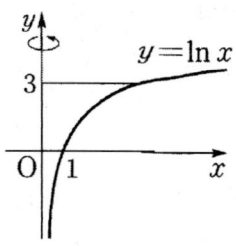

$y = \ln x$ 에서 $x = e^y$
따라서 구하는 부피는
$$\pi \int_0^3 x^2 dy = \pi \int_0^3 e^{2y} dy$$
$$= \pi \left[\frac{1}{2}e^{2y}\right]_0^3 = \frac{\pi}{2}(e^6 - 1)$$

제 11장

유제11-1) 정답 ③

[풀이]
$$\iint_R \{4f(x,y)-2\}dA = 4\iint_R f(x,y)dA - 2\iint_R dA = 4\times 6 - 2\times 2 = 20$$

유제11-2) 정답 ④

[풀이] $\int_1^{\ln 2}\int_0^{3y} e^{x+y}dx\,dy = \int_1^{\ln 2}(e^{4y}-e^y)dy = \left[\frac{e^{4y}}{4}-e^y\right]_1^{\ln 2}$

$= \left[\frac{e^{4\ln 2}}{4}-e^{\ln 2}\right] - \left[\frac{e^4}{4}-e^1\right] = 2 - \frac{e^4}{4}+e$

$(\int_0^{3y} e^{x+y}dx = e^y[e^x]_0^{3y} = e^{4y}-e^y)$

유제11-3) 정답 ③

[풀이] $\int_{-1}^1\int_0^x xy\,dy\,dx = \int_{-1}^1 (x\cdot\frac{x^3}{2})dx = \int_{-1}^1 \frac{x^3}{2}dx = 0$

유제11-4) 정답 1

[풀이] $\iint_R y\sin(xy)dx\,dy = \int_0^{\frac{\pi}{2}}\int_1^2 y\sin(xy)dx\,dy = \int_0^{\frac{\pi}{2}}[-\cos(xy)]_1^2 dy$

$= \int_0^{\frac{\pi}{2}}(-\cos 2y + \cos y)dy = \left[-\frac{1}{2}\sin 2y + \sin y\right]_0^{\frac{\pi}{2}} = 1$

유제11-5) 정답 12

[풀이]
$$\iint_R (3y^2-x)dA = \int_0^2\int_1^2 (3y^2-x)dy\,dx = \int_0^2 [y^3-xy]_1^2 dx = \int_0^2 (7-x)dx = 12$$

모의고사 #1 풀이

1. $\int_0^2 f(t)dt = a$ 이고, $a =$ 상수 라고 가정하면,

$f(x) = x^3 - 3x + \int_0^2 f(t)dt = x^3 - 3x + a$

$\int_0^2 t^3 - 3t + a\, dt = \left[\dfrac{t^4}{4} - \dfrac{3}{2}t^2 + at\right]_0^2 = a,\ a = 2$

$f'(x) = 3x^2 - 3$ 이므로, $f'(1) = 0,\ f(1) = 0,\ f'(1) + f(1) = 0$

답: ②

2. 등속도 운동에서 다음의 식이 성립한다. $s = vt$ (이동거리=속도×시간)
그래프의 가로축이 시간(분)이고 세로축이 속도이므로, 그래프 아래 면적이 이동거리가 된다. 사다리꼴 모양의 그래프 아래 면적은,

$\dfrac{1}{2} \times (2-0) \times 1.5 + (4-2) \times 1.5 + \dfrac{1}{2} \times (6-4) \times 1.5 = 6km$

답: ②

3. $x = 1$ 일 때 분모의 값이 0이므로, 동시에 분자의 값도 0을 만족시켜야 한다. 따라서 $1^3 + a + 2 = 0,\ a = -3$이다. $x = 1$일 때 $\dfrac{0}{0}$의 형태이므로 로피탈의 정리에 의해 분모, 분자를 각각 미분하면 $\lim\limits_{x \to 1} \dfrac{3x^2 + a}{2(x-1)} = \lim\limits_{x \to 1} \dfrac{6x}{2} = \dfrac{6}{2} = 3 = b$이다.

$\therefore a + b = -3 + 3 = 0$

답: ①

4. 3차 방정식이 $ax^3+bx^2+cx+d=0$ 일 때, 세 근을 이용하여 다음과 같은 정보를 얻을 수 있다. $\alpha+\beta+\gamma=-\dfrac{b}{a}$, $\alpha\beta+\beta\gamma+\gamma\alpha=\dfrac{c}{a}$, $\alpha\beta\gamma=-\dfrac{d}{a}$

$a=1, b=5, c=3, d=7$ 이므로 $\alpha+\beta+\gamma=-5$, $\alpha\beta+\beta\gamma+\gamma\alpha=3$, $\alpha\beta\gamma=-7$ 이다.
주어진 분수방정식을 정리하면
$$\dfrac{1}{x-\alpha}+\dfrac{1}{x-\beta}+\dfrac{1}{x-\gamma}=\dfrac{(x-\beta)(x-\gamma)+(x-\alpha)(x-\gamma)+(x-\alpha)(x-\beta)}{(x-\alpha)(x-\beta)(x-\gamma)}=0$$
$\Rightarrow (x-\beta)(x-\gamma)+(x-\alpha)(x-\gamma)+(x-\alpha)(x-\beta)=0$
$\Rightarrow 3x^2-2(\alpha+\beta+\gamma)+(\alpha\beta+\beta\gamma+\gamma\alpha)=0$
위 방정식의 두 근을 θ_1, θ_2 라고 한다면,
두 근의 합 $\theta_1+\theta_2=-\dfrac{-2(\alpha+\beta+\gamma)}{3}=\dfrac{2}{3}\times(-5)=-\dfrac{10}{3}$

답: ①

5. 허근이 $\overline{w}$ 라면, $x=\overline{w}$ 일 때 방정식을 만족시켜야 한다. 따라서
$\overline{w}^3=1 \Rightarrow \overline{w}^3-1=(\overline{w}-1)(\overline{w}^2-\overline{w}+1)=0 \quad \therefore (\overline{w}^2-\overline{w}+1)=0$

또한 주어진 식을 정리하면 다음과 같다.
$1+\overline{w}+\overline{w}^2+\cdots+\overline{w}^{30}$
$=(1+\overline{w}+\overline{w}^2)+\overline{w}^3(1+\overline{w}+\overline{w}^2)+\overline{w}^6(1+\overline{w}+\overline{w}^2)+\cdots+\overline{w}^{27}(1+\overline{w}+\overline{w}^2)+\overline{w}^{30}$
$=0+\overline{w}^{30}=(\overline{w}^3)^{10}=1^{10}=1$

답: ③

6. 먼저 유리화하면 주어진 식은 다음과 같다.
$\lim_{n\to\infty}\sqrt{n}(\sqrt{(n+1)}-\sqrt{(n-1)})=\lim_{n\to\infty}\sqrt{n}(\sqrt{(n+1)}-\sqrt{(n-1)})\dfrac{(\sqrt{(n+1)}+\sqrt{(n-1)})}{(\sqrt{(n+1)}+\sqrt{(n-1)})}$
$=\lim_{n\to\infty}\sqrt{n}\dfrac{(n+1)-(n-1)}{(\sqrt{(n+1)}+\sqrt{(n-1)})}=\lim_{n\to\infty}\dfrac{2\sqrt{n}}{(\sqrt{(n+1)}+\sqrt{(n-1)})}=\lim_{n\to\infty}\dfrac{2}{\sqrt{1+\dfrac{1}{n}}+\sqrt{1-\dfrac{1}{n}}}$
$=\lim_{n\to\infty}\dfrac{2}{1+1}=1$

답: ①

7. 판별식 $D=0$ 일 때 방정식은 중근을 갖는다.

따라서 $D=b^2-4ac=a_n-4a_{n+1}+4=a_n-4(a_{n+1}-1)=0$ 이다.

$\lim_{n\to\infty} a_n = \lim_{n\to\infty} a_{n+1} = \alpha$ 이므로

$\lim_{n\to\infty} a_n = \lim_{n\to\infty} 4(a_{n+1}-1) = (\lim_{n\to\infty} 4a_{n+1}) - 4 = 4\alpha - 4 = \alpha$

$\therefore \alpha = \dfrac{4}{3} = \lim_{n\to\infty} a_n$

답: ①

8. 함수 $f(x) = \dfrac{x^2+x-1}{x^2-x+1}$ 을 미분하면

$f'(x) = \dfrac{(2x+1)(x^2-x+1)-(x^2+x-1)(2x-1)}{(x^2-x+1)^2} = \dfrac{-2x(x-2)}{(x^2-x+1)}$ 이다.

따라서 $f'(x) = 0$ 을 만족하는 $x = 0$ or 2 이다.

$f(0) = -1$, $f(2) = \dfrac{5}{3}$ 이므로 각각 최솟값과 최댓값이 되며 곱은 $-\dfrac{5}{3}$ 이다.

답: ①

9. $S = 15t - 5t^2$ 를 t 에 관하여 미분하면 $\dfrac{d}{dt}S = 15 - 10t$ 이다.

따라서 처음 속도는 $\dfrac{dS}{dt}(t=0) = 15$ 이다. 최고 높이가 되는 데 걸리는 시간 b는 $S = 15t - 5t^2$ 이 최댓값이 되는 데 걸리는 시간이다. $\dfrac{dS}{dt} = 15 - 10t = 0$ 을 만족하는 $t = \dfrac{3}{2}$ 이다. 따라서 $a = 15$, $b = 1.5$ 이다.

답: ①

10. $S_n = \dfrac{a_1(1-r^n)}{1-r}$, $S_{2n} = \dfrac{a_1(1-r^{2n})}{1-r}$, $S_{3n} = \dfrac{a_1(1-r^{3n})}{1-r}$ 이므로

$$\dfrac{S_{3n}}{S_n} = \dfrac{\dfrac{a_1(1-r^{3n})}{1-r}}{\dfrac{a_1(1-r^n)}{1-r}} = \dfrac{1-r^{3n}}{1-r^n} = \dfrac{1-(r^n)^3}{1-r^n} = \dfrac{(1-r^n)(1+r^n+r^{2n})}{1-r^n} = 1+r^n+r^{2n} = 7$$

이다.

$r^n = x$ 라 한다면, $1+x+x^2 = 7$, $x^2+x-6=0$, $x = 2$ or -3

$x = r^n > 0$, $r^n = 2$

$$\dfrac{S_{2n}}{S_n} = \dfrac{\dfrac{a_1(1-r^{2n})}{1-r}}{\dfrac{a_1(1-r^n)}{1-r}} = \dfrac{1-r^{2n}}{1-r^n} = \dfrac{1-(r^n)^2}{1-r^n} = \dfrac{(1-r^n)(1+r^n)}{1-r^n} = 1+r^n = 3 \text{ 이다.}$$

답: ③

모의고사 #2 풀이

1. $\int_{-2}^{1}(y+2)-(y^2+2y)dy = \int_{-2}^{1} -y^2-y+2\, dy = \left[-\frac{y^3}{3}-\frac{y^2}{2}+2y\right]_0^2 = 4.5$

답: ④

2. $\frac{(x+y)z}{xy} = \frac{xz+yz}{xy} = \frac{z}{y}+\frac{z}{x}$

$2^x = 3^y = 6^z = k \Rightarrow k^{\frac{1}{x}}=2,\ k^{\frac{1}{y}}=3,\ k^{\frac{1}{z}}=6 \Rightarrow k^{\frac{z}{x}}=2^z,\ k^{\frac{z}{y}}=3^z,\ k^{\frac{z}{z}}=6^z$

$k^{\frac{z}{x}+\frac{z}{y}} = 2^z \times 3^z = 6^z = k^{\frac{z}{z}} = k^1$ 이므로 $\therefore \frac{z}{x}+\frac{z}{y}=1$

답: ③

3. $y = g(f(x)) = f(x)^2 + 6f(x) + 8$

$0 \leq x \leq 5$ 이므로 $-5 \leq f(x) \leq -2$ 이다. y 는 $f(x)$ 에 대한 2차식으로 아래로 볼록인 포물선 그래프이고, 따라서 미분한 값이 0이 되는 지점에서 극솟값이 발생한다.

그러므로 $f(x)$ 의 양 쪽 끝 값일 때와 미분한 값이 0이 되는 $f(x)$ 를 이용하여 y 의 최솟값, 최댓값을 찾으면 된다.

$y' = 2f(x)+6 = 0,\ f(x) = -3$ 이므로,
$f(x) = -3,\ f(x) = -5,\ f(x) = -2$ 일 때의 y 값을 확인해본다.
$f(x) = -3,\ y = -1$ 최솟값
$f(x) = -5,\ y = 3$ 최댓값
$f(x) = -2,\ y = 0$

답: ②

4. $\log_2(S_n + k) = n+1,\ S_n + k = 2^{n+1},\ S_n = 2^{n+1} - k$

$n=1$ 일 때, $S_1 = 2^{1+1} - k$

$n \geq 2$ 일 때,
$S_n - S_{n-1} = a_n = (2^{n+1}-k) - (2^{n-1+1}-k) = 2^{n+1} - 2^n = 2^n(2-1) = 2^n$
첫째항부터 등비수열을 만족하려면
$a_1 = S_1 = 2^{1+1} - k = 2^1,\ \therefore k = 2$

답: ④

5. $a_n = \dfrac{1}{n}(1+2+\cdots+n)$ 이라하면, $a_n = \dfrac{1}{n}\times\dfrac{n(n+1)}{2} = \dfrac{n+1}{2}$ 이다.

따라서 주어진 식의 좌변은

$$\sum_{k=1}^{2010} a_k = \sum_{k=1}^{2010} \dfrac{k+1}{2} = \dfrac{1}{2}\left(\sum_{k=1}^{2010} k\right) + \dfrac{1}{2}\left(\sum_{k=1}^{2010} 1\right) = \dfrac{1}{2}\times\dfrac{2010\times 2011}{2} + \dfrac{1}{2}\times 2010 = 1005\times\dfrac{2013}{2}$$

이다.

답: ④

6. $x=1$ 일 때 함수값과 미분값이 같아야 한다.

$f(1) = x^3 + ax^2 + 1|_{x=1} = bx - 2|_{x=1}$ 이므로 $1 + a + 1 = b - 2$

$f'(1) = 3x^2 + 2ax|_{x=1} = b|_{x=1}$ 이므로 $3 + 2a = b$

$\therefore a = 1, b = 5, a + b = 6$

답: ②

7. $f(t) = t^5 + t^4 + t^3 + t^2 + t + 1$ 로 놓으면 $f(t) = F'(t)$ 인 함수 $F(t)$ 에 대하여

$$\lim_{x\to 1}\dfrac{1}{x-1}\int_1^x (t^5 + t^4 + t^3 + t^2 + t + 1)dt = \lim_{x\to 1}\dfrac{1}{x-1}\int_1^x f(t)dt = \lim_{x\to 1}\dfrac{1}{x-1}\int_1^x [F(t)]_1^x dt =$$

$$\lim_{x\to 1}\dfrac{1}{x-1}[F(x) - F(1)] = F'(1) = f(1) = 6$$

답: ①

8. $f(x) = e^{x+a}, g(x) = \sqrt{2x+3}$ 으로 놓으면,

$f'(x) = e^{x+a}, g'(x) = \dfrac{1}{2}(2x-3)^{-\frac{1}{2}}\times 2 = \dfrac{1}{\sqrt{2x+3}}$ 이다.

두 곡선의 접점의 x좌표를 t라 하면, $f(t) = g(t), f'(t) = g'(t)$ 를 만족시켜야 한다.

$f(t) = g(t)$ 에서 $e^{t+a} = \sqrt{2t+3}$ ⇒ ㉠

$f'(t) = g'(t)$ 에서 $e^{t+a} = \dfrac{1}{\sqrt{2t+3}}$ ⇒ ㉡

㉠㉡ 에서 $\sqrt{2t+3} = \dfrac{1}{\sqrt{2t+3}}$, $2t+3 = 1$, $t = -1$ ⇒ ㉢

($\sqrt{2t+3} \geq 0$, $\sqrt{2t+3} = 1$)

㉢을 ㉠에 대입하면, $e^{-1+a} = \sqrt{-2+3}$, $a = 1$

곡선 $f(x) = e^{x+1}$ 의 $x = 0$ 일 때 접점의 좌표는 (0, e) 이고,

이 점에서의 접선의 기울기는 $f^{'}(0) = g^{'}(0) = e^{0+1} = e$ 이다.
따라서 접선의 방정식은 $y - e = e(x - 0)$, $y = ex + e$
$\therefore m + n = e + e = 2e$

답: ④

9. $(g \circ f)(x) = g(f(x)) = 2f(x) + a = 2\left(\frac{1}{2}x - 1\right) + a = x - 2 + a$ 이므로,

$(g \circ f)(x) = y$ 라 한다면 $y(x) = x - 2 + a$ 이다. $(g \circ f)^{-1}(x) = y^{-1}(x)$ 이므로, $y(x) = x - 2 + a$ 에서 x와 y의 자리를 바꾸어 구한다.

$g^{-1}(x)$ 도 역시 $g(x) = 2x + a$ 에서 x와 y의 자리를 바꾸어 구한다.

$\therefore x = 2y + a$, $y = \frac{1}{2}x - \frac{a}{2} = g^{-1}(x)$ 이다.

$f^{-1}(x)$ 를 구해보면, $f(x) = \frac{1}{2}x - 1$ 에서 x와 y의 자리를 서로 바꾸어 구한다.

$\therefore x = \frac{1}{2}y - 1$, $y = 2x + 2 = f^{-1}(x)$ 이다.

$g^{-1} \circ f^{-1} = g^{-1}(f^{-1}(x)) = \frac{1}{2}f^{-1}(x) - \frac{a}{2} = \frac{1}{2}(2x + 2) - \frac{a}{2} = x + 1 - \frac{a}{2}$

$(g \circ f)^{-1} = g^{-1} \circ f^{-1}$ 가 성립하기 위해서는 $x + 2 - a = x + 1 - \frac{a}{2}$ 이어야 한다.

$\therefore a = 2$

답: ③

10. $f(x) = \int \frac{x^3 + 2x}{x^2 + x + 1} dx = \int \frac{x(x^2 + x + 1) - x^2 + x}{x^2 + x + 1} dx$

$= \int x - \frac{(x^2 + x + 1) + 2x + 1}{x^2 + x + 1} dx = \int x - 1 + \frac{2x + 1}{x^2 + x + 1} dx$

$x^2 + x + 1 = y$ 치환
$(2x + 1)dx = dy$

$f(x) = \int x - 1 dx = \int \frac{1}{y} dy = \frac{1}{2}x^2 - x + \ln|y| + c = \frac{1}{2}x^2 - x + \ln|x^2 + x + 1| + c$

이 때 $f(-1) = 0$ 이므로, $f(-1) = \frac{1}{2} + 1 + \ln|1 + c| = \frac{3}{2} + c = 0$, $c = -\frac{3}{2}$ 이다.

$\therefore f(0) = -\frac{3}{2}$

답: ①

모의고사 #3 풀이

1.
$f(x) = k$ (k는 자연수)일 때
$k \leq \sqrt{x} < k+1$에서 $k^2 \leq x < (k+1)^2$ ($\because x > 0$)
$(k+1)^2 - k^2 = 2k+1$
따라서 $f(x) = k$인 정수 x는 $(2k+1)$개 있다.

$$\therefore \sum_{n=1}^{100} f(n) = \sum_{k=1}^{9} k(2k+1) + 10$$
$$= \sum_{k=1}^{9} (2k^2 + k) + 10$$
$$= 2 \cdot \frac{9 \cdot 10 \cdot 19}{6} + \frac{9 \cdot 10}{2} + 10$$
$$= 625 \qquad \cdots \text{㉠}$$

한편, $[\log x]$는 $\log x$의 지표이므로
$$\sum_{n=1}^{100} [\log n] = 0 \cdot 9 + 1 \cdot 90 + 2 \cdot 1 = 92 \qquad \cdots \text{㉡}$$

㉠, ㉡에 의하여
$$\sum_{n=1}^{100} \{f(n) + [\log n]\} = \sum_{n=1}^{100} f(n) + \sum_{n=1}^{100} [\log n]$$
$$= 625 + 92$$
$$= 717$$

답:⑤

2.
$S_n = \sum_{k=1}^{n} a_k = 2n^2 + n$이므로
$a_n = S_n - S_{n-1} = 2n^2 + n - \{2(n-1)^2 + (n-1)\} = 2n^2 + n - (2n^2 - 3n + 1)$
$\quad = 4n - 1 \ (n \geq 2)$
$a_1 = S_1 = 3 \qquad \therefore a_n = 4n - 1 \ (n \geq 1)$

$$\therefore \sum_{k=1}^{10} \frac{1}{a_k a_{k+1}} = \sum_{k=1}^{10} \frac{1}{(4k-1)(4k+3)} = \frac{1}{4} \sum_{k=1}^{10} \left(\frac{1}{4k-1} - \frac{1}{4k+3} \right)$$

$$= \frac{1}{4}\left\{\left(\frac{1}{3}-\frac{1}{7}\right)+\left(\frac{1}{7}-\frac{1}{11}\right)+\left(\frac{1}{11}-\frac{1}{15}\right)+\cdots+\left(\frac{1}{39}-\frac{1}{43}\right)\right\}=\frac{1}{4}\left(\frac{1}{3}-\frac{1}{43}\right)=\frac{10}{129}$$

즉, $p=10$, $q=129$이므로 $p+q=139$이다.

답:①

3.

$y=\dfrac{x}{x-3}$ 에서 $xy-x=3y$, $x=\dfrac{3y}{y-1}$ 이므로 $g(x)=\dfrac{3x}{x-1}$

$f(x+2)=\dfrac{x+2}{x-1}$ 이므로 $\dfrac{x}{x-3}+\dfrac{3x}{x-1}<\dfrac{x+2}{x-1}$, $\dfrac{x}{x-3}+\dfrac{2(x-1)}{x-1}<0$

$\dfrac{3(x-2)}{x-3}<0$, $(x-2)(x-3)<0$

$\therefore 2<x<3$

따라서 $(\alpha+\beta)^2=5^2=25$

답:④

4.

세 근을 $\alpha, 2\alpha, \beta$라 하면 $\alpha+2\alpha+\beta=7$, $2\alpha^2+2\alpha\beta+\alpha\beta=14$, $2\alpha^2\beta=-a$

$\beta=7-3\alpha$, $2\alpha^2+3\alpha\beta=14$를 연립하여 풀면 $\alpha=1, \beta=4$ 또는 $\alpha=2, \beta=1$

답:②

5.

구간 $[x, x+2]$에서 평균값의 정리에 의하여

$\dfrac{f(x+2)-f(x)}{(x+2)-x}=f'(c)$ (단, $x<c<x+2$)

$f(x+2)-f(x)=2f'(c)$

또 $x\to\infty$이면 $c\to\infty$ 이므로 $\lim\limits_{x\to\infty}\{f(x+2)-f(x)\}=\lim\limits_{x\to\infty}2f'(c)=2\lim\limits_{x\to\infty}f'(c)=6$

답:⑤

6.
$f(x+y) = f(x) + f(y) + 2xy - 1$
$x=0, y=0$이면
$f(0) = f(0) + f(0) - 1, f(0) = 1$
$f'(1) = \lim_{h \to 0} \frac{f(1+h) - f(1)}{h} = \lim_{h \to 0} \frac{f(1) + f(h) + 2h - 1 - f(1)}{h} = \lim_{h \to 0} \frac{f(h) + 2h - 1}{h}$
$= \lim_{h \to 0} \left\{ \frac{f(h) - 1}{h} + 2 \right\} = \lim_{h \to 0} \frac{f(0+h) - f(0)}{h} + 2 = f'(0) + 2$
$f'(1) = 1$이므로 $f'(0) + 2 = 1$
$\therefore f'(0) = -1$

답:①

7.
$\lim_{x \to 0} \frac{a\sin 2x + b\sin x}{x^3} = \lim_{x \to 0} \frac{a \cdot 2\sin x \cos x + b\sin x}{x^3} = \lim_{x \to 0} \frac{\sin x}{x} \cdot \frac{2a\cos x + b}{x^2}$
$= \lim_{x \to 0} \frac{\sin x}{x} \left\{ \frac{2a\left(1 - 2\sin^2 \frac{x}{2}\right) + b}{x^2} \right\} = \lim_{x \to 0} \frac{\sin x}{x} \lim_{x \to 0} \left\{ \frac{2a + b}{x^2} + \frac{-4a\sin^2 \frac{x}{2}}{4 \cdot \left(\frac{x}{2}\right)^2} \right\}$
$= \lim_{x \to 0} \left(\frac{2a+b}{x^2} - a \right)$
$\lim_{x \to 0} \frac{a\sin 2x + b\sin x}{x^3} = 2$ 이므로 $2a + b = 0$, $a = -2$에서 $b = 4$
따라서 $a + b = 2$

답:④

8.
$x = 1$에서 연속이므로 $\lim_{x \to 1} f(x) = f(1)$
즉, $\lim_{x \to 1} \frac{x^3 + ax^2 - x - 2}{\tan(x^2 - 1)} = b$
$x \to 1$일 때, (분모)$\to 0$이면 (분자)$\to 0$이어야 하므로 $1 + a - 1 - 2 = 0$ $\therefore a = 2$
$\lim_{x \to 1} \frac{x^3 + 2x^2 - x - 2}{\tan(x^2 - 1)} = \lim_{x \to 1} \frac{(x^2 - 1)(x + 2)}{\tan(x^2 - 1)} = \lim_{x \to 1} \frac{x^2 - 1}{\tan(x^2 - 1)}(x + 2) = 1 \cdot 3 = 3 = b$
$\therefore a + b = 5$

답:④

9.
$$f(n) = \int_1^n (4x+2)dx = \left[2x^2 + 2x\right]_1^n = 2n^2 + 2n - 4$$
$$\therefore \sum_{n=1}^{\infty} \frac{1}{f(n)+4} = \sum_{n=1}^{\infty} \frac{1}{2n^2+2n} = \sum_{n=1}^{\infty} \frac{1}{2n(n+1)} = \frac{1}{2}\lim_{n\to\infty}\sum_{k=1}^n \left(\frac{1}{k} - \frac{1}{k+1}\right)$$
$$= \frac{1}{2}\lim_{n\to\infty}\left\{\left(1-\frac{1}{2}\right)+\left(\frac{1}{2}-\frac{1}{3}\right)+\cdots+\left(\frac{1}{n}-\frac{1}{n+1}\right)\right\}$$
$$= \frac{1}{2}\lim_{n\to\infty}\left(1-\frac{1}{n+1}\right) = \frac{1}{2}$$

답:②

10.
$f'(x)$를 $x-1$로 나눈 나머지는 $f'(1)$이다.

$F(x) = f(x) + x^2 + \int_1^x f(t)dt$ 라고 하면 $F(x)$가 $(x-1)^2$으로 나누어 떨어지므로

$F(1) = F'(1) = 0$

$F(1) = f(1) + 1 + \int_1^1 f(t)dt = 0$ 이므로

$f(1) = -1$

또, $F'(x) = f'(x) + 2x + f(x)$ 이므로
$F'(1) = f'(1) + 2 + f(1) = f'(1) + 2 - 1 = 0$
$\therefore f'(1) = -1$

답:②

모의고사 #4 풀이

1.

$$\sum_{k=1}^{n}(n-k)^2(n+4k) - \sum_{k=1}^{n}(n^2-k^2)(n-4k)$$

$$= \sum_{k=1}^{n}(n-k)\{(n-k)(n+4k)-(n+k)(n-4k)\} = \sum_{k=1}^{n}6nk(n-k) = 6n^2\sum_{k=1}^{n}k - 6n\sum_{k=1}^{n}k^2$$

$$= 6n^2 \cdot \frac{n(n+1)}{2} - 6n \cdot \frac{n(n+1)(2n+1)}{6} = n^2(n+1)\{3n-(2n+1)\}$$

$$= n^2(n+1)(n-1)$$

답: ③

2.

$$f(x) = \sqrt{2x+1+\sqrt{4x^2+4x}} = \sqrt{x+(x+1)+2\sqrt{x(x+1)}} = \sqrt{x+1}+\sqrt{x}$$

$$\therefore \sum_{k=1}^{63}\frac{1}{f(k)} = \sum_{k=1}^{63}\frac{1}{\sqrt{k+1}+\sqrt{k}} = \sum_{k=1}^{63}(\sqrt{k+1}-\sqrt{k})$$

$$= (\sqrt{2}-1)+(\sqrt{3}-\sqrt{2})+\cdots+(\sqrt{64}-\sqrt{63}) = \sqrt{64}-1 = 7$$

답: ②

3.

$$\frac{1}{10}\sum_{n=1}^{10}\frac{1}{(x-n)(x-n-1)}$$

$$= \frac{1}{10}\left\{\frac{1}{(x-1)(x-2)}+\frac{1}{(x-2)(x-3)}+\cdots+\frac{1}{(x-10)(x-11)}\right\}$$

$$= -\frac{1}{10}\left(\frac{1}{x-1}-\frac{1}{x-11}\right) = \frac{1}{(x-11)(x-1)} = -\frac{1}{3}$$ 에서 양변에 $3(x-1)(x-11)$을 곱하면 $x^2-12x+14=0$, $x=6\pm\sqrt{22}$

따라서 두 근은 모두 무연근이 아니므로 두 근의 곱은 근과 계수의 관계에 의하여 14이다.

답: ④

4.

주어진 식의 양변을 제곱하여 정리하면

$1 + 2\cos x = \sin^2 x$, $\cos^2 x + 2\cos x = 0$

$\cos x = 0$ 또는 $\cos x = -2$

이 때, $-1 \leq \cos x \leq 1$ 이므로 $\cos x = 0$ $\quad \therefore x = -\dfrac{\pi}{2}, x = \dfrac{\pi}{2}$

$x = -\dfrac{\pi}{2}$ 이면 $\sin\left(-\dfrac{\pi}{2}\right) = -1$ 이므로 무연근이다. 따라서 구하는 근은 $\dfrac{\pi}{2}$

답:③

5.

$f(x) = \ln(\sin x)$ 에서

$f'(x) = \dfrac{(\sin x)'}{\sin x} = \dfrac{\cos x}{\sin x} = \cot x$ 이므로 $f'(\theta) = \cot\theta = \sqrt{e^2 - 1}$

$\therefore \tan\theta = \dfrac{1}{\sqrt{e^2 - 1}}$

$1 + \tan^2\theta = \sec^2\theta = \dfrac{1}{\cos^2\theta}$ 이므로 $1 + \dfrac{1}{e^2 - 1} = \dfrac{e^2}{e^2 - 1} = \dfrac{1}{\cos^2\theta}$

$\sin^2\theta = 1 - \cos^2\theta = 1 - \dfrac{e^2 - 1}{e^2} = \dfrac{1}{e^2}$

$\therefore \sin\theta = \dfrac{1}{e} \left(\because 0 < x < \dfrac{\pi}{2}\right)$

$\therefore f(\theta) = \ln(\sin\theta) = \ln\dfrac{1}{e} = -1$

답:②

6.

$f(x) = x^2 + 1$ 에서 $f'(x) = 2x$

$g(x) = 2^{x^2 + 1}$ 에서 $g'(x) = 2^{x^2 + 1} \cdot (\ln 2) \cdot 2x$

$y = f(x)g(x)$ 에서 $y' = f'(x)g(x) + f(x)g'(x)$

따라서 $y = f(x)g(x)$ 의 $x = 1$ 에서의 미분계수는

$f'(1)g(1) + f(1)g'(1) = 2 \cdot 2^2 + 2 \cdot 2^2 \cdot (\ln 2) \cdot 2 = 8 + 16\ln 2$

답:④

7.

$2n = \sqrt{4n^2} < \sqrt{4n^2+3n+1} < \sqrt{4n^2+4n+1} = 2n+1$ 이므로

$\sqrt{4n^2+3n+1}$ 의 소수부분 a_n은 $a_n = \sqrt{4n^2+3n+1} - 2n$

$\therefore \lim_{n \to \infty} a_n = \lim_{n \to \infty} (\sqrt{4n^2+3n+1} - 2n)$

$= \lim_{n \to \infty} \dfrac{(\sqrt{4n^2+3n+1} - 2n)(\sqrt{4n^2+3n+1} + 2n)}{\sqrt{4n^2+3n+1} + 2n} = \lim_{n \to \infty} \dfrac{3n+1}{\sqrt{4n^2+3n+1} + 2n}$

$= \lim_{n \to \infty} \dfrac{3 + \dfrac{1}{n}}{\sqrt{4 + \dfrac{3}{n} + \dfrac{1}{n^2}} + 2} = \dfrac{3}{4}$

답: ④

8.

$3n+1 < (2n+1)a_n < 3n+5$ 에서

$\dfrac{3n+1}{2n+1} < a_n < \dfrac{3n+5}{2n+1}$

$\lim_{n \to \infty} \dfrac{3n+1}{2n+1} \leq \lim_{n \to \infty} a_n \leq \lim_{n \to \infty} \dfrac{3n+5}{2n+1}$ => $\lim_{n \to \infty} \dfrac{3n+1}{2n+1} = \lim_{n \to \infty} \dfrac{3 + \dfrac{1}{n}}{2 + \dfrac{1}{n}} = \dfrac{3}{2}$

=> $\lim_{n \to \infty} \dfrac{3n+5}{2n+1} = \lim_{n \to \infty} \dfrac{3 + \dfrac{5}{n}}{2 + \dfrac{1}{n}} = \dfrac{3}{2}$ => $\therefore \lim_{n \to \infty} a_n = \dfrac{3}{2}$

답: ③

9.

$F(t) = \int f(t)dt$라 하면 $F'(t) = f(t)$이고 $e^{2x} = \int_{1}^{g(x)} f(t)dt = F(g(x)) - F(1)$

이 식의 양변을 x에 대하여 미분하면

$2e^{2x} = F'(g(x))g'(x) = f(g(x))g'(x)$

그런데 함수 $f(x)$와 $g(x)$의 그래프가 직선 $y = x$에 대칭이므로 $f(g(x)) = x$이다.

따라서 $xg'(x) = 2e^{2x}$, $g'(x) = \dfrac{2}{x}e^{2x}$

$\therefore g'(\ln 2) = \dfrac{2}{\ln 2}e^{2\ln 2} = \dfrac{8}{\ln 2}$

답:③

10.

$\dfrac{x^3 + 2x}{x^2 + x + 1} = x - 1 + \dfrac{2x + 1}{x^2 + x + 1}$ 이므로

$f(x) = \int \dfrac{x^3 + 2x}{x^2 + x + 1} dx = \int \left(x - 1 + \dfrac{2x + 1}{x^2 + x + 1}\right) dx$

$= \int x\,dx - \int dx + \int \dfrac{2x + 1}{x^2 + x + 1} dx = \dfrac{1}{2}x^2 - x + \ln|x^2 + x + 1| + C$

이 때, $f(-1) = 0$이므로

$f(-1) = \dfrac{1}{2} + 1 + C = 0$ $\therefore C = -\dfrac{3}{2}$

$\therefore f(x) = \dfrac{1}{2}x^2 - x + \ln|x^2 + x + 1| - \dfrac{3}{2}$

$\therefore f(0) = -\dfrac{3}{2}$

답:①

보험계리사 일반수학
(미적분 및 확률통계)

part 7
확률통계 유제 및 모의고사 풀이

MIRAE Insurance Education Service

제 1장

유제1-1) 정답 32

[풀이]

2명의 후보에서 5명을 택하는 중복순열의 수와 같으므로

$$_2\Pi_5 = 2^5 = 32$$

유제1-2) 정답 ①

[풀이]

일본인 4명이 원탁에 둘러앉는 방법의 수는

$$(4-1)! = 3! = 6$$

일본인과 일본인 사이의 4개의 자리 중에서 3개를 택하여 중국인을 앉히는 방법의 수는

$$_4P_3 = 24$$

따라서 구하는 방법의 수는

$$6 \cdot 24 = 144$$

유제1-3) 정답 522

[풀이]

a는 서로 다른 2개에서 중복을 허락하여 9개를 뽑는 조합의 수와 같으므로

$$a = {_2H_9} = {_{10}C_9} = {_{10}C_1} = 10$$

b는 서로 다른 2개에서 중복을 허락하여 9개를 뽑는 순열의 수와 같으므로

$$b = {_2\Pi_9} = 2^9 = 512$$

$$\therefore a + b = 10 + 512 = 522$$

유제1-4) 정답 (1) 36   (2) 15

[풀이]

(1) x, y, z의 3개의 문자 중 중복을 허락하여 7개를 뽑는 조합의수와 같다. 따라서

$$_3H_7 = {_9C_7} = {_9C_2} = 36$$

(2) $x-1=a$, $y-1=b$, $z-1=c$로 놓으면 $x+y+z=7$에서

$$(a+1)+(b+1)+(c+1)=7$$
$$\therefore a+b+c=4$$

즉, 구하는 해의 개수는 방정식 $a+b+c=4$에서 음이 아닌 정수인 해 (a, b, c)의 개수와 같으므로

$$_3H_4 = {}_6C_4 = {}_6C_2 = 15$$

유제1-5) 정답 ④

[풀이] $\left(2x^2-\dfrac{x}{2}\right)^{12} = \sum_{r=0}^{12}\binom{12}{r}(2x^2)^r\left(-\dfrac{x}{2}\right)^{12-r}$ 에서 x의 지수가 16이 되어야 하므로

$\binom{12}{r}2^r\left(-\dfrac{1}{2}\right)^{12-r}x^{2r}x^{12-r} = \binom{12}{r}2^r\left(-\dfrac{1}{2}\right)^{12-r}x^{r+12}$ 에서

$r=4$일 때 x의 지수가 16이 된다.

그러므로 상수항은 $\binom{12}{4}2^4\left(-\dfrac{1}{2}\right)^8 = \dfrac{12\times11\times10\times9}{1\times2\times3\times4}\times2^4\times\dfrac{1}{2^8} = \dfrac{495}{16}$ 이다.

유제1-6) 정답 6

[풀이] $\left(x+1+\dfrac{1}{x}\right)^6$ 의 전개식에서 일반항은

$$\dfrac{6!}{p!\,q!\,r!}x^p\left(\dfrac{1}{x}\right)^r = \dfrac{6!}{p!\,q!\,r!}x^{p-r}$$

$$(\text{단}, p+q+r=6, p\geq0, q\geq0, r\geq0)$$

$x^{p-r}=x^5$에서 $p-r=5$ 이므로

$p=5, q=1, r=0$

따라서, x^5의 계수는 $\dfrac{6!}{5!\,1!\,0!}=6$

제 2장

유제2-1) 정답 ①
[풀이] 20개의 야구공 공 중에서 2개를 뽑는 경우의 수는 $_{20}C_2$이고, n개의 시합용 공 중에서 2개를 뽑는 경우의 수는 $_nC_2$이므로

$$\frac{_nC_2}{_{20}C_2} = \frac{3}{95}, \quad _nC_2 = \frac{3}{95} \cdot _{20}C_2$$

$$\frac{n(n-1)}{2 \cdot 1} = \frac{3}{95} \cdot \frac{20 \cdot 19}{2 \cdot 1}$$

$$n(n-1) = 12$$

$$\therefore n = 4$$

유제2-2) 정답 ②
[풀이] H회사의 자동차가 고장이 발생할 확률은
$$a = \frac{50}{10000} = \frac{1}{200}$$
K회사의 자동차가 고장이 발생할 확률은
$$b = \frac{10}{5000} = \frac{1}{500}$$
$$\therefore ab = \frac{1}{200} \cdot \frac{1}{500} = \frac{1}{100000} = 10^{-5}$$

유제2-3) 정답 ④
[풀이] $|x-y| \leq 1$을 만족하는 영역을 좌표평면에 나타내면 다음과 같다.
따라서 (x_1, y_1)이 '$|x-y| \leq 1$' 영역에 속할 확률은
$\frac{3}{4} = 0.75 \left(= \frac{빗금친\ 부분의\ 넓이}{정사각형의\ 넓이} \right)$ 이다.

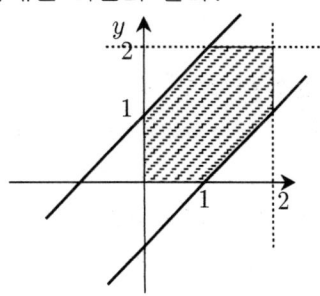

유제2-4) 정답 $\dfrac{9}{14}$

[풀이] 9개의 구슬 중에서 4개를 꺼낼 때 노란 구슬이 2개 이하인 사건을 A라 하면 노란 구슬이 3개 또는 4개인 사건을 A^c이므로

$$P(A^c)= \dfrac{{}_5C_3 \times {}_4C_1}{{}_9C_4}+\dfrac{{}_5C_4}{{}_9C_4}=\dfrac{40}{126}+\dfrac{5}{126}=\dfrac{5}{14}$$

$$\therefore P(A)=1-P(A^c)=1-\dfrac{5}{14}=\dfrac{9}{14}$$

유제2-5) 정답 ④

[풀이] 12장의 카드에서 3장을 꺼낼 때, 3장이 모두 클로버, 하트, 다이아몬드인 사건을 각각 A, B, C라 하면

$$P(A)=\dfrac{{}_4C_3}{{}_{12}C_3}=\dfrac{4}{220},\ P(B)=\dfrac{{}_3C_3}{{}_{12}C_3}=\dfrac{1}{220}$$

$$P(C)=\dfrac{{}_5C_3}{{}_{12}C_3}=\dfrac{10}{220}$$

A, B, C는 배반사건이므로

$$P(A\cup B\cup C)=P(A)+P(B)+P(C)$$
$$=\dfrac{4}{220}+\dfrac{1}{220}+\dfrac{10}{220}=\dfrac{3}{44}$$

따라서 두 가지 이상의 무늬의 카드가 나올 확률은

$$P((A\cup B\cup C)^c)=1-P(A\cup B\cup C)$$
$$=1-\dfrac{3}{44}=\dfrac{41}{44}$$

유제2-6) 정답 ④

[풀이] $S=A\cup B$이므로 $P(A\cup B)=1$
$P(A\cup B)=P(A)+P(B)-P(A\cap B)$에서
$1=0.7+P(B)-0.2$
$\therefore P(B)=0.5$

유제2-7) 정답 $\dfrac{8}{15}$

[풀이] $P(A \cup B) = P(A) + P(B) - P(A \cap B)$
$= \dfrac{1}{3} + \dfrac{2}{5} - \dfrac{1}{5} = \dfrac{8}{15}$

유제2-8) 정답 ②

[풀이] 풍토병에 걸리지 않을 사건은 A,
풍토병에 걸렸다고 시약검사가 나올 사건은 B라 하자.
그러면 $P(A \cap B)$는 풍토병에 걸리지 않았지만 걸렸다고 시약검사가 나올 확률을 의미한다. 따라서 $P(A \cap B) = P(A) \times P(B|A) = 0.9 \times 0.2 = 0.18$이다.

유제2-9) 정답 ①

[풀이] N : 불량이 나오는 사건
A : A기계에서 제품이 나오는 사건
B : B기계에서 제품이 나오는 사건

그러면 $P(A \cap N) = P(A)P(N|A) = \dfrac{3}{10} \times 0.02$,

$P(B \cap N) = P(B)P(N|B) = \dfrac{7}{10} \times 0.06$ 이다.

$P(B|N) = \dfrac{P(B \cap N)}{P(N)} = \dfrac{P(B \cap N)}{P(A \cap N) + P(B \cap N)}$

$= \dfrac{\dfrac{7}{10} \times 0.06}{\dfrac{3}{10} \times 0.02 + \dfrac{7}{10} \times 0.06} = \dfrac{7}{8} = 0.875$

유제2-10) 정답 ②

[풀이] N:사고가 일어나는 사건.
A:운전자 연령이 $16-20$세인 사건.
B:운전자 연령이 $21-30$세인 사건.
C:운전자 연령이 $31-65$세인 사건.
D:운전자 연령이 $66-99$세인 사건.
그러면
$P(A) = 0.08$, $P(A \cap N) = 0.08 \times 0.06$ 이다.
$P(B) = 0.15$, $P(B \cap N) = 0.15 \times 0.03$ 이다.
$P(C) = 0.49$, $P(C \cap N) = 0.49 \times 0.02$ 이다.
$P(D) = 0.28$, $P(D \cap N) = 0.28 \times 0.04$ 이다.
따라서 이 회사에 자동차 보험을 가입한 임의의 운전자에게 사고가 났을 때, 그 운전자의 연령이 $16-20$일 확률은 다음과 같다.

$$P(A|N) = \frac{P(A \cap N)}{P(N)}$$
$$= \frac{P(A \cap N)}{P(A \cap N) + P(B \cap N) + P(C \cap N) + P(D \cap N)}$$
$$= \frac{0.08 \times 0.06}{0.08 \times 0.06 + 0.15 \times 0.03 + 0.49 \times 0.02 + 0.28 \times 0.04}$$
$$= \frac{48}{48 + 45 + 98 + 112} = \frac{16}{101} \fallingdotseq 0.158$$

유제2-11) 정답 ④

[풀이] A:암에 걸리지 않은 사건. 따라서 $P(A) = 0.998$
B:암에 걸려 있는 사건. 따라서 $P(B) = 0.002$
N:암에 걸렸다고 진단하는 사건.
따라서 $P(N) = 0.002 \times 0.95 + 0.998 \times 0.05 = 0.0518$이다.
(암에 걸린 사람을 제대로 진단하는 경우와 암에 걸리지 않은 사람인데 걸렸다고 오진하는 사건의 합집합) 따라서 암에 걸려 있다고 진단이 내려졌다면, 이 사람이 실제로 암에 걸렸을 확률은 $P(B|N) = \dfrac{P(B \cap N)}{P(N)}$

$$= \frac{0.002 \times 0.95}{0.002 \times 0.95 + 0.998 \times 0.05} = \frac{0.0019}{0.0518} = 0.03667 \cdots = 0.037$$

이다.

유제2-12) 정답 ③

[풀이] 동전을 두 번 던져 앞면이

1) 0번 나오는 경우(확률 $\frac{1}{4}$) ⇒ 예비소집일 버스를 이용 ⇒ 시험당일 버스를 이용

2) 1번 나오는 경우(확률 $\frac{1}{2}$) ⇒ 예비소집일 지하철을 이용 ⇒ 시험당일 버스, 택시를 각각 $\frac{1}{2}, \frac{1}{2}$ 확률로 이용

3) 2번 나오는 경우(확률 $\frac{1}{4}$) ⇒ 예비소집일 택시를 이용 ⇒ 시험당일 지하철, 버스, 택시를 각각 $\frac{1}{4}, \frac{2}{4}, \frac{1}{4}$ 확률로 이용

따라서 시험당일 택시를 타고 수험장에 도착할 확률은

$\frac{1}{4} \times 0 + \frac{1}{2} \times \frac{1}{2} + \frac{1}{4} \times \frac{1}{4} = \frac{5}{16} = 0.3125$ 이다.

유제2-13) 정답 ①

[풀이]

$P(A \cap B) = \frac{3}{20} = P(A) \times P(B)$ ⋯ (1)

$P(A \cup B) = \frac{7}{10} = P(A) + P(B) - P(A \cap B)$

$=> P(A) + P(B) = \frac{7}{10} + \frac{3}{20} = \frac{17}{20}$ ⋯ (2)

(1)과 (2)을 연립하여 풀면, $P(A) = \frac{3}{5}, P(B) = \frac{1}{4}$ 이다.

유제2-14) 정답 ②

[풀이] 벤다이어그램을 그려본다.

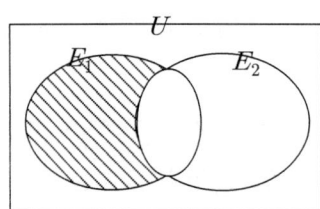

$P(E_1 \cap E_2^c) = \dfrac{1}{3}$, $P(E_1^c \cap E_2^c) = \dfrac{1}{6}$ 이므로 $\dfrac{1}{3} + \dfrac{1}{6} + P(E_2) = 1$ 이다.

따라서 $P(E_2) = \dfrac{1}{2}$ 이다.

한편 $P(E_1) = P(E_1 \cap E_2^c) + P(E_1 \cap E_2)$ 이고 E_1, E_2는 서로 독립이므로

$P(E_1) = P(E_1 \cap E_2^c) + P(E_1 \cap E_2) = P(E_1 \cap E_2^c) + P(E_1)P(E_2)$

$\Rightarrow P(E_1) = \dfrac{1}{3} + P(E_1) \times \dfrac{1}{2} \Rightarrow P(E_1) = \dfrac{2}{3}$ 이다.

제 3장

유제3-1) 정답 $\dfrac{1}{100}$

[풀이] 확률변수 X가 가질 수 있는 모든 값에 대한 확률의 합은 1이므로
$P(X=1)+P(X=2)+\cdots+P(X=10)=1$
$\dfrac{a}{1\times 2}+\dfrac{a}{2\times 3}+\cdots+\dfrac{a}{10\times 11}=a\left\{\left(1-\dfrac{1}{2}\right)+\left(\dfrac{1}{2}-\dfrac{1}{3}\right)+\cdots+\left(\dfrac{1}{10}-\dfrac{1}{11}\right)\right\}=\dfrac{10}{11}a$
$\dfrac{10}{11}a=1$에서 $a=\dfrac{11}{10}$ 이다.
따라서 $P(X=10)=\dfrac{11}{10}\times\dfrac{1}{10\times 11}=\dfrac{1}{100}$

유제3-2) 정답 1

[풀이]
$P(X=x)=\dfrac{k}{\sqrt{2x+1}+\sqrt{2x-1}}=\dfrac{k(\sqrt{2x+1}-\sqrt{2x-1})}{(\sqrt{2x+1}+\sqrt{2x-1})(\sqrt{2x+1}-\sqrt{2x-1})}$
$=\dfrac{k}{2}\times(\sqrt{2x+1}-\sqrt{2x-1})(x=1,2,3,4)$

확률변수 X가 가질 수 있는 모든 값에 대한 확률의 합은 1이므로
$P(X=1)+\cdots+P(X=4)=1$에서
$\dfrac{k}{2}\{(\sqrt{3}-1)+\cdots+(\sqrt{9}-\sqrt{7})\}=1, \dfrac{k}{2}(\sqrt{9}-1)=\dfrac{k}{2}\times 2=1$이다.
따라서 $k=1$이다.

유제3-3) 정답 ④

[풀이] $P(0\leq X_1\leq a)=P(0\leq X_2\leq \dfrac{1}{4})$이므로
$\displaystyle\int_0^a f(x)dx=\int_0^a 2xdx=\int_0^{\frac{1}{4}}g(x)dx=\int_0^{\frac{1}{4}}1dx\ \ g(x)=\dfrac{1}{4}$이다.
따라서 $[x^2]_0^a=\dfrac{1}{4}$이고 $a=\dfrac{1}{2}$이다.

유제3-4) 정답 ①

[풀이] $\displaystyle\int_0^{\frac{1}{2}}6(x-x^2)dx=[3x^2-2x^3]_0^{\frac{1}{2}}=\dfrac{1}{2}$

유제3-5)

[풀이] $V(X)=9$에서 $\sigma(X)=3$

(1) $E(-3X)=-3E(X)=(-3)\cdot 100=-300$
$V(-3X)=(-3)^2V(X)=9\cdot 9=81$
$\sigma(-3X)=|-3|\sigma(X)=3\cdot 3=9$

(2) $E(4X-2)=4E(X)-2=4\cdot 100-2=398$
$V(4X-2)=4^2V(X)=16\cdot 9=144$
$\sigma(4X-2)=4\sigma(X)=4\cdot 3=12$

유제3-6) 정답 ④

[풀이] $Y=\frac{1}{2}X-1$에서 $X=2Y+2$, $V(Y)=E(Y)-\{E(Y)\}^2=\frac{29}{4}-\frac{9}{4}=\frac{20}{4}$

$E(X)=E(2Y+2)=2E(Y)+2=5$
$V(X)=V(2Y+2)=4V(Y)=20$

$\therefore \frac{V(X)}{E(X)}=\frac{20}{5}=4$

유제3-7) 정답 ④

[풀이] 확률의 총합은 1이므로 $\sum_{x=1}^{n}p(x)=1$이다.

$\sum_{x=1}^{n}p(x)=c\times 1+c\times 2+\cdots c\times n, c\times \frac{n(n+1)}{2}=1 \cdots ①$

평균은 7이므로

$E(X)=\sum_{x=1}^{n}xp(x)$

$=1\times(c\times 1)+2\times(c\times 2)+\cdots n\times(c\times n)=c\times \frac{n(n+1)(2n+1)}{6}=7 \cdots ②$

①을 ②에 대입하면 $\frac{(2n+1)}{3}=7$이다. 따라서 $n=10$이다.

이를 ①에 대입하면 $c\times \frac{10\times 11}{2}=1$이다. 따라서 $c=\frac{1}{55}$이다.

유제3-8) 정답 ④

[풀이] 확률분포표를 만들어보자.

시행횟수(X)	1	2	3	4	...
$P(X)$	$\frac{1}{2}$	$\frac{1}{2^2}$	$\frac{1}{2^3}$	$\frac{1}{2^4}$	...
상금 (2^x)	2	2^2	2^3	2^4	...

따라서 기댓값은 $\frac{1}{2}\times 2 + \frac{1}{2^2}\times 2^2 + \frac{1}{2^3}\times 2^3 + \frac{1}{2^4}\times 2^4 + \cdots = \infty$ 이다.

유제3-9) 정답 ④

[풀이] $\int_{-\infty}^{\infty} f(y)dy = 1$ 이므로 $\int_0^2 a\cdot y(2-y)dy = 1$ 이다. 이를 정리하면

$$\int_0^2 a\cdot y(2-y)dy = a\int_0^2 2y - y^2 dy = a\left[y^2 - \frac{1}{3}y^3\right]_0^2 = 1$$

따라서 $a = \frac{3}{4}$ 이다.

평균 $E[Y] = \frac{3}{4}\times \int_0^2 y\times y(2-y)dy = 1$ 이고,

분산 $V[Y] = E[Y^2] - E[Y]^2 = \frac{3}{4}\times \int_0^2 y^2\times y(2-y)dy - 1^2 = \frac{6}{5} - 1$
$= 0.2$ 이다.

유제3-10) 정답 ④

[풀이] $f(x) = 2(1-x)$ 의

평균 $E[X] = \int_0^1 xf(x)dx = \int_0^1 x\times 2(1-x)dx = \frac{1}{3}$ 이고,

분산 $V[X] = E[X^2] - E[X]^2 = \int_0^1 x^2 f(x)dx - \left(\frac{1}{3}\right)^2 = \frac{1}{18}$ 이다.

유제3-11) 정답 ②

[풀이] 뒷면이 나올 때까지 동전을 계속해서 던지는 게임에서 동전의 뒷면이 나올 때 까지 던진 동전의 횟수를 확률변수 X라 하고 확률분포표를 만들어보자.

횟수(X)	1	2	3	4	$\cdots$	k
상금(Y)	0	$\frac{1}{2}$	$\left(\frac{1}{2}\right)+\left(\frac{1}{2}\right)^2$	$\left(\frac{1}{2}\right)+\left(\frac{1}{2}\right)^2+\left(\frac{1}{2}\right)^3$		$\dfrac{\frac{1}{2}\left(1-\left(\frac{1}{2}\right)^{k-1}\right)}{1-\frac{1}{2}}$
$P(Y)$	$\frac{1}{2}$	$\frac{1}{2^2}$	$\frac{1}{2^3}$	$\frac{1}{2^4}$	$\cdots$	$\left(\frac{1}{2}\right)^k$

$$E[Y] = \sum_{k=1}^{\infty}\left[\left(\frac{1}{2}\right)^k \times \left(1-\left(\frac{1}{2}\right)^{k-1}\right)\right] = \frac{1}{3}$$

$$E[Y] = \sum_{k=1}^{\infty}\left[\left(\frac{1}{2}\right)^k \times \left(1-\left(\frac{1}{2}\right)^{k-1}\right)\right] = \sum_{k=1}^{\infty}\left[\left(\frac{1}{2}\right)^k - 2\times\left(\frac{1}{4}\right)^k\right] = 1 - 2\times\frac{1}{3} = \frac{1}{3}$$

유제3-12) 정답 ③

[풀이] $\int_0^{\infty} e^{-x}dx = 1$ 이다. 따라서 $\int_0^t e^{-x}dx = \frac{1}{2}$ 를 만족하는 t를 구하면 된다.

$\int_0^t e^{-x}dx = \left[-e^{-x}\right]_0^t = 1 - e^{-t}$ 이므로 $1 - e^{-t} = \frac{1}{2}$ 이 되기 위한 $t = \ln 2$ 이다.

유제3-13) 정답 ③

[풀이] $M_X = E[e^{tX}], f(x) = 5e^{-5x}, (x > 0)$ 이므로

$$M_X(t) = \int_0^{\infty} e^{tx}(5e^{-5x})dx = \int_0^{\infty} 5e^{-(5-t)x}dx = \frac{5}{5-t}, (t < 5)$$

$\dfrac{d}{dt}M_X(t) = 5(-1)(5-t)^{-2}(-1) = 5(5-t)^{-2}$

$\therefore M_X{'}(0) = \dfrac{1}{5}$

$M_X{''}(t) = 5(-2)(5-t)^{-3}(-1) = 10(5-t)^{-3}$

$\therefore M_X{''}(0) = \dfrac{2}{25}$

$V(X) = M_X{''}(0) - (M_X{'}(0))^2 = \dfrac{2}{25} - \dfrac{1}{25} = \dfrac{1}{25}$

유제3-14)

[풀이] $M_X(t) = E[e^{tX}] = \sum_{x=1}^{6} e^{tx} f(x) = \sum_{x=1}^{6} e^{tx} \frac{1}{6} = \frac{1}{6}\left[\frac{e^t(1-e^{6t})}{1-e^t}\right]$

유제3-15)

[풀이] $E(X) = \frac{1+2+3+\cdots+6}{6} = 3.5$

$E(X^2) = \frac{1^2+2^2+\cdots+6^2}{6} = \frac{91}{6}$

$V(X) = \frac{91}{6} - (3.5)^2 = \frac{35}{12}$

$\sigma(X) = 1.708$

체비셔프부등식은 $P[|X-\mu| \leq r\sigma] \leq \frac{1}{r^2}$ 이므로 r=1을 대입하면

$P[|X-\mu| \leq \sigma] \leq \frac{1}{1}$ 이다.

$|X-\mu| > \sigma$란 $|X-3.5| > 1.708$이며 이 식은 X의 값이 1과 6인 경우에만 성립한다.

따라서 $P[|X-\mu| > \sigma] = P[X=1 \text{ and } X=6] = \frac{1}{3}$ 이므로 정확한 확률은 $\frac{1}{3}$이다.

제 4장

유제4-1) 정답 ③
[풀이] 이산확률변수 X는 균등분포를 이루므로
$P[X=-1] = P[X=0] = P[X=1] = \frac{1}{3}$ 이다.
따라서
$P[X^2 - X - 2 < 0] = P[(X+1)(X-2) < 0] = P[X=0] + P[X=1] = \frac{2}{3}$ 이다.

유제4-2) 정답 ③
[풀이] $E(X) = np = 2$ ······ ㉠
$V(X) = np(1-p) = 1$ ······ ㉡
㉠, ㉡에서 $2(1-p) = 1$ $\therefore p = \frac{1}{2},\ n = 4$

따라서 확률변수 X는 이항분포 $B\left(4, \frac{1}{2}\right)$을 따르므로

$$\frac{P(X=1)}{P(X=2)} = \frac{{}_4C_1 \left(\frac{1}{2}\right)^1 \left(\frac{1}{2}\right)^3}{{}_4C_2 \left(\frac{1}{2}\right)^2 \left(\frac{1}{2}\right)^2} = \frac{{}_4C_1}{{}_4C_2} = \frac{2}{3}$$

유제4-3) 정답 ①
[풀이] $V[X] = 10 \times p \times (1-p)$을 정리하면
$V[X] = 10 \times p \times (1-p) = 10(p - p^2) = -10\left(p - \frac{1}{2}\right)^2 + \frac{2}{5}$

따라서 분산은 p가 $\frac{1}{2}$일 때 최대가 되고 그 값은 $\frac{2}{5}$이다.
$E[X] = np = 10 \times \frac{1}{2} = 5$

유제4-4) 정답 ②

[풀이] 한 개의 동전을 5번 던질 때 나오는 앞면의 수를 확률변수 X라 하면 확률변수 X는 이항분포를 이룬다.

따라서 $E[X] = 5 \times \frac{1}{2} = \frac{5}{2}$, $Var[X] = 5 \times \frac{1}{2} \times \frac{1}{2} = \frac{5}{4}$ 이다.

또한 $V[X] = E[X^2] - \{E[X]\}^2$ 이므로 $E[X^2] = \frac{5}{4} + \left(\frac{5}{2}\right)^2 = \frac{15}{2}$ 이다.

그러므로 $E[(X-a)^2] = E[X^2] - 2aE[X] + a^2 = a^2 - 5a + \frac{15}{2}$ 이다.

이 식은 a에 관한 이차함수이므로 정리하면 $a^2 - 5a + \frac{15}{2} = (a - \frac{5}{2})^2 + \frac{5}{4}$ 이다.

따라서 $a = \frac{5}{2}$일 때 최솟값을 갖는다.

유제4-5) 정답 ②

[풀이] 포아송분포가 다음과 같을 때 $f(x) = \frac{e^{-\lambda}\lambda^x}{x!}$, $x = 0, 1, 2, 3, \cdots$
$E[X] = \lambda$, $Var[X] = \lambda$ 이므로 $E[X] = 0.1$, $Var[X] = 0.1$ 이다.

유제4-6) 정답 $_{t-1}C_{t-3}\left(\frac{1}{6}\right)^3\left(\frac{5}{6}\right)^{t-3}$

[풀이] t번째에 3번째 6이 나오려면 t-1번째 시행에서 6이 아닌 숫자가 t-3번 나와야 하므로

3번째 6이 나와 게임을 중단할 확률은

$_{t-1}C_{t-3}\left(\frac{1}{6}\right)^3\left(\frac{5}{6}\right)^{t-3}$ 이 된다.

유제4-7) 정답 $\sigma_x = 0.8$

확률분포표를 만들어보자.

빨간 공의 개수(X)	0	1	2	3	4
$P(X)$	$\dfrac{{}_6C_6}{{}_{10}C_6}$	$\dfrac{{}_6C_5 \cdot {}_4C_1}{{}_{10}C_6}$	$\dfrac{{}_6C_4 \cdot {}_4C_2}{{}_{10}C_6}$	$\dfrac{{}_6C_3 \cdot {}_4C_3}{{}_{10}C_6}$	$\dfrac{{}_6C_2 \cdot {}_4C_4}{{}_{10}C_6}$

계산량이 많지만 끈기를 가지고 해보면 아래와 같은 결과가 나온다.

$$E[X] = 0 \times \frac{{}_6C_6}{{}_{10}C_6} + 1 \times \frac{{}_6C_5 \cdot {}_4C_1}{{}_{10}C_6} + 2 \times \frac{{}_6C_4 \cdot {}_4C_2}{{}_{10}C_6} + 3 \times \frac{{}_6C_3 \cdot {}_4C_3}{{}_{10}C_6}$$

$$+ 4 \times \frac{{}_6C_2 \cdot {}_4C_4}{{}_{10}C_6} = 2.4$$

$$E[X^2] = 0^2 \times \frac{{}_6C_6}{{}_{10}C_6} + 1^2 \times \frac{{}_6C_5 \cdot {}_4C_1}{{}_{10}C_6} + 2^2 \times \frac{{}_6C_4 \cdot {}_4C_2}{{}_{10}C_6} + 3^2 \times \frac{{}_6C_3 \cdot {}_4C_3}{{}_{10}C_6}$$

$$+ 4^2 \times \frac{{}_6C_2 \cdot {}_4C_4}{{}_{10}C_6} = 6.4$$

$$V[X] = E[X^2] - E[X]^2 = 0.64 \quad \therefore \sigma_x = \sqrt{0.64} = 0.8$$

제 5장

유제5-1) 정답 ①

[풀이] 확률밀도함수를 그려보면 오른쪽 그림과 같다.

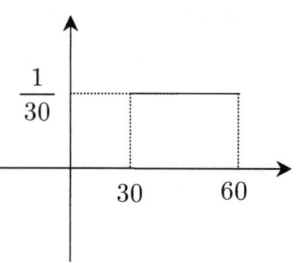

$P[40 < X < 55] = \dfrac{1}{30} \times (55-40) = \dfrac{1}{2}$

$E[X] = \displaystyle\int_{30}^{60} xf(x)dx = \int_{30}^{60} x \times \dfrac{1}{30} dx = 45$

$E[X] + P[40 < X < 55] = \dfrac{91}{2} = 45.5$

유제5-2) 정답 ③

[풀이] 한 버스정류장에서 매시 0분, 15분, 35분에 각 1회씩 버스가 발차하므로 각 구간별로 나누어 평균을 구해야 한다.

$E[X] = \dfrac{15}{60}\displaystyle\int_0^{15} xf_1(x)dx + \dfrac{20}{60}\int_0^{20} xf_2(x)dx + \dfrac{25}{60}\int_0^{25} xf_3(x)dx$

$= \dfrac{15}{60}\displaystyle\int_0^{15} x \times \dfrac{1}{15} dx + \dfrac{20}{60}\int_0^{20} x \times \dfrac{1}{20} dx + \dfrac{15}{60}\int_0^{25} x \times \dfrac{1}{25} dx$

$= \dfrac{250}{24}$

$\dfrac{250}{24}$는 분 단위 이므로 이를 바꾸면 10분 25초가 된다.

유제5-3) 정답 ④

[풀이] 남자가 약속한 장소에 도착한 시각에서 12시 15분을 뺀 시간을 a라 하자.
(예를 들어 남자가 12시 35분에 도착했다면 a는 20(분)이 된다.)
여자가 약속한 장소에 도착한 시각에서 12시 15분을 뺀 시간을 b 라 하자.
그러면 문제의 조건에 의해 $|a-b| \leq 5$, $0 \leq a, b \leq 30$을 만족해야한다.

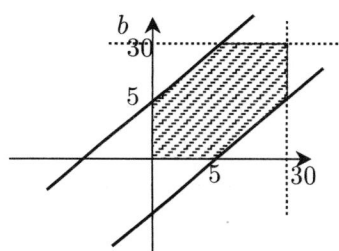

조건에 만족하는 그래프를 그리면 위와 같다. 빗금친부분의 넓이는 275가 된다.
따라서 확률은 $\frac{275}{900} = \frac{11}{36}$ 이다.

유제5-4) 정답 ④

[풀이] 확률밀도함수를 그려보면 오른쪽 그림과 같다.

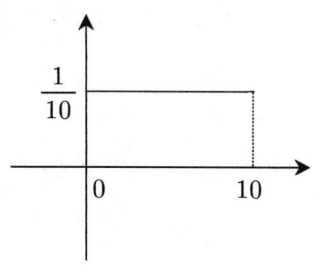

$$E[X] = \int_0^{10} xf(x)dx = \int_0^{10} x \times \frac{1}{10} dx = 5$$

$$E[X^2] = \int_0^{10} x^2 f(x)dx = \int_0^{10} x^2 \times \frac{1}{10} dx = \frac{100}{3}$$

$$V[X] = E[X^2] - E[X]^2 = \frac{100}{3} - 5^2 = \frac{25}{3}$$

유제5-5) 정답 ②

[풀이] 확률변수 X가 평균을 중심으로 할 때 확률이 최대가 된다.
따라서 $\frac{c + c + 4}{2} = 100$ 이다.
그러므로 $c = 98$ 이다.

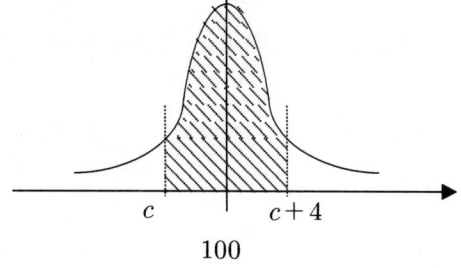

유제5-6) 정답 ④

[풀이] $P(Y \geq m - 2\sigma) = P(m - 2\sigma \leq Y \leq m) + P(Y \geq m)$

$= \dfrac{1}{2} P(m - 2\sigma \leq Y \leq m + 2\sigma) + 0.5$

$= \dfrac{1}{2} \times 0.9544 + 0.5$

$= 0.9772$

유제5-7) 정답 0.3085

[풀이] 10점을 얻는 횟수를 X라고 하면 확률변수 X는 이항분포 $B\left(1600, \dfrac{1}{5}\right)$을 따르므로

$E(X) = 1600 \cdot \dfrac{1}{5} = 320$

$V(X) = 1600 \cdot \dfrac{1}{5} \cdot \dfrac{4}{5} = 256$

$X \sim N(320, 16^2)$

한편, 1600번의 시행 중에서 2점을 잃는 횟수는 $1600 - X$이므로 736점 이상을 얻기 위해서는

$10X - 2(1600 - X) \geq 736$

$12X \geq 3936$ $\qquad \therefore X \geq 328$

이때 $Z = \dfrac{X - 320}{16}$ 으로 놓으면 Z는 표준정규분포 $N(0, 1)$을 따르므로

$P(X \geq 328) = P\left(Z \geq \dfrac{328 - 320}{16}\right) = P(Z \geq 0.5)$

$\qquad\qquad\quad = P(Z \geq 0) - P(0 \leq Z \leq 0.5)$

$\qquad\qquad\quad = 0.5 - 0.1915$

$\qquad\qquad\quad = 0.3085$

유제5-8) 정답 ②

[풀이] 당첨확률이 25%인 복권을 300장을 구입하였으므로

$m = 300 \times \dfrac{1}{4} = 75$ $\sigma^2 = 300 \times \dfrac{1}{4} \times \dfrac{3}{4} = \left(\dfrac{15}{2}\right)^2$ 이다.

30%이상 당첨되려면 90장 이상이 당첨되어야하므로

$$P(X \geq 90) = P\left(Z \geq \dfrac{90-75}{\dfrac{15}{2}}\right) = P(Z \geq 2) = \dfrac{1-0.954}{2} = 0.023$$

유제5-9) $P(T \leq 3)P(T \leq 2) = \left(1 - e^{-\frac{1}{6} \times 3}\right)\left(1 - e^{-\frac{1}{3} \times 2}\right)$

유제5-10) $P(T \leq 9) = \left(1 - e^{-\frac{1}{3} \times 9}\right) = 1 - e^{-3}$

$$P(6 \leq X \leq 9) = P(X < 9) - P(X < 6) = e^{-2} - e^{-3}$$

제 6장

유제6-1) 정답 13/63

[풀이] $P(X=2,\ Y+Z \leq 3) = f(2,1,1) + f(2,1,2) + f(2,2,1)$
$$= \frac{3}{63} + \frac{6}{63} + \frac{4}{63} = \frac{13}{63}$$

유제6-2) 정답 ①

[풀이] $X,\ Y$가 독립이므로 $X+Y \sim N(10+20,\ \sqrt{40}^2 + \sqrt{60}^2) = N(30,10)$이다.
$Z = \dfrac{X-m}{\sigma}$ 이므로 $Z = \dfrac{40-30}{10} = 1$, $Z = \dfrac{45-30}{10} = 1.5$이다.
따라서
$P[40 < X+Y < 45] = P[1 < Z < 1.5] = P(Z < 1.5) - P(Z < 1)$
$\qquad\qquad\qquad\qquad\quad = 0.93 - 0.84 = 0.09$이다.
그러므로 $P[40 < X+Y < 45] = 0.09 = 9\%$이다.

유제6-3) 정답 1/4

[풀이] 조건부 분포 공식을 이용하면
$f(y|x=1/3) = \dfrac{f(1/3, y)}{f_x(1/3)},\ 0 < y < 2/3$

$f_x(1/3) = \displaystyle\int_0^{2/3} 24(1/3)y\,dy = \int_0^{2/3} 8y\,dy = 16/9$

$f(y|x=1/3) = \dfrac{9}{16} f(1/3, y) = \dfrac{9}{2} y,\ 0 < y < \dfrac{2}{3}$

$\Pr(Y < X | X = 1/3) = \displaystyle\int_0^{1/3} \dfrac{9}{2} y\,dy = \dfrac{1}{4}$

유제6-4) 정답 8/9

[풀이]

$$f(2, y) = \frac{2}{4(2-1)} y^{-(4-1)/2-1} = \frac{1}{2} y^{-3}$$

$$f_x(2) = \int_1^\infty \frac{1}{2} y^{-3} dy = \frac{1}{4}$$

$$\Pr(1 < Y < 3 | X = 2) = \frac{\int_1^3 \frac{1}{2} y^{-3} dy}{1/4} = \frac{8}{9}$$

유제6-5) 정답 0.933

[풀이]
$$\begin{aligned} E(X^2 + Y^2) &= \int_x \int_y (x^2 + y^2) f(x,y) dy dx \\ &= \int_0^1 \int_0^1 (x^2 + y^2) f(x,y) dy dx \\ &= \int_0^1 \int_0^1 (x^2 + y^2) \frac{3}{2} (x^2 + y^2) dy dx \\ &= \int_0^1 \int_0^1 \frac{3}{2} (x^2 + y^2)^2 dy dx \\ &= \int_0^1 \frac{3}{2} (x^4 + \frac{2}{3} x^2 + \frac{1}{5}) dx = 0.933 \end{aligned}$$

유제6-6) 정답 ③

[풀이] $E(XY) = E(X)E(Y)$는 X, Y가 독립일 때만 가능하다.

유제6-7) 정답 ②

[풀이] $E(X) = 3, \ E(X^2) = 11, \ E(Y) = 3, \ E(Y^2) = 11$

$$E(XY) = \frac{1}{5}(4 + 10 + 9 + 4 + 10) = \frac{37}{5}$$

$$\sigma_{XY} = E(XY) - E(X)E(Y) = \frac{37}{5} - 9 = -\frac{8}{5}$$

$$\sigma_X = \sqrt{11-9} = \sqrt{2}, \ \sigma_Y = \sqrt{2}, \ \rho_{XY} = \frac{-\frac{8}{5}}{2} = -\frac{4}{5}$$

유제6-8) 정답 ②

[풀이] $\int_0^1 \int_0^1 f(x,y)dxdy = 1$ 이므로

$\int_0^1 \int_0^1 kx\, dxdy = 1 \Leftrightarrow \int_0^1 \frac{k}{2}dy = 1 \Leftrightarrow \frac{k}{2} = 1$

따라서 $k = 2$이다.

$E(XY) = \int_0^1 \int_0^1 xy \cdot 2x\, dxdy = \int_0^1 \frac{2}{3}y\, dy = \frac{1}{3}$

$E(X) = \int_0^1 \int_0^1 x \cdot 2x\, dxdy = \int_0^1 \frac{2}{3}dy = \frac{2}{3}$

$E(Y) = \int_0^1 \int_0^1 y \cdot 2x\, dxdy = \int_0^1 y\, dy = \frac{1}{2}$

$Cov(X,Y) = E(XY) - E(X)E(Y) = \frac{1}{3} - \frac{2}{3} \times \frac{1}{2} = 0$

유제6-9) 정답 ①

[풀이] $E(XY) = \int_0^2 \int_0^1 xy \times \frac{1}{3}(x+y)dxdy = \frac{1}{3}\int_0^2 (\frac{1}{3}y + \frac{1}{2}y^2)dy = \frac{1}{3} \times \frac{12}{6} = \frac{2}{3}$

$V(2X - 3Y + 8) = 2^2 V(X) + 3^2 V(Y) + 2 \times 2 \times (-3) \times Cov(X,Y)$

$= 2^2 \times \left(\frac{7}{18} - \frac{5}{9}^2\right) + 3^2 \times \left(\frac{16}{9} - \frac{11}{9}^2\right) + 2 \times 2 \times (-3) \times \left(\frac{2}{3} - \frac{5}{9} \times \frac{11}{9}\right)$

$= \frac{26}{81} + 9 \times \frac{23}{81} + \frac{12}{81} = \frac{245}{81}$

[참고] $V(aX + bY + c) = a^2 V(X) + b^2 V(Y) + 2ab\, Cov(X,Y)$

제 7장

유제7-1) 정답 ③
[풀이] 대수의 법칙에 의해, 정규분포를 가지는 모집단으로부터 확률표본을 추출했을 경우 표본수가 무한히 커지면 $\overline{X}$는 정규분포 $N\!\left(m,\dfrac{\sigma^2}{n}\right)$에 접근한다. 따라서 $\dfrac{\overline{X}-\mu}{\dfrac{S}{\sqrt{n}}}$는 $N(0,1^2)$, 곧 표준정규분포(z분포)로 접근한다.

유제7-2) 정답 ③
[풀이] $n=25$, $\overline{X}=10$, $\sigma=4$ 이고 95% 신뢰도로 추정하므로
$\overline{X}-Z_{\frac{\alpha}{2}}\dfrac{\sigma}{\sqrt{n}} \leq m \leq \overline{X}+Z_{\frac{\alpha}{2}}\dfrac{\sigma}{\sqrt{n}}$에 대입하면
$10-2\times\dfrac{4}{\sqrt{25}} \leq m \leq 10+2\times\dfrac{4}{\sqrt{25}}$ 이다.
정리하면 $8.4 \leq m \leq 11.6$이다.

유제7-3) 정답 ③
[풀이]
(주의: 25명이므로 t분포를 사용할 때는 $v=25-1=24$, $t_{0.05}(24)=1.711$를 사용해야 한다.)
$\overline{X}-t_{\frac{\alpha}{2}}\dfrac{s}{\sqrt{n}} \leq m \leq \overline{X}+t_{\frac{\alpha}{2}}\dfrac{s}{\sqrt{n}}$ 이므로
$35-1.711\times\dfrac{10}{5} \leq m \leq 35+1.711\times\dfrac{10}{5}$ 이다.
따라서 $31.578 \leq m \leq 38.422$이다.

유제7-4) 정답 ②
[풀이] $n=100$, $\overline{X}=60$, $\sigma=10$ 이고 95% 신뢰도로 추정하므로
$\overline{X}-Z_{\frac{\alpha}{2}}\dfrac{\sigma}{\sqrt{n}} \leq m \leq \overline{X}+Z_{\frac{\alpha}{2}}\dfrac{\sigma}{\sqrt{n}}$에 대입하면
$60-2\times\dfrac{10}{\sqrt{100}} \leq m \leq 60+2\times\dfrac{10}{\sqrt{100}}$ 이다.
정리하면 $58 \leq m \leq 62$이다.

유제7-5) 정답 7500명

[풀이] 표본의 크기 $n_1 = 144$이고, SNS가 가장 좋은 홍보수단이라고 응답한 대학생 수 $X = 108$이므로 표본비율 $\hat{p} = \dfrac{108}{144} = 0.75$이다. $P(0 \leq Z \leq 3) = 0.495$에서 $P(-3 \leq Z \leq 3) = 0.99$이다.

모비율 p에 대한 신뢰도 99%의 신뢰구간의 길이는 $2 \times 3 \sqrt{\dfrac{pq}{n_2}}$로 놓는다. 표본의 크기 144는 충분히 크므로 모비율 p, q 대신 표본비율 $\hat{p} = 0.75, \hat{q} = 0.25$를 이용하면

$$2 \times 3 \sqrt{\dfrac{0.75 \times 0.25}{n_2}} \leq 0.03, \sqrt{n_2} \geq \dfrac{2 \times 3 \times \sqrt{0.75 \times 0.25}}{0.03} = 200\sqrt{0.1875}$$

$\therefore n_2 \geq 7500$

제 8장

유제8-1) 정답 학부모의 월수입이 180만 원 이상이라고 할 수 없다.
[풀이]
① $H_0 : \mu \leq 180$만원 　　　　 $H_1 : \mu > 180$만원
② $\alpha = 5\%$
③ 채택영역: $Z < 1.64$ 　　　　 기각영역: $Z \geq 1.64$
④ 175만원에 대응하는 Z의 값

$$Z = \dfrac{\overline{X} - \mu_{\overline{X}}}{\sigma_{\overline{X}}} = \dfrac{1{,}750{,}000 - 1{,}800{,}000}{\dfrac{50{,}000}{\sqrt{16}}} = \dfrac{-50{,}000}{12{,}500} = -4$$

$Z = -4$는 1.64보다 작아서 기각영역에 속하지 않으므로 H_0를 채택한다.
⑤ 위의 결과로부터 학부모의 월수입이 180만 원 이상이라고 할 수 없다.

모의고사 #1 풀이

1.
   (1) $P(B|A) = \dfrac{P(A \cap B)}{P(A)} = 0.2 \Rightarrow P(A \cap B) = 0.2 P(A) = 0.2 \times 0.6 = 0.12$
   (2) $P(A|B) = \dfrac{P(A \cap B)}{P(B)} = \dfrac{0.12}{0.4} = 0.3$

   답: ③

2.
   (1) $P(M|A) = \dfrac{P(M \cap A)}{P(A)} = \dfrac{34}{64} = \dfrac{17}{32}$
   (2) $P(A|M) = \dfrac{P(A \cap M)}{P(M)} = \dfrac{34}{66} = \dfrac{17}{33}$

   답: ②

3.
   H : 감염에 걸린 사건
   H^c : 감염에 걸리지 않은 사건
   $P(H) = 0.1$, $P(H^c) = 0.9$이고,
   $P(+|H) = 0.9 \Rightarrow P(-|H) = 0.1$, $P(+|H^c) = 0.2 \Rightarrow P(-|H^c) = 0.8$가 된다.
   검사결과 양성일 때 간염에 걸려있을 확률은

   $$P(H|+) = \dfrac{P(H \cap +)}{P(+)} = \dfrac{P(H \cap +)}{P(H \cap +) + P(H^c \cap +)} = \dfrac{P(H)P(+|H)}{P(H)P(+|H) + P(H^c)P(+|H^c)}$$
   $$= \dfrac{0.1 \times 0.9}{0.1 \times 0.9 + 0.9 \times 0.2} = \dfrac{1}{3}$$

   답: ①

4.
   $E(X) = 2.9$, $Var(X) = 0.89$이므로,
   $E(Y) = E(-2X+1) = -2E(X) + 1 = -2 \times 2.9 + 1 = -4.8$
   $Var(Y) = Var(-2X+1) = 4 Var(X) = 3.56$

   답: ③

5.

이것은 $\lambda = 3.2$인 포아송 분포를 따른다. $f(x) = \dfrac{e^{-3.2}(3.2)^x}{x!}$ $x = 0, 1, \cdots$이 된다.

따라서, $P(X \leq 1) = P(X=0) + P(X=1) = e^{-3.2} + 3.2 \times e^{-3.2} \approx 0.1712$

답: ②

6.

$P(X \geq t) = 0.05 \Rightarrow P(\dfrac{X-\mu}{\sigma} \geq \dfrac{t-180}{50}) = 0.05 \Rightarrow P(Z \geq \dfrac{t-180}{50}) = 0.05$이 된 다. 따라서, $P(Z \geq 1.645) = 0.05$이므로

$\dfrac{t-180}{50} = 1.645 \Rightarrow t = 180 + 50 \times 1.645 = 262.25$

∴ 262.25점 이상 받아야 한다.

답: ④

7.

$E(X) = \displaystyle\int_0^\infty x f_X(x) dx = [-xe^{-x}]_0^\infty + \int_0^\infty e^{-x} dx = 1 = E(Y)$가 성립한다.

$E(XY) = \displaystyle\int_0^\infty \int_0^\infty xy f_{X,Y}(x,y) dx dy = \int_0^\infty y f_Y(y) \int_0^\infty x f_X(x) dx dy = \int_0^\infty y f_Y(y) dy = 1$

∴ $E(XY) = E(X)E(Y) = 1$이므로 X, Y는 독립이다.

답: ①

8.

$X_1 + X_2 + \cdots + X_{10} \sim N(60, 40)$이 된다.

$P(\displaystyle\sum_{i=1}^{10} X_i \geq 70) = P\left[\dfrac{\sum_{i=1}^{10} X_i - 60}{\sqrt{40}} \geq \dfrac{70-60}{\sqrt{40}}\right]$
$= P(Z \geq 1.58) = 0.5 - P(0 \leq Z \leq 1.58) = 0.5 - 0.4429 = 0.0571$

답: ③

9.
  세 변수가 서로 독립이므로, $E(X_1X_2X_3) = E(X_1)E(X_2)E(X_3)$이 성립한다.
  $$\therefore \left(\int_0^\infty xe^{-x}dx\right)^3 = 1$$

  답: ④

10.
  X, Y는 3항 분포를 따른다.
  $$f(x,y) = \frac{2!}{x!y!(2-x-y)!}\left(\frac{1}{4}\right)^x\left(\frac{2}{4}\right)^y\left(\frac{1}{4}\right)^{2-x-y}, 0 \leq x+y \leq 2$$
  x의 주변 확률밀도함수는 $b(2, \frac{1}{4})$이고, y의 주변밀도함수는 $b(2, \frac{1}{2})$이다.
  $\mu_X = \frac{1}{2}, Var(X) = \frac{3}{8}, \mu_Y = 1, Var(Y) = \frac{1}{2}, E(XY) = \frac{1}{4}$이므로,
  $$Cov(X,Y) = E(XY) - \mu_X\mu_Y = \frac{1}{4} - \frac{1}{2} \times 1 = -\frac{1}{4}$$

  답: ②

모의고사 #2 풀이

1.
(1) $\dfrac{4}{7} \times \dfrac{3}{6} = \dfrac{2}{7}$ (2) $\dfrac{4}{7} \times \dfrac{4}{7} = \dfrac{16}{49}$

답: ①

2.
(1) $P(A^c \cap B^c) = P(A \cup B)^c = 1 - P(A \cup B) = 0.6$ $\therefore P(A \cup B) = 0.4$

$P(A \cup B) = P(A) + P(B) - P(A \cap B) = 0.3 + 0.2 - P(A \cap B) = 0.4$ $\therefore P(A \cap B) = 0.1$

(2) $P(B|A) = \dfrac{P(A \cap B)}{P(A)} = \dfrac{0.1}{0.3} = \dfrac{1}{3}$

답: ④

3.
A : 선택된 회중전등이 100시간 이상 사용될 사건
$F_i, i=1,2,3$: 형태 i의 회중전등이 선택될 사건
$P(A) = P(A|F_1)P(F_1) + P(A|F_2)P(F_2) + P(A|F_3)P(F_3)$
$\quad\quad = (0.7)(0.2) + (0.4)(0.3) + (0.3)(0.5) = 0.41$

답: ②

4.
$X \sim B(5, 0.1)$을 따른다.
$P(X \leq 1) = \binom{5}{0}(0.1)^0(0.9)^5 + \binom{5}{1}(0.1)^1(0.9)^4 = 0.9185$

답: ③

5.
$E(Y) = E(\dfrac{1}{10}X - 15) = \dfrac{1}{10}E(X) - 15 = -0.5$ $\therefore E(X) = 145$

$Var(Y) = E(Y^2) - E(Y) = 0.7 - 0.25 = 0.45,$

$Var(\dfrac{1}{10}X - 15) = \dfrac{1}{100}Var(X) = 0.45$ $\therefore Var(X) = 45$

답: ②

6.

확률변수 X를 3분 동안 걸려온 통화횟수라고 하면,
X는 $\lambda = E(X) = 6$인 포아송 분포를 따른다.

$$P(X \geq 5) = 1 - P(X \leq 4) = 1 - \sum_{x=0}^{4} \frac{6^x e^{-x}}{x!} = 1 - 0.285 = 0.715$$

답: ①

7.

X: 7시간 지나 승객이 버스 정류장에 도착한 시간(단위: 분)
X는 (0, 30)에서 균일 확률변수이므로, 승객이 7:10과 7:15분, 7:25과 7:30분 사이에 정류장에 도착한다면 5분미만 기다리게 된다.

$$\therefore P(10 < X < 15) + P(25 < X < 30) = \int_{10}^{15} \frac{1}{30} dx + \int_{25}^{30} \frac{1}{30} dx = \frac{1}{3}$$

답: ④

8.

$$P(X < a) = \int_0^a \int_0^\infty 2e^{-2y} e^{-x} dy dx = \int_0^a e^{-x} dx = 1 - e^{-a}$$

답: ③

9.

모 분포의 분산을 알고 있으므로 정규분포를 이용한다.

$$\left[\bar{x} - z_{0.025}\left(\frac{\sigma}{\sqrt{n}}\right), \bar{x} + z_{0.025}\left(\frac{\sigma}{\sqrt{n}}\right)\right] = \left[1478 - 1.96\left(\frac{36}{\sqrt{27}}\right), 1478 + 1.96\left(\frac{36}{\sqrt{27}}\right)\right]$$
$$= [1478 - 13.58, 1478 + 13.58] = [1464.42, 1491.58]$$

답: ①

10.

$f_1(x) = 2(1-x), \ 0 \leq x \leq 1 \qquad f_2(y) = 2y, \ 0 \leq y \leq 1$

$g(y|x) = \dfrac{f(x,y)}{f_1(x)} = \dfrac{2}{2(1-x)} = \dfrac{1}{1-x}, \ x \leq y \leq 1, \ 0 \leq x \leq 1$

$E(Y|x) = \displaystyle\int_x^1 y \dfrac{1}{1-x} dy = \dfrac{1+x}{2}, \ 0 \leq x \leq 1$

답: ②

모의고사 #3 풀이

1.

$$\frac{\binom{6}{3}\binom{9}{2}}{\binom{15}{5}} = \frac{240}{1001}$$

답: ①

2.

1회에서 중단될 확률 : $\frac{1}{3}$

2회에서 중단될 확률 : $\frac{2}{3} \cdot \frac{1}{3}$

3회에서 중단될 확률 : $\frac{2}{3} \cdot \frac{2}{3} \cdot \frac{1}{3}$

$\therefore \frac{1}{3} + \frac{2}{9} + \frac{4}{27} = \frac{19}{27}$

답: ④

3.
D : 불량품이 일어난 사건

$$P(C|D) = \frac{P(C)P(D|C)}{P(A)P(D|A) + P(B)P(D|B) + P(C)P(D|C)}$$
$$= \frac{(0.2)(0.05)}{(0.6)(0.02) + (0.2)(0.03) + (0.2)(0.05)} = \frac{5}{13}$$

답: ③

4.

X	40	120	200	합
P(X)	1/4	1/2	1/4	1

(1) $E(X) = 40 \times \frac{1}{4} + 120 \times \frac{1}{2} + 200 \times \frac{1}{4} = 120$

(2) $Var(X) = 40^2 \times \frac{1}{4} + 120^2 \times \frac{1}{2} + 200^2 \times \frac{1}{4} - 120^2 = 3200$

답: ②

5.
이 분포는 음이항 분포를 따른다.
$$f(x) = \binom{x-1}{10-1}(0.8)^{10}(0.2)^{x-10} \quad x = 10, 11, 12, \cdots$$
$$\therefore E(X) = 10\left(\frac{1}{0.8}\right) = 12.5, \ Var(X) = \frac{10(0.2)}{0.8^2} = 3.125$$

답: ②

6.
$$P(|X-650| \leq c) = P(-c \leq X-650 \leq c) = P\left(-\frac{c}{25} \leq \frac{X-650}{25} \leq \frac{c}{25}\right)$$
$$= P\left(-\frac{c}{25} \leq z \leq \frac{c}{25}\right) = 0.9544$$
$$2P\left(0 \leq z \leq \frac{c}{25}\right) = 0.9544 \Rightarrow P\left(0 \leq z \leq \frac{c}{25}\right) = 0.4772$$
$$P\left(z \geq \frac{c}{25}\right) = 0.5 - 0.4772 = 0.0228 \quad \therefore \frac{c}{25} = 2 \Rightarrow c = 50$$

답: ④

7.
X: 통화시간, $F(X) = 1 - e^{-1}$
(1) $P(X \geq 10) = 1 - F(10) = e^{-1} \approx 0.368$
(2) $P(10 \leq X \leq 20) = F(20) - F(10) = e^{-1} - e^{-2} = 0.233$

답: ③

8.
$$E(X_1 + X_2) = (0)\left(\frac{3}{8}\right) + (1)\left(\frac{2}{8}\right) + (1)\left(\frac{2}{8}\right) + (2)\left(\frac{1}{8}\right) = \frac{3}{4}$$

답: ①

9.
$$P\left(0 \leq X \leq \frac{1}{2}, 0 \leq Y \leq \frac{1}{2}\right) = P\left(0 \leq X \leq Y, 0 \leq Y \leq \frac{1}{2}\right)$$
$$= \int_0^{\frac{1}{2}} \int_0^y 2 \, dx \, dy = \int_0^{\frac{1}{2}} 2y \, dx = \frac{1}{4}$$

답: ②

10.
$X_1 - X_2 \sim N(0,2)$, $X_1 + X_2 \sim N(0,2)$이므로,

$$P(X_1 - X_2 < 2) = P\left[\frac{X_1 - X_2}{\sqrt{2}} < \sqrt{2}\right] = P(Z < \sqrt{2})$$

$$P(X_1 + X_2 < 2) = P\left[\frac{X_1 + X_2}{\sqrt{2}} < \sqrt{2}\right] = P(Z < \sqrt{2})$$

답: ①

모의고사 #4 풀이

1.

$P(A^c \cup B^c) = \dfrac{3}{4} \Rightarrow P(A \cap B)^c = \dfrac{3}{4} \Rightarrow P(A \cap B) = \dfrac{1}{4}$

$P(B|A) = \dfrac{1}{3} \Rightarrow \dfrac{P(A \cap B)}{P(A)} = \dfrac{1}{3} \Rightarrow P(A) = 3P(A \cap B)$

$\therefore P(A) = \dfrac{3}{4}$

답: ①

2.
일어날 수 있는 경우의 수는 $(O,O,X), (O,X,O), (X,O,O)$ 3가지 있다.
$(0.2 \times 0.2 \times 0.75) + (0.2 \times 0.8 \times 0.75) + (0.8 \times 0.2 \times 0.25) = 0.11$

답: ②

3.
총 나올 수 있는 가짓수는 0, 1, 4 3가지이다.

X	0	1	4	합
P(X)	1/6	3/6	2/6	1

(1) $E(X) = (0)\left(\dfrac{1}{6}\right) + (1)\left(\dfrac{3}{6}\right) + (4)\left(\dfrac{2}{6}\right) = \dfrac{11}{6}$

(2) $Var(X) = (0)\left(\dfrac{1}{6}\right) + (1)\left(\dfrac{3}{6}\right) + (16)\left(\dfrac{2}{6}\right) - \left(\dfrac{11}{6}\right)^2 = \dfrac{89}{36}$

답: ④

4.

$E(Y) = E(aX+30) = 50 \Rightarrow aE(X) + 30 = 50 \Rightarrow a = \dfrac{1}{2}$

$\therefore \dfrac{1}{2} \times 70 + 30 = 65$

답: ③

5.
X : 대공포가 비행 물체를 맞추는 횟수
$X \sim B(5, 0.3)$이므로,
$$P(X \geq 1) = 1 - P(X = 0) = 1 - \binom{5}{0}(0.3)^0(0.7)^5 = 0.832$$

답: ②

6.
$$\sum_{i=0}^{\infty} p(i) = 1 \Rightarrow c\sum_{i=0}^{\infty} \frac{\lambda^i}{i!} = 1 \Rightarrow ce^\lambda = 1 \Rightarrow c = e^{-\lambda} \quad \therefore P(X=0) = \frac{e^{-\lambda}\lambda^0}{0!} = e^{-\lambda}$$

답: ①

7
$$P(|X-3| \geq 6) = P(X \geq 9) + P(X \leq -3) = P(\frac{X-3}{3} \geq \frac{9-3}{3}) + P(\frac{X-3}{3} \leq \frac{-3-3}{3})$$
$$= P(Z \geq 2) + P(Z \leq -2) = 2 \times 0.0228 = 0.0456$$

답: ④

8.
X : 출석한 학생의 수
$X \sim B(450, 0.3)$인 이항확률변수이다. 정규근사를 이용하면
$$P(X \geq 150) = P(\frac{X - (450)(0.3)}{\sqrt{450(0.3)(0.7)}} \geq \frac{150 - (450)(0.3)}{\sqrt{450(0.3)(0.7)}}) = P(Z \geq 1.54) = 0.0618$$

답: ①

9.
우선 $\frac{X}{Y}$의 분포함수를 구해보자.

$$F_{X/Y}(a) = P(\frac{X}{Y} \leq a) = \int_0^\infty \int_0^{ay} e^{-(x+y)} dxdy = \int_0^\infty (1 - e^{-ay})e^{-y}dy$$
$$= \left[-e^{-y} + \frac{e^{-(a+1)y}}{a+1}\right]_0^\infty = 1 - \frac{1}{a+1}$$

따라서, $\frac{X}{Y}$의 밀도함수는 분포함수를 미분하여 구하면 되므로,

$$f_{X/Y}(a) = \frac{1}{(a+1)^2}$$

답: ②

10.
X와 Y의 주변 밀도함수는 각각
$f_1(x) = \dfrac{2x+3}{21}$ $x = 1, 2, 3$ $f_2(y) = \dfrac{3y+6}{21}$ $y = 1, 2$ 이다.

$\therefore g(x|y) = \dfrac{f(x,y)}{f_2(y)} = \dfrac{(x+y)/21}{(3y+6)/21} = \dfrac{x+y}{3y+6}$

답: ③

이 수 각

보험계리사
SOA Exam 2단계 Pass
- FM, C(현 STAM)

(현) 미래보험교육원 보험수학, 보험수리학 전임교수
(현) RNA Analytics

(전) 안진회계법인 계리컨설팅
(전) KDB생명 리스크관리팀
(전) ING생명 계리부, 계리모델부

* 연세대학교 수학과 학사

보험계리사 일반수학
(미적분 및 확률통계)

2024년 10월 7일 개정증보1판 발행
저 자 이 수 각
발행인 전 영 희
발행처 **미래보험교육원**
(07261)서울특별시 영등포구 양산로 91(리드원지식산업센터) 206호
대표전화 (02)733-6393   Fax (02)704-6395
등록번호 제 1-2582 호
인쇄처 대양기획인쇄
ISBN 979-11-86287-96-5   [정가] 23,000원

이 책의 무단전제 또는 복제행위는 저작권법 제98조에 의거,
3년 이하의 징역 또는 3,000만 원 이하의 벌금에 처하게 됩니다.
http://www.mies.co.kr